KB049034

자치와 보이지 않는 권력

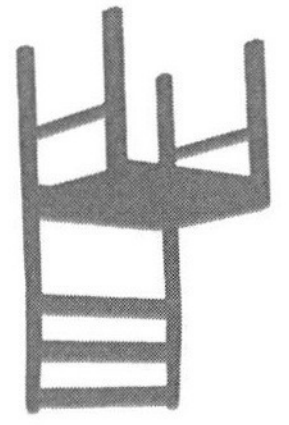

AUTONOMY AND INVISIBLE POWER

김민주

박영사

이 저서는 2018년 대한민국 교육부와 한국연구재단의 지원을 받아 수행된 연구임(NRF-2018S1A6A4A01037055)

머리말

거의 대부분의 사람들이 옳다고 생각하고 좋다고 여기는 대상을 의심한다면 어떨까? 아무런 수식어가 없는 대상도 아닌, '옳고' '좋은' 대상을 의심하는 일만큼 따가운 눈초리를 받는 일도 없을 것이다. 그럼에도 불구하고 그런 작업을 한 결과 중 하나가 이 책이다.

'자치'를 의심의 대상으로 삼아서 분석하고 있는 이 책은 자치에 대한 옳고 그름을 판단하기 위한 목적에서 쓰인 것은 아니다. 규범으로까지 여길 정도가 된 자치를 새로운 시각에서 제대로 바라보자는 것이 목적이다. 의심은 새로운 시각의 첫걸음이 된다. 그 첫걸음이 잘 이어져 새로운 시각으로 바라보게 되면, 그 대상은 보이지 않던 부분이나 간과한 부분까지 보이게 되어 제대로 이해된다. 이 책은 자치에 대해 그와 같은 시도를 하고 있다.

강의실에서 학생들에게 이런 말을 자주 한다. "원래 보던 것과는 다르게 바라봐라", "일부러 거꾸로 바라봐라", "지금까지 배운 지식을 뒤집어 봐라", "방금 내가 말한 내용도 철저히 뒤집어서 다시 생각해봐라" 이렇게 말하는 이유는 잘못된 무엇인가를 찾아내라는 의미가 아니다. 어떤 대상을 새롭게 바라보면서 그 대상의 이면까지 보게 되면 진정한 이해를 할 수 있기 때문이다. 겉으로 친절해 보이고 인자해 보이는 사람이 보이지 않는 곳에서는 전혀 다른 행동을 한다면, 보이지 않는 그 행동까지 고려해야 우리는 그 사람에 대한 제대로 된 이해를 할 수 있다. 자치도 그렇다.

하지만 이런 일은 말처럼 그렇게 쉬운 일이 아니다. 다르게 보고 뒤집어서 보면서 그동안에 보이지 않았던 곳까지 본다는 것은, 단순히 컵의 자리를 바꾸고 새로운 위치에서 컵을 보는 것이나 컵을 뒤집어서 그 밑을 보는 행동과는 다르다. 흥미롭고 창의성을 높여줄 것 같아서 좋은 시도인 것 같지만 막상하려고 하면 만만치 않은 작업이라는 점을 금방 실감하게 될 것이다.

그래서 자치에 대한 의심을 시작으로 그동안 잘 보이지 않았던 내용을 조사하며 분석하기까지 꽤 많은 시간이 소요되었다. 처음 아이디어가 생겼을 때부터 지금까지 약 5년여의 시간이 소요되었다. 보이지 않는 자치의 이면에 대해 권력을 중심으로 분석한 이 책은 교육부와 한국연구재단의 지원으로 비로소 결실을 맺게 되었다. 그리고 특히 박영사의 도움으로 출판에 이르게 되었기에 감사의 마음을 전한다. 마지막으로 내가 좋아하는 일에 적극적인 지지와 응원을 보내는 가족에게도 감사의 마음을 전한다.

2021년 1월

김민주(金玟柱)

목 차

CHAPTER 1. **자치가 강조되는 현실**

1. 자치란 무엇인가? ············ 9
2. 지방자치 속 자치의 경로 ············ 33
3. 규범이 된 자치 ············ 53

CHAPTER 2. **의심의 대상으로서 자치**

1. 의심의 쓸모 ············ 73
2. 만들어진 사회와 자치 만들기 ············ 81
3. 의심의 시작 ············ 105

CHAPTER 3. **권력의 속성과 자치**

1. 권력의 반쪽 의미 ············ 129
2. 자치의 권력 친화적 속성 ············ 145
3. 권력과 규모 그리고 자치 ············ 159
4. 권력의 역전과 자치 ············ 175

CHAPTER 4. **자치 뒤에 숨은 보이지 않는 권력**

1. 작은 리바이어던 : 큰 리바이어던에 가려져 있던 보이지 않는 권력 189
2. 새 나라의 어린이 : 스스로 하게 만드는 보이지 않는 권력 239
3. 자치와 권력의 역전 : 보이지 않는 타자의 권력 261

CHAPTER 5. **보이지 않는 권력을 어떻게 해야 할까?**

1. 부정성의 인정 271
2. 스키스토세팔루스 솔리두스의 경고 283
3. 의심적 행동 293

• **참고문헌** 301

• **찾아보기** 314

CHAPTER

1

자치가 강조되는 현실

1. 자치란 무엇인가?

자치의 기본 의미

'자치'라는 말은 생소하지 않다. 일상에서 종종 듣고 사용하는 단어이다. 그 뜻도 어렵지 않다. '스스로 다스린다'는 의미로서 한자어로는 '自治', 영어로는 주로 'autonomy'로 적힌다. 흔히 다스린다는 것을 생각하면, 두 대상이 상정되어 있고 어느 한 대상이 다른 대상에게 작용하는 영향력 등의 행위를 떠올린다. 그런데 문자적 의미 그대로 보면 자치는 다스리긴 하되 '스스로' 다스리는 행위를 나타내는 것이기 때문에 보통 생각하는 타인에 의한 혹은 타인을 다스리는 행위와는 다른 의미를 지니고 있다.

다스리는 주체가 자신이기 때문에 자율성 측면에서 볼 때 자신을 다스린다는 것은 자신이 타인에 의해 다스려지거나 혹은 자신이 타인을 다스린다는 것보다는 더 지향해야 할 것으로 여겨지곤 한다. 다스림의 대상이 나라고 할 때, 나를 타인이 다스릴 때와 내 자신 스스로가 나를 다스릴 때의 느낌은 서로 다르게 받아들여진다. 타인의 입장에서도 마찬가지다. 나와 같은 누군가가 타인을 다스릴 때와 타인이 타인 스스로 다스린다는 것은 타인 입장에서도 다른 느낌일 것이다. 스스로 다스린다는 것이 적어도 타율적이기보다는 자율적으로 느껴져서 더욱 그렇다. 우리는 마치 루소(Jean-Jacques Rousseau)가 말한 자기애(amour de soi)가 동정심으로도 발현되듯이 나뿐 아니라 타인도 같은 느낌일 것을 알고 있다.[1] 이처럼 기본적으로 인간 사회에서는 타율적이라는 말보다 자율적이라는 말이 더 지향되는 것이 사실이다. 그런 점에서 볼 때 자치는 구속과 억압 혹은 강제보다는 자율성에 기초한 행위로 인식되어 자율성에 대한 가치가 중요시되는 사회라면 추구할 만한 것으로 여겨진다. 때로는 매우 적극으로 추구된다. 일찍이 주권재민 원칙의 결과가 곧 자치의 자주성이라고 말한 토크빌(Alexis de Tocqueville)도 자치의 의미를 비슷한 맥락에서 바라보고 있다.

1) Rousseau, Jean-Jacques(1994). edited by Roger Masters and Christopher Kelly, *The Collected Writings of Rousseau*, 4, Hanover, NH: Dartmouth College Press.

> "모든 사람은 자기 자신의 개인적인 이익에 관한 최선의 유일한 판단자이며, 어떤 사람의 행동이 공동이익에 배치되지 않거나 공동이익이 그 사람의 도움을 요구하지 않는 한, 사회에서는 그 사람의 행동을 규제할 권리가 없다. … 자치의 자주성은 바로 주권재민 원칙의 자연스런 결과이다."[2)]

그래서 현실에서도 자치라는 용어는 그 의미에 기초하여 다양하게 사용되고 있다. 몇 가지만 예로 들면, 지방자치, 마을자치, 자치단체, 자치활동, 자치기구, 자치조직, 자치구, 자치법규, 자치분권, 자치회관, 자치센터, 자치위원 등이 있다. 목적과 대상 등에서는 차이가 있지만 이런 용어를 이름으로 가지고 있는 구성형태는 자치의 의미가 기본 속성으로 전제되어 있다. 비록 용어에서 자치가 직접적으로 사용되지 않더라도, 우리 주변에서는 자치의 의미에 가까운 자율적 구성과 운영을 기본 속성으로 하는 또 다른 것들도 존재한다. 예컨대, 학생들이 만들고 조직 및 운영하는 학생회, 마을의 청년회나 부녀회나 노인회, 그리고 계(契)와 같은 경제적 도움이나 친목 목적의 모임 등이 그에 해당한다. 자치의 이름을 가지건 가지지 않건

---

2) A. 토크빌(1997). 임효선 · 박지동 옮김, 「미국의 민주주의 I」, 한길사, p.125.

이미 일상생활에서 듣고 보고 또 직접 참여하는 여러 형태 및 곳곳에서 자치는 우리에게 매우 친숙하게 자리 잡고 있다.

어떤 대상의 친숙함은 우리가 그 대상을 얼마나 많이 접하고 있는가에 달려 있다. 대상을 접하는 방법은 대상을 표현하는 언어에 의해서도 나타나는데, 특히 해당되는 대상을 직접적으로 나타내는 단어가 그러하다. 그래서 자치에 대한 친숙함은 '자치'라는 단어를 우리가 얼마나 많이 접하고 있는가로 확인할 수 있다. 미디어 사회에서 어떤 대상의 단어를 접할 수 있는 중요한 통로 중 하나는 여러 종류의 공식적인 언론 매체가 된다. 그래서 언론 매체에 등장하는 자치라는 단어의 빈도수, 특히 빈도수의 변화를 보면 자치가 얼마나 많이 친숙해졌는지를 알 수 있다.

[그림 1-1]은 1990년 1월 1일부터 2019년 12월 31일까지 우리나라의 공식적인 주요 54개 언론사의 기사에 등장한 자치 키워드의 빈도수를 나타내고 있다. 이는 빅카인즈(www.bigkinds.or.kr)에 연계된 54개 언론사 기사를 토대로 분석한 결과이다. 결과를 보면, 30년간 자치라는 키워드가 언론 매체에 등장하는 빈도수가 대체로 증가하는 경향을 보인다는 것을 알 수 있다. 1990년에 2,046건이었던 자치 키워드 빈도수가 2019년에는 53,473건이 되었다. 중간에 부침이 약간 있긴 했지만 30년간 약 26배 가량 증가하였다. 이는 자치에 대한 관심 증가라고 볼 수 있고, 앞서 말한 대로 자치에 대해(적어도 자치라는 단어에

그림 1-1 자치 키워드 빈도수

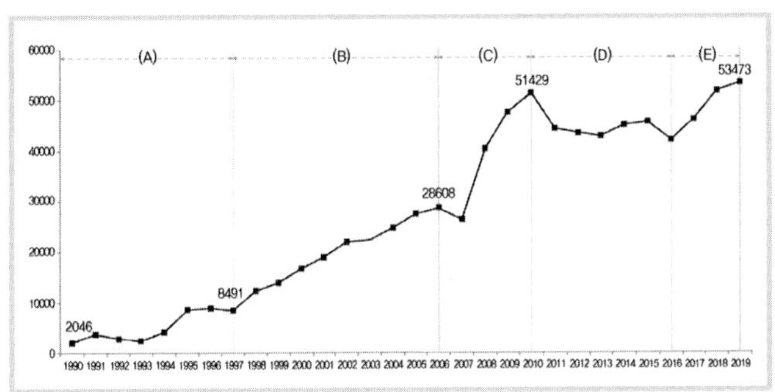

자료: 54개 언론사 기사 분석 결과(1990-2019)

대해) 그만큼 더 친숙해진 것으로 볼 수도 있다. 많이 접할수록 친숙해질 가능성이 높아지기 때문에 상대적인 친숙함이 증가한 것이다. 중요한 것은, 우리에게 자치라는 단어가 과거보다 더 많이 노출되고 있다는 사실이다.

여기서 한 가지 흥미로운 점이 있다. 그것은 1990-1997년까지의 기울기(A)와 1997-2006년까지의 기울기(B), 그리고 2007-2010년까지의 기울기(C), 2011-2016년까지의 기울기(D), 2017-2019(E)년까지의 기울기가 다르다는 점이다. 5개의 구간으로 나눌 수 있는데, A구간의 경우 기울기가 완만하며, B구간 역시 완만하지만 A구간보다는 기울기의 정도가 더 급하다. C구간은 앞의 두 구간보다 기울기가 더 급하면서 동시에 전체 기간 중에서 가장 급한 기울기를 보인다. D구간의 기울기는 거의 존재하지 않을 정도이고 이는 전체 기간 중에서 가장 낮은 수준의 기울기이기도 하다. E구간은 다시 기울기가 급격해지는 구간이다. 이렇게 5개의 구간으로 나누어지는 것이 흥미로운데, 특히 완벽히 일치한다고는 볼 수 없지만 대략 역대 정권별 시기와 이 구간들이 일치한다는 점이 그렇다. 즉, A구간은 노태우, 김영삼 정권이고, B구간은 김대중, 노무현 정권, C구간은 이명박 정권, D구간은 박근혜 정권, E구간은 임기가 남긴 했지만 문재인 정권에 해당한다. 정권 교체 시기를 명확히 구분지어서 일치한다고는 볼 수 없지만 대체적으로 시기가 겹치는 기간이다. 이렇게 본다면, 정권별로 자치에 대한 관심도와 관련된 사회적 이슈 및 정책 등에 차이가 있다는 점을 알 수 있다. 그러나 그 차이가 있다고 해도 분명한 사실은 자치에 대한 빈도수가 증가했다는 점이다.3)

사실, 자치라는 단어가 오늘날처럼 그 사용빈도가 높지는 않았지만 우리 역사에서 이미 의미 있게 사용된 적이 있었다. 그리고 처음으로 사용된 시기이기도 하다. [그림 1-1]에서 명시된 기간보다 더 이전인 일제강점기로, 당시 독립운동과 관련이 깊다. 여러 형태의 독립운동이 있었는데 그중 가장 대표적인 독립운동인 3 · 1운동을 준비하는 단계에서 자치라는 단

3) 물론 D구간에 해당하는 박근혜 정권 때 빈도수 증가가 정체된 것은 별도의 특징으로 볼 수 있다. 그러나 전체 기간을 놓고 보면 대체로 증가하고 있다.

어가 직접적으로 처음 등장하게 된다. 당시 독립운동가 권동진, 오세창, 최린 등이 윌슨이 제창한 민족자결주의 조항을 보고 자극을 받은 것이 계기였다. 그때 논의되었던 민족자결운동이 일종의 자치운동이었고 실제로 이는 자치론으로도 불리게 되었다. 사실, 당시 자치운동은 독립운동과는 다소 다른 의미를 지니고 있었다. 독립운동가 손병희는 박영효와 간접적인 접촉을 하여 박영효, 윤치호, 손병희 세 명의 이름으로 일본에 독립청원을 할 것을 제안했는데, 이때 "독립은 허용되지 않는다 해도 자치는 허용될 것"으로 전망했다고 한다.[4] 독립까지는 아니어도 우리 스스로 다스릴 수 있는 여건을 보장해 달라는 것이었다. 이처럼 자치는 100여 년 전에도 타인이 아닌 스스로 다스린다는 의미로 식민지배로부터 조금이라도 벗어나는 하나의 방법론으로 존재했다.

일상에서 다각도로 쓰이는 자치의 의미를 보거나 중요한 역사적 맥락에서 자치가 활용된 사례를 보더라도, 자치는 더 이상 우리와 떨어져 있는 용어가 아니다. 인간 생활의 밀접한 대

---

4) 그래서 당시 독립청원은 자치 획득이 실질적인 목표였다. 일제강점기 하에서는 오히려 자치가 더 현실적 가능성이 높다고 판단하여 독립운동보다는 자치 운동에 더 열중하였다고 한다. 그 이유는 우리 자신의 독립능력에 대한 확고한 자신이 없었기 때문이었다(자력독립불능론). 이후 자치 운동보다는 독립운동을 하는 것이 시대적 조류에 더 적절하다고 판단되어 독립운동을 하는 것으로 방침을 바꾸게 된다. 박찬승(1989). 일제하의 자치운동과 그 성격, 「역사와 현실」, 2: 169-219, pp.171-172.

상은 인간이 살아가는 사회 속 질서에 어떻게든 반영되어 있다. 그 질서는 일종의 망(grid)으로서 대표적으로 법이 그 역할을 한다. 그래서 다양한 하위 법령은 차치하고서라도, 가장 기본이 되는 헌법을 보면 역시 자치라는 용어가 자리 잡고 있음이 보인다.

우리나라 헌법에서 '자치'라는 단어가 합성어가 아닌 독립된 용어로서는 한번 등장한다. 제117조 제1항이며 그 내용은, "지방자치단체는 주민의 복리에 관한 사무를 처리하고 재산을 관리하며, 법령의 범위 안에서 자치에 관한 규정을 제정할 수 있다."이다.[5] 자치의 의미를 직접적으로 밝히지는 않고 있지만, 자치가 어떤 의미로 사용되고 있는지 유추할 수 있다. 지방자치단체라는 주체가 주민을 위한 사무 처리나 재산 관리 등의 역할을 하고 자치를 할 수 있는 규정 제정도 허용한다는 의미인데, 이는 지방자치단체가 주민을 위한 기본적인 역할을 할 때 일정한 범위 내에서 자체적으로 할 수 있는 자치의 여지를 준다는 의미와 기본적인 역할 이외의 일을 자치로서 할 수 있다는 의미이기도 하다. 혹은 법령과 지방자치단체의 규정 아래에서이지만 지방자치단체가 직접 하는 행위와 대응되는 행위로서 자치를 상정하고 있는 의미도 지니고 있다. 주로 주체나 어떤 대상이 스스로 하는 행위로서의 의미이다.

---

5) 「대한민국헌법」 제117조.

따라서 자치의 의미는 그렇게 어렵거나 복잡한 것은 아니다. 단어 뜻 그대로 사용하건 역사적 맥락에서 사용되었던 의미이건 혹은 고도의 공식적 형식을 갖춘 법에서건, 스스로 통치한다는 기본적인 의미에서 크게 벗어나지 않는다. 맥락에 따라 변용이 되지만 그 정도는 크지 않다. 그래서 기초적인 단어 그대로의 뜻만 이해해도 우리의 관념 속에서 형성된 그 개념으로 사람들 간에 의사소통을 하는 데 큰 어려움은 없다.

다만, 단어 뜻 그대로의 간결함은 다소 강하다고 할 수 있다. 그래서 자치에 대해 자치라는 문자 그대로 뜻을 이해하는 것과 실제 활용되는 자치의 의미를 별도로 파악하는 것과는 다소 차이가 있을 수 있다. 자치의 뜻을 이해할 때 단어 그대로의 뜻과 함께 자치와 관련된 단어나 용어의 사례 등을 살펴보는 것도 그 때문이다.

⋮ 자치와 지역

인간이 살아가는 사회의 원초적인 속성 중 하나는 '얽혀있다'는 점이다. 사회 속에는 상호작용과 교류 그리고 관계 맺기 등의 활동으로 많은 것이 얽혀 있다. 자치가 사회에 존재하는 것이라면 이 역시 얽혀 있는 대상이 된다. 국립국어원의 「표준국어대사전」에 따르면, '얽히다'라는 뜻 중 하나는 '이리저리 관련이 되다'이다. 자치도 사회의 다양한 것과 이리저리 관련되어 있으면서, 그런 가운데 의미를 드러내고 있다. 자치의 기본 의미는 스스로 다스린다는 뜻이지만, 사회 속에서 자치를 중심으로 얽혀 있는 모습을 보면 자치의 의미가 더 구체적 현실로 이해될 수 있다. 이는 비단 자치에 한정된 것만은 아니다. 어떤 용어의 쓰임은 그 용어의 기본적인 의미와 더불어 사회 속에서 얽혀 있는 상황을 확인하면서 더 잘 이해할 수 있다.

그렇다면, 자치라는 용어는 우리 사회에서 어떻게 얽혀 있을까? 여기에 대해 여러 방법으로 살펴볼 수 있겠지만, 그중 한 방법은 언론 매체를 통해 자치와 관련해서 함께 자주 등장하거나 그 비중이 높은 키워드를 살펴보는 것이다. 사회에서 언론 매체는 일종의 프레임(frame)이다. 많은 사건 사고뿐 아니라 일상의 소소한 소식들도 언론 매체가 플랫폼이 되어 수없이 많은 정보 교차된다. 그래서 우리는 언론 매체에 의존하면서 사회를 이해한다. 지금 이 사회에 어떤 일이 벌어지는지 알기 위해서는 언론 매체를 통할 수밖에 없다. 물론 1인 미디어 등의 다양한 경로가 기존 언론 매체의 역할을 하기도 하지만, 여전히 영향력 측면에서 볼 때 기존의 주요 언론 매체가 세상을 보는 프레임을 제공해주는 데 큰 역할을 하는 것이 사실이다. 그래서 우리는 이 프레임을 통해 실재(實在)를 이해한다. 프레임은 우리의 아이디어와 개념을 구조화하고 사유 방식을 형성하고, 또 지각하고 행동하는 데도 영향을 준다.[6] 나아가 프레임을 통해 이슈 자체가 정의되기도 한다.[7] 따라서 자치가 어떤 용어나 이슈들과 얽혀 있는지를 확인하는 방법은 사회에 존재하는 여러 언론 매체들에서 자치가 등장하는 모습을 보는 것이다.

이를 위해 우리나라 54개 언론사의 기사를 중심으로 워드클라우드를 분석해 볼 수 있다. 수집이 가능한 1990년 1월 1일부터 분석일 기준 2020년 2월 5일까지 자치와 관련된 키워드가 등장하는 워드클라우드를 만들어 보면 [그림 1-2]와 같다. 언론 매체에 한정된 키워드들이지만 영향력 있는 사회적 프레임을 통해 자치가 지금 우리 현실에서 어떤 연관어들과 얽혀 있는지를 알 수 있다.

분석 결과를 보면, 다양한 단어가 연관어로 등장하는데 가중치(의미적 유사도)를 기준으로 하건 빈도수를 기준으로 하건 큰 차이는 없다. 30개를 선별한 결과가 [그림 1-2]에 나타난 바와 같고, 그 정도를 구체적인 수치로 다시 나타낸 것이 [표 1-1]이다. 대체로 가중치와 빈도수의 순위는 상관성이 높다는 것을 알 수 있다. 이 30개의 연관어는 맥락을 중심에 놓고 하나하나가 자치와 어떤 관련성을 지녔는지 분석할 수 있다. 그러나

---

6) 조지 레이코프 · 로크리지연구소(2007). 나익주 옮김, 「프레임 전쟁」, 창비, pp.45-46.

7) 조지 레이코프 · 로크리지연구소(2007). 나익주 옮김, 「프레임 전쟁」, 창비, p.55.

▒ 그림 1-2 자치 관련어 워드클라우드

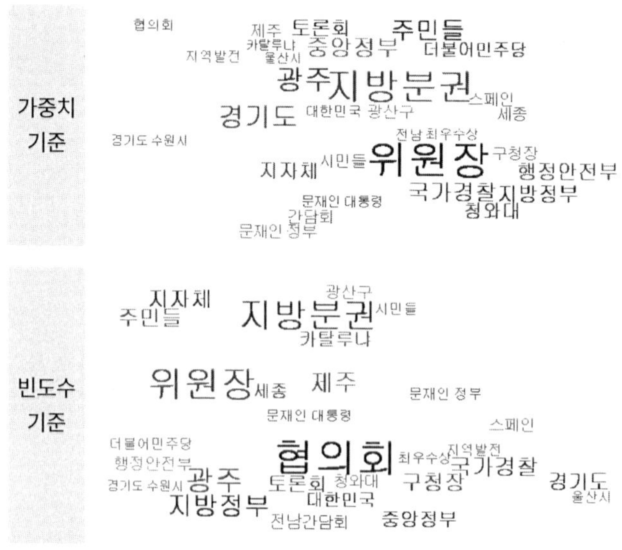

자료: 54개 언론사 기사 분석 결과(1990-2020)

여기서는 그 경향을 중심으로 살펴보기로 한다.

그 경향성을 살펴보기에 앞서, 상위에 위치함에도 불구하고 대부분의 연관어가 기본적인 의미어로서 이해되는 것과는 달리 의미가 다소 생략된 채로 나타난 연관어가 있다. '위원장'이라는 단어인데, 여기서 말하는 위원장이란 지방분권과 관련된 위원회의 위원장을 의미한다. 해당 위원회는 시기에 따라 '정부혁신지방분권위원회'나 '자치분권위원회' 등으로 명칭에서

표 1-1 자치 연관어의 가중치와 빈도수

가중치 기준			빈도수 기준		
키워드	가중치	키워드 빈도수	키워드	가중치	키워드 빈도수
위원장	52.9	726	협의회	13.33	857
지방분권	47.06	686	위원장	52.9	726
광주	33.77	495	지방분권	47.06	686
경기도	31.79	255	광주	33.77	495
주민들	28.72	297	지방정부	22.97	414
중앙정부	26.43	204	제주	16.26	351
국가경찰	25.17	316	국가경찰	25.17	316
행정안전부	23.66	127	주민들	28.72	297
지방정부	22.97	414	지자체	22.11	293
지자체	22.11	293	구청장	15.63	292
토론회	21.97	242	경기도	31.79	255
청와대	20.63	105	토론회	21.97	242
더불어민주당	17.96	65	중앙정부	26.43	204
제주	16.26	351	카탈루냐	11.19	189
스페인	15.95	118	대한민국	12.81	175
간담회	15.95	108	세종	14.96	158
구청장	15.63	292	전남	13.92	141
광산구	15.35	109	행정안전부	23.66	127
시민들	15.24	82	스페인	15.95	118
문재인 정부	15	70	광산구	15.35	109

가중치 기준			빈도수 기준		
키워드	가중치	키워드 빈도수	키워드	가중치	키워드 빈도수
세종	14.96	158	간담회	15.95	108
전남	13.92	141	청와대	20.63	105
협의회	13.33	857	시민들	15.24	82
지역발전	12.94	60	울산시	11.28	77
대한민국	12.81	175	문재인 정부	15	70
최우수상	12.69	53	더불어민주당	17.96	65
문재인 대통령	12.12	61	문재인 대통령	12.12	61
울산시	11.28	77	지역발전	12.94	60
카탈루냐	11.19	189	최우수상	12.69	53
경기도 수원시	10.32	10	경기도 수원시	10.32	10

자료: 54개 언론사 기사 분석 결과(1990-2020)

는 약간의 변화가 있지만 기본 역할은 지방분권을 위해 만들어진 기구를 말한다. 주로 대통령 자문 및 소속 기구로 존재하는 형태를 보인다. 그 위원회가 자치 연관어로 등장하면서 위원장이 자연스럽게 혹은 자동적으로 거론된 것이다. 언론 매체 특성상 위원회를 언급하면 그 위원장이 함께 표기되기 때문이다. 따라서 여기서 말하는 위원장은 곧 지방분권관련 위원회와 동일하게 생각해도 된다.

그 외 단어들의 의미는 그리 어렵지 않다. 다만, '협의회'라는 단어가 있는데, 이는 자치를 위한 관련 협의체 등을 의미하는 단어다. 협의회는 위원회와 유사한 면이 많다. 독임(獨任)적인 의사결정이 아니라 이해관계자들 간의 협의에 의해 이루어진다는 점에서 둘은 상당히 유사하다. 물론 위원회의 구성방식과 그 세부 유형(의결위원회, 행정위원회, 자문위원회 등)에서는 차이가 있지만 기본적으로는 협의에 의한 의사결정이 이루어진다는 점에서 둘은 유사하다. 나머지 관련어는 구체적인 실체를 지칭하는 것들이다.

그렇다면, 이 연관어들은 어떤 경향성을 지니고 있을까? 크게 세 가지로 나누어서 살펴볼 수 있다. 우선, 자치와 관련된 연관어는 지역 혹은 지방적 특성이 드러나는 것들과 관련되어 있는 경향을 보인다. '위원장'이라는 단어가 지방분권과 관련된 위원회를 지칭하면서 등장한 연관어였다는 점도 지방과 관련된 연관어로서의 특징을 보여준다. '협의회'도 마찬가지다. 여기서 말한 협의회는 주민협의회나 자치협의회 등 지역 기반의 협의회를 지칭하는 경우가 많다. 그리고 '지방분권'과 '지방정부' 그리고 '지역발전' 등의 연관어는 그 자체에 지방이나 지역이 언급되어 있다. '경기도', '광주', '지자체', '제주', '광산구', '구청장', '세종', '전남', '울산시', '수원시' 등도 모두 지방행정과 관련된 단어들이다. 주로 지방행정이나 지방자치, 지방분권 등에 해당되는 이슈가 제기될 때 관련 있는 지역이 언급되면서 이러한 단어들이 등장하였다. 이는 국내에만 해당되는 것이 아니라 해외에서 지역의 분립 및 독립 그리고 자치 등의 이슈에서도 등장한 지역이 자치의 연관어로 등장했는데, 그에 해당하는 것이 '스페인', '카탈루냐'이다. 카탈루냐는 스페인 북동부의 지방으로 스페인에서 17개의 자치를 하는 지역 중에서 경제 규모가 가장 큰 곳이다. 이곳이 스페인으로부터 분리 독립을 위한 격렬한 시위가 계속되면서 국제적인 이슈가 되었다. 우리나라 외교부는 스페인을 한때 여행 자제 대상지로 권고할 정도로 분리 투쟁이 격렬했다. 이 역시 지역의 분리 독립이라는 이슈가 자치와 연관되어 언급된 것이다.

이러한 연관어들은 지방이나 지역을 직접 지칭하며 드러낸 단어들이다. 그런데 사실 어떤 대상을 드러낼 때면 그 대응어나 전제가 함께 등장하기 마련이다. 선(善)을 이야기하려면 악(惡)을 전제하게 되듯이 지방이나 지역을 이야기하기 위해서는 중앙이 전제되어야 한다. 중앙은 지방의 대응어가 되기도 한다. 이 점을 보여주는 단어 역시 자치의 연관어로 등장하고 있다. 자치가 지역에 기반하고 있는 단어로 나타나고 있기 때문에 그에 대한 대응어 혹은 전제로서 '중앙정부', '행정안전부' 등도 함께 등장하고 있다. 자치와 관련된 연관어들은 지방을 전제하거나 지방과 대응되는 단어를 포함하고 있다는 점이 두 번째 경향이다. '국가경찰'이라는 단어도 중앙 통제에 대비되는 지방의 통제로 이루어지는 자치경찰제도가 이슈로 등장하면서 나타난 것이다.

세 번째는 지역의 자치나 지방분권 등을 위한 정책적 노력을 드러내는 단어들도 자치의 연관어로 등장하고 있는 경향이다. 지방분권을 위한 '중앙정부'나 '행정안전부' 그리고 '문재인 정부', '청와대', 현재 여당인 '더불어민주당'이 그에 해당된다. 정책을 수행하는 주요 주체들이 지방분권 정책을 강조하면서 자치 연관어로 등장한 것이다. 앞서도 언급되었지만 '국가경찰' 역시 자치경찰제도를 강조하는 정부의 정책을 언급하면서 함께 나타나고 있다. '최우수상'은 지방자치를 위한 지방정부의 다양한 정책적 노력 등에 대한 평가와 수상이 언급되면서 등장한 연관어이다.

자치 연관어로부터 알 수 있는 경향을 세 가지로 나누어서 살펴보았지만 해당되는 단어들은 서로 중복적이고 세 가지 사항도 서로 관련된 내용들이다. 따라서 이렇게 정리할 수 있다. "자치 연관어는 지방자치를 강조하는 지방분권 등의 정책 추진과 주로 관련되어 있다." 더 쉽게 간단히 말하면, "자치는 곧 지방자치에 대한 강조로 언급된다."는 점이다. 지방 및 지역에 방점을 두고 자치가 이야기되고 있는 현실이라고 할 수 있다. 따라서 '자치'라고 말하지만 이는 '지방자치'를 말하는 것이라고도 할 수 있다.

⋮ 제유(synecdoche)로서 지방자치: 현실적 사용

자치에 대한 논의가 지방자치에만 한정되는 것은 아니지만, 자치의 많은 부분이 지방자치로 이야기되고 있는 것이 현실이다. 자치의 구현을 두고 지방자치의 구현으로 말하는 경우도 많다. 이는 자치가 스스로 다스린다는 뜻인 것과 같이 통치 개념이 내포되어 있어서 통치의 주체가 누구인가가 중요하게 다루어지기 때문에, 지방이라는 구체적인 주체를 함께 표현한 말이다. 자치의 구현은 그 주체로서 지방의 자치를 구현하는 것이라는 말로 직접 나타내면 사람들의 인지 비용을 줄여준다. 자치를 곧 지방자치로 말하는 것이 인지 비용을 줄여줄 만큼 사람들에게 받아들여지고 있다는 뜻이기도 하다.

통치에서 핵심은 통치의 주체와 대상이다. 누가 통치하는가, 그리고 누가 통치를 받는가가 중요한 것이다. 그동안 다스린다는 통치의 주체는 주로 중심이 되는 핵(核)과 같은 중앙의 어떤 실체로 인식되는 경우가 많았다. 중앙은 언제나 시선이 모이는 한가운데 자리 잡아서 영향력 행사의 첫 번째로 떠올리는 대상이었다. 그래서 가시적이고 인지하기에 가장 쉬운 주체로서 중앙은 권력과 함께 묶여서 '중앙 권력'이라는 이름으로 인식되었다. 이때 중앙의 대응은 지방이 되고, 따라서 지방은 중앙 권력으로부터 통치를 받는 대상으로 상정된다.

그런데 이러한 통치관계는 옳고 그름을 떠나 때로는 문제가 발생하기 마련이다. 그래서 중앙의 통치에 따른 부작용 해소와 반작용의 힘은 중앙의 반대편에 있는 지방이 다스림을 받는 대상이 아니라 스스로 다스리는 주체가 되어야 한다는 주장으로 이어진다. 그러다보니 스스로 다스린다는 자치는 중앙에 의해 다스려지는 것에서 벗어나서 내가 위치하고 있는 가장 실질적인 현장인 내 지역이 그 다스림의 주체가 되어야 한다는 생각을 반영하게 된 것이다. 자치라고 하면 중앙이 아닌 지방과 같은 주체가 스스로 다스리는 의미로 여겨지는 이유가 바로 그 때문이다.

그림 1-3 자치 키워드의 관계도와 가중치

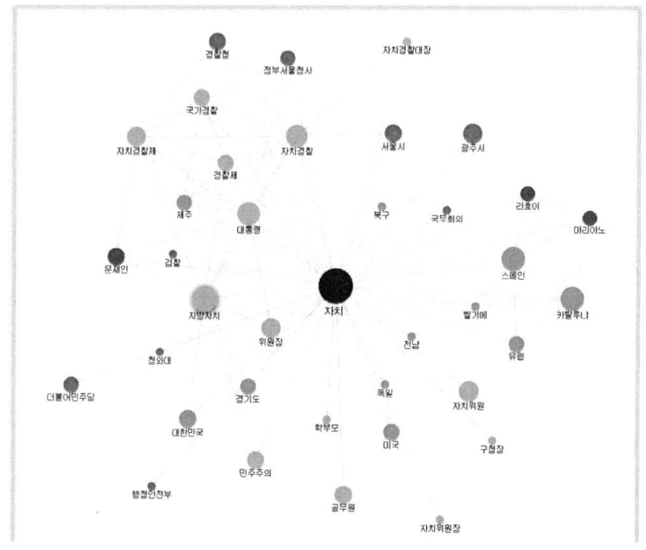

키워드	가중치	키워드	가중치
자치(검색어)	100	더불어민주당	6
지방자치	31	경기도	6
카탈루냐	17	유럽	6
스페인	17	제주	6
대통령	16	라호이	5
자치경찰	14	마리아노	5
자치위원	12	정부서울청사	5
위원장	11	북구	4
광주시	11	학부모	4
자치경찰제	11	벨기에	4
공무원	9	전남	4
대한민국	9	자치경찰대장	4
서울시	8	행정안전부	4
경찰청	8	독일	4
문재인	8	구청장	4
민주주의	8	자치위원장	4
국가경찰	7	국무회의	4
경찰제	7	청와대	4
미국	7	검찰	4

자료: 54개 언론사 기사 분석 결과(1990-2020)

실제로, [그림 1-3]과 같이 자치를 키워드로 해서 지난 30여 년간 54개 언론 매체에 등장한 기사를 분석해보면 자치와 관련된 관계도 상에서 가장 큰 비중을 차지하고 있는 것이 '지방자치'이다. 자치와 완전히 일치하는 가중치를 100으로 할 때 '지방자치'는 31이다. 그 다음이 '카탈루냐', '스페인'으로 각각 17이다. 그 외 '대통령', '자치경찰', '자치위원' 등으로 가중치가 조금씩 낮아진다.

여기서 두 가지를 알 수 있는데, 하나는 자치가 곧 지방자치로 불릴 정도로 자치에 대한 지방자치의 상대적인 관계성이 높다는 점이고, 또 다른 하나는 '지방자치' 이외에 다른 단어들도 결국 지방자치를 나타내거나 관련된 단어들이 상당히 많다는 점이다. '카탈루냐'나 카탈루냐가 위치하는 국가인 '스페인', '광주시', '서울시', '경기도' 등이 그렇다. 그리고 중앙을 자치의 대응으로 여기는 경우가 많다는 점 역시 알 수 있는데, '대통령', '국가경찰', '청와대' 등이 그에 해당된다.

이렇게 볼 때 자치라고 하면 많은 사람들이 지방자치에서 말하는 구조, 즉 중앙 중심에서 지방 중심으로의 전환 혹은 그 관계를 떠올리는 것이 사실이다. 중앙과 지방이 특정한 지역과 같은 공간 기반으로 형성된 것이건 그렇지 않건 상관없다. 다시 말해, 특정 공간이 아니더라도 비유적으로 중앙에 해당되어 마치 중앙정부 중심의 통치가 되고 그 반대편에 통치의 대상으로서 지방정부에 해당되는 지방으로 어떤 것이 설정되어 있다면 이 역시 자치로 확장해서 인식하는 것이다. 스스로 하지 않고 또 다른 실체에 의해 통치를 받는 상황에 "위에서

… 했다”, “중앙본부에서 … 하라고 한다” 등으로 말하곤 한다. 이는 실제 정부의 중앙권력이나 지방현장을 직접 일컫는 것이 아님에도 불구하고 자치는 이러한 설정으로 잘 떠오르기 마련이다. 물론 자치를 지방자치로 쉽게 말하는 것은 어디까지나 자치의 한 부분이자 대표적인 예라는 측면에서 그렇다는 점은 변함없다. 어느 한 부분과 예의 강도가 강하다고 그것이 부분과 예의 근원이 되는 대상을 완전히 대체하지는 못한다.

따라서 이렇게 보는 것이 적절할 수 있다. “지방자치는 자치의 대명사이자 제유(synecdoche)적 표현이다.” 어떤 현상의 한 예에 해당되지만 강력한 힘을 가지고 있으면 그 예는 그 현상을 대표하는 것으로 자리 잡기 마련이다. 대체는 아니더라도 대표는 될 수 있다는 말이다. 예를 들어, 이 글을 읽는 세대에 따라 예가 다르게 받아들여지겠지만, 다시다는 조미료의 브랜드 이름 중 하나임에도 불구하고 조미료의 대명사인 양 쓰이고 봉고차도 승합차의 브랜드 이름이지만 승합차의 대명사로 불리는 것과 같다. 지방자치도 자치의 한 부분이자 예이지만 자치의 대명사로 불릴 정도의 대표적인 사례가 되어 있다. 따라서 지방자치가 수사법의 하나로서 어떤 대상의 한 부분으로 그 대상의 전체를 나타내는 제유적 표현이 되어 있는 것도 같은 맥락에서 이해될 수 있다.

어떤 대상을 이해한다고 할 때 그 대상의 모든 것을 이해하는 것은 사실 불가능하다. 모든 것을 다 아는 것은 아무것도 모르는 것이나 마찬가지다. 특히 현실은 모순덩어리이기 때문에 모순의 문턱을 아무 일 없듯이 넘을 수 없다. 따라서 현실에서는 모순까지 다 설명하는 것은 적절하지 않고, 대신 설명할 수 있는 부분까지 이해하는 것이 더 적절하다. 반증주의(falsificationism)가 존재하는 것도 바로 그 때문이다. 모든 것을 다 설명하려고 하다가 아무것도 설명하지 못하게 되는 것은 이론도 아니고 지식도 아니다.[8] 따라서 자치에 대한 지방자치의 제유적 표현은 자치를 이해하기 위한 가장 현실적인 방법이라고 할 수 있다.

이미 자치가 지역 및 지방과 결부되어 논의되고 있다는 점은 맨 처음 이론적 학습을 할 때 배우는 자치에 대한 기본 정의에서도 드러나 있다. 자치를 "일정한 지역을 단위로 법인격을 부여받은 지방자치단체가 중앙정부의 획일적인 통치를 받지 않고 자율적으로 다스리는 것과 주민들이 스스로 또는 대표자를 통해 지역의 문제를 처리하는 것을 포함한다."고 정의하고 있는 것이다.[9] 이처럼 우리의 일상 대화에서뿐 아니라 제도권의 이론적 학습을 위한 정의에서도 지방자치는 자치를 대변해서 널리 사용되고 있다.

---

8) Chalmers, Alan Francis(1999). *What is this Thing Called Science?*, third edtion, Indianapolis: Hackett Pub., pp.59-65.

9) 이달곤 외(2016). 「지방자치론」, 박영사, p.5.

2. 지방자치 속 자치의 경로

우리나라의 자치는 오늘날까지 어떻게 이어져 왔을까? 자치를 지방자치를 통해 볼 수 있다면, 지방자치의 역사를 통해 자치의 경로를 이해할 수 있을 것이다. 자치의 경로를 보는 것은 현재 우리 사회에서 언급되고 있는 자치를 이해하는 데 중요한 역할을 한다. 이는 맥락 찾기이다. 맥락이 없으면 건조한 의미 나열에 불과하다. 지방자치의 역사를 통해 자치 경로를 추적하면 맥락 기반의 자치를 이해할 수 있다.

두 갈래

지방자치는 크게 두 갈래로 나누어진다. 하나는 주민자치이고, 다른 하나는 단체자치이다. 주민자치는 지방자치를 자연적이고 천부적인 권리로 여긴다. 각 지방에서 주민들의 총회를 통해 자치가 이루어지는 것으로, 비록 국가가 성립되어 있지 않더라도 지방자치는 그보다 선행해서 존재한다고 본다. 이와는 다른 측면에서, 단체자치는 주민들의 생활 문제와 같은 것은 중앙의 국가가 아닌 독립적인 인격을 부여 받은 지방자치단체가 수행하는 것이 더 효율적이라는 관점에서 이루어지는 자치이다. 그래서 단체자치에서 말하는 지방자치는 국가에 의해 부여된 권리로 인식된다. 이렇게 본다면, 주민자치는 주민과 주민 통제의 가능성을 지닌 권력체(예, 지방자치단체) 간의 관계를 주로 다루고, 단체자치는 국가와 지방자치단체 간의 관계를 주로 다루게 된다.[1)]

물론 둘은 서로 혼재되어 있기도 하다. 하지만 두 갈래에서 각각 초점을 두고 있는 점은 비교적 명확하다. 주민자치에서 자치를 바라보는 렌즈는 주민 개개인이 주체가 되어 형성한 공동체의 행위와 그들의 자치 행위에 반하거나 제약을 가할 가능성이 있는 또 다른 실체 간의 관계에 초점을 맞추고 있는 반면, 단체자치는 중앙의 국가와 지방에 토대를 두고 지역문제를 해결하기 위해 공식적인 공권력을 행사할 수 있는 실체 간의 관계에 렌즈의 초점을 맞추고 있다.

---

1) 국가기록원(2015). 「기록으로 보는 지방자치」, 행정자치부 국가기록원, p.8.

렌즈가 비추는 초점이 다르다는 것인데, 이는 자치가 실현되는 공간을 어떻게 설정하는가의 차이다. 물론 기본적으로 두 갈래 모두에서 자치의 본원적 의미는 드러난다. 주민자치를 통해 주민 스스로 다스리는 것이 되든, 아니면 실질적인 문제해결을 위해 지방에 기초해서 형성된 문제해결 장치가 스스로 지역 현장의 문제를 다스리도록 하는 것이든 스스로 다스린다는 것은 동일하다.

표 1-2 자치의 두 갈래를 비추는 렌즈의 초점

주민자치	단체자치
주민 개개인이 주체가 되어 형성한 공동체의 행위 vs. 그들의 자치 행위에 반하거나 제약을 가할 가능성이 있는 또 다른 실체	중앙의 국가 vs. 지방에 토대를 두고 지역문제를 해결하기 위해 공식적인 공권력을 행사할 수 있는 기관이나 관련 실체

이 두 갈래는 지방자치 속의 자치를 이해할 때 중요성 등의 경중을 따질 사항은 아니다. 렌즈의 초점 차이이기 때문에 두 초점을 모두 보는 것이 더 적절할 수 있다. 물론 국가에 따라 두 갈래 중 어느 하나가 유독 더 강하게 지방자치의 의미로 잘 받아들여진 경우가 있다. 하지만 현실에서 지방자치 속의 자치를 이야기할 때, 이 두 갈래는 서로 혼용되기도 하고 용어나 의미가 서로 얽혀 있기도 하다. 정책적 · 제도적으로도 구분

되지 않고 연계성 있게 혹은 중복되어 이루어지기도 한다.

⁝ 자치의 역사적 흔적

세상이 매우 다양하고 다변화되고 복잡해도, 한편으로는 반복에 가까울 정도로 인간이 살아가는 모습은 서로 유사하기도 하다. 언어가 다르고, 문자의 존재 여부가 다르고, 또 사회적 정당성이나 적절성에 대한 수용 정도가 다를 뿐이지 크게 본다면 역사는 공통된 인간상을 보여주는 창(窓)이다. 역사가 반복된다고 단정 짓는 것은 자칫 오류를 범할 가능성이 높지만, 유사한 모습이 과거와 현재에서 서로 목격되는 것도 사실이다. 우리 역사에서 자치가 '자치'라고 뚜렷하게 명시되어 존재했는가의 문제를 떠나서, 자치적 속성을 지닌 행위나 현상이 있었다는 점은 분명하다.

자치의 역사적 흔적은 크게 두 단계로 나누어서 볼 수 있다. 그 기점은 일제강점기이다. 일제강점기는 식민지배라는 특수한 상황에서 거의 모든 것이 일제의 지배적 영속화 정책에 수렴되는 것이어서, 비단 자치에 관한 것뿐 아니라 우리의 많은 것이 단절되는 시기였다. 그래서 일정강점기를 두고 전과 후로 구분할 수 있다. 앞서도 언급했듯이 자치라는 직접적인 단어는 일제강점기하의 독립운동 과정에서 처음 등장하며 사용되었다.

우선 일제강점기 이전을 보면, 자치에 대해 중앙과 지방 간 관계를 놓고 볼 때 고대에는 중앙의 통제력이 지방까지 미치는 데 한계가 있었다. 여기서 말하는 중앙은 왕권에 해당하는 것으로, 왕권이 촌락 단위까지 영향력을 미칠 정도로 통치력의 확장성과 침투성이 그리 높지 못했다. 대신 지방은 각 지역의 유력 지배층의 통치 영역으로 존재하고 있었다. 고조선에서는 각 지역의 대표자들이 중앙권력의 중심 자리를 차지하는 동시에 다른 편으로는 그들의 토착적 권력도 왕권에 의해 제어되지는 않은 채로 보유하고 있었다. 즉 고조선의 왕도 조선연맹체의 수장이긴 해도 연맹체를 구성하는 지역의 세력들을 직접 지배하지는 못했던 것이다. 왕권이 단일한 정치권력을 완전하게 행사할 수는 없는 상황이었다. 그래서 오히려 중앙에 의한 직접 지배는 어려웠으나, 지방은 수취 체계나 인력 동원 등이 지역의 수장층을 통해 통제되는 형태로 존재하고 있었다. 중앙과 지방 간 관계로 놓고 보면 이는 중앙의 간접 지배일 수도 있으나, 중앙의 지방에 대한 통치력에 제한이 있었기 때문에 지방의 자치적 환경은 존재했다고 볼 수 있다. 그러나 지역의 지배세력의 통치력에 의해 주로 이루어졌기 때문에 오늘날 말하는 주민자치에 해당할 정도는 아니었다.

고조선 이후 삼국으로 불리는 고구려, 백제, 신라 시대에도 초기까지는 지역은 지역의 유력 지배층의 통치영역이었다. 그러다 점차 주변의 소국들을 정복하고 복속 지역에 대한 통제력 강화 차원에서 사령관을 파견하면서 지방에 대한 통치가 본격화된다. 사령관은 지방관으로서 지방행정 업무도 겸하는 형태였다. 그러나 여전히 개별 촌락까지 지방관이 파견된 것은 아니었고, 그래서 개별 촌락은 지역의 유력 인사들 즉 촌주(村主)가 일정한 자율성을 갖고 운영하고 있었다. 따라서 고대국가의 촌락에 대한 구속력이 촌락 내 개별적 인신(人身)으로까지 이른 것은 아니었다.

삼국통일이 되면서 기존의 지방제도가 다분히 군사적인 데서 벗어나(정복, 사령관 파견 등) 행정적인 성격을 지니게 되었다. 왕도로 대표되는 중앙과 지방은 차별적 모습으로 존재하였다. 당시에는 중앙과 지방이 단일 국가에 의해 행정구역으로 정비되면서도 여전히 지방은 이질적 공간으로 인식되거나 여겨져 지역에 대한 차별이 가해지고 있었다. 하지만 역설적이게도 지방에 대한 차별이 지방의 자치적 요소를 잔존시키는 계기가 되었다. 그 지역마다의 특징이 차별로 인해 보존되었던 것이다. 이후 통일국가에 따라 기록의 통일성 등이 나타났는데, 이는 중앙정부의 관리와 조사가 영향을 미쳤다는 것을 말한다. 그래서 이때 촌주는 비록 중앙에서 파견된 지방관은 아니었지만, 촌의 개별 인신과 호구 사항을 중앙이 파악하고 있었다는 점에서 지방에 대한 중앙의 행정력이 촌까지 이르렀다는 점을 보여준다.[2] 이 모습을 보면, 중앙과 지방 간의 자치는 그것이 역설적이긴 해도(지방에 대한 차별의 결과) 자치로서의 모습이 일부나마 나타난다고 볼 수 있으나, 다른 한편으로는 지역의 지배층이 지역을 총괄하는 듯한 모습에서 중앙과 지방 관계 이외에 지역 현장에서는 주민 개개인의 참여 측면에서 보면 자치적 모습은 제한적이었다고 할 수 있다.

고려시대의 자치적 모습은 중앙과 지방 간 관계를 놓고 볼 때 지방의 자율성이 비교적 강했다. 당시 중앙에서 지역으로 파견한 수령보다는 지역에서 힘이 강했던 향리들이 주로 영향력을 행사했다. 특히 고려왕조 성립의 역사적 배경 때문에 지방의 자율적 모습이 강했다. 고려 이전의 통일신라 후반기에 각 지역에 기반을 둔 지역세력인 호족이 등장하여 이들 지역을 자율적으로 다스리고 있었다. 고려왕조가 성립되는 시기에도 이 호족들이 여전히 건재하며 자리 잡고 있었기 때문에, 고려왕조 입장에서는 성립 당시에 호족들을 자신의 지배 아래에 끌어들이는 것이 필요했고 그래서 이들에게 많은 것을 양보하지 않을 수 없었다. 그 결과 호족 중심의 지역의 자율적 질서를 인정하고 지역행정을 일임하는 형태로 양보가 나타났다. 향리도 그 과정에서 만들어진 것이다. 호족이 지역의 민들 중에서 능력 있는 자를 선택해서 지역 내부의 통치와 행정을 맡길 때 행정 담당자들이 스스로 관반(官班)이라 칭했고 이후 이들이

2) 행정자치부(2015). 「한반도 지방행정의 역사」, 행정자치부, pp.11-13.

향리로 전환된 것이었다. 그런 점에서 고려는 지역단위의 자치성이 인정되었다고 볼 수 있고, 그래서 지역과 지역 간에 배타성도 존재했다. 그렇기 때문에 중앙 중심의 강한 유대감 형성은 어려웠다. 물론 중앙의 통제가 전혀 없는 것은 아니었다. 지역 내부에서 벌어지는 과도한 세금 수취나 향리들의 원칙 없는 행정 처리 등의 문제 때문에 중앙에서 지방관을 파견하기도 했지만 여전히 지역 통치에는 극복할 수 없는 한계가 있었다. 그것은 지역 내부의 행정은 주로 향리들이 모이는 읍사(邑司)를 중심으로 이루어졌기 때문이기도 하다. 이곳에서 향리들은 행정문서는 물론이고 세금과 노동력과 특산물 공납과 사법 등의 일을 자율적으로 처리하였다.

고려시대의 지역 내부 질서에 또 다른 중요하고 특징적인 요소는 불교의 사찰이었다. 사찰은 그 지역 내부의 생산과 유통, 토지 관리에서 중요한 역할을 했다. 이후 조선 왕조가 불교 배척을 한 이유도 지역 내부의 자율적 통치 힘을 제약하여 일원화된 행정체계를 구축하려는 일환 때문이었다.

이처럼 고려시대에는 중앙과 지방 간 관계 측면에서 보면 지역 중심의 자치적 요소가 강했다고 볼 수 있다. 그러나 이때도 역시 중앙과 구분되는 지방의 자치적 속성은 강했지만 지역 내 자치는 오히려 향리나 호족 중심의 강한 권력이 존재하여 개개인의 참여는 제한된 모습이었다고 할 수 있다. 실제로 호족들의 경우 지역 내부에서도 대호족이니 중소호족이니

하며 나누어졌고 이들은 서로 주종관계를 이루기도 했다. 그리고 민들은 호족들의 지휘를 받았다. 중앙으로부터는 자치적 자율성을 지닐 수 있는 여건이었다고 해도 지역 내에서는 지역의 지배층이 존재한 까닭에 기본적으로 자치는 제한적이었다.

조선시대는 이전 시대보다 지방에 대한 중앙의 통제가 더 높아진 시기였다. 제도적 장치면에서 보면 확연히 드러난다. 전국을 지역의 중요도에 따라 구분(부, 목, 대도호부, 도호부, 군, 현)한 뒤 수령을 지방행정의 책임자로 내려 보내서 업무를 처리하도록 했다. 지방수령은 관내의 행정, 사법, 군사, 경찰 기능을 책임지고 수행하는 역할을 맡았다. 지방수령은 중앙의 통치권자인 국왕과 직접적인 연결이 가능하도록 하는 일종의 장치였다. 그리고 중앙의 감독 기능도 있었는데, 관찰사가 그 역할을 했다. 관찰사는 지방행정에 대한 점검은 물론이고 행정지원과 더불어 수령에 대한 처벌 등의 역할도 했다.

그러나 중앙의 통제가 이전 시대보다 강해진 것은 분명하지만, 동시에 여전한 한계가 있었다. 중앙에서 파견된 수령은 임기가 있었다. 임기 내에 해당 지역의 행정처리 등을 잘 해내기란 어렵다. 그래서 수령에게는 그 지역의 향리, 유지, 재지 사족 등의 도움이 절대적으로 필요할 수밖에 없었다. 실제로 지방의 실무 행정은 지역의 사정에 밝은 호장과 육방 향리, 색리들에 의해 이루어졌다. 특히 향리들은 향리청으로 조직화해서 행정을 장악했다. 수령으로서는 향리들을 잘 통솔하면서 주어진 지방행정을 잘 수행하는 것이 현실적인 방법이었다. 물론 지방에는 향리 이외에도 중앙 관료 경험이 있는 유향 품관, 지역내 사족, 유지들이 있었기 때문에 이들과의 관계도 중요했다. 특히, 이들은 지방행정의 대상 집단이 되는 동시에 지방행정에 적극적으로 참여해서 자신들의 이익을 대변하는 사람들로, 유향소를 만들어서 수령과 향리청에 대해 영향력을 행사하기도 했다. 이렇듯 조선시대의 지방은 크게 보면 수령, 향리청, 유향소(향청)의 주요 주체들이 영향력을 행사하는 구조였다.

기본적으로 수령은 국왕에 의해 임명되어 특정 지역의 행정과 사법과 경찰과 군사 등의 일을 자치적으로 했다. 지휘면에서 육조나 관찰사의 지휘하에 있지 않는 위치였다. 향리청은 수령의 지휘 아래에 있었지만 오늘날 말하는 정규 직제의 공무원은 아니었다. 향리 직역이 군역이나 요역의 일종이었기 때문에 평소에는 자기 일을 하다가 양인으로서 역을 수행하는 형태였다. 물론 시간이 지남에 따라 향리 직임이 점점 전문화되고 일상 직업화가 되면서 관청의 자체 재정으로 봉급을 주는 형태로 발전하기는 했다. 하지만 이들은 기본적으로 지역에 토대를 두고 행정 업무를 맡는 이들이었다. 향청은 행정 경험이 있는 양반들을 포함한 지방의 유지들의 모임을 말한다. 이들은 수령과 향리들을 돕기도 하는 등 일정한 영향력을 행사했는데, 스스로 삼강오륜, 향음주례, 향사례 등의 자치 규약을 통해 지역 엘리트 집단의 규율화를 꾀하기도 했다. 그리고 향약(鄕約)을 제정해서 지방의 모든 구성원들에게 적용하도록 했다. 이는 오늘날의 조례에 해당되는 형태라는 평가도 있다.[3)]

이처럼 조선시대는 중앙의 지방통제 장치의 정교화가 중앙통제를 더 강화한 것은 맞지만 동시에 지방의 세력들 역시 자신들만의 장치로 그들의 영역을 제도적으로 보전하는 모습을 보였다. 이는 중앙통제의 강화로 중앙과 지방 간 자치의 모습이 이전보다는 덜해졌다고 볼 수는 있어도, 여전히 지방의 자율성이 더 높은 상태라는 점에서 오늘날 말하는 중앙과 지방 간 자치의 모습을 엿볼 수 있다. 하지만 이 역시 지방 내에서 이루어지는 자치는 상대적으로 약했다는 평가가 더 적절하다. 좀 더 냉정한 평가를 하면, 지방의 지배세력이 지방의 중심에 있었을 뿐이었다.

일제강점기를 겪으면서 우리나라 자치의 모습은 거의 단절된다. 사실 이때는 식민지배를 받던 시기이기 때문에 자치와 관련된 것이 아니더라도 대부분이 일제의 지배수단으로서 그 이용 목적이 하나로 전제되어 있었다. 도시 행정 단위로서 부윤의 자문기관으로 협의회도 있었지만 철저히 조선총독의 통제하에 임명되는 구조였고, 선거제도도 등장하게 되지만 오늘

---

3) 행정자치부(2015). 「한반도 지방행정의 역사」, 행정자치부, pp.16-18.

날의 선거제도와는 다른 것이었다. 그리고 조선인 의원의 일본 의회의 중의원 참여를 허용하는 형태로 참정권이 부여된 것이나, 극히 일부의 친일적인 조선인들에게만 허용된 선거권 등 그 모든 것은 오로지 조선에 대한 식민지배 영속화를 위한 것이었다.[4] 따라서 당시 자치는 식민지배를 위한 다양한 수단 중 하나로서의 의미 정도만 지니는 것으로 볼 수 있다.

역사적 흔적을 지나 오늘에 이르고 있는 지방자치에 대한 제도적 차원의 명확한 명시는 1948년 제헌헌법에서 관련 내용을 규정한 것(지방자치단체의 조직과 운영, 지방의회의 조직과 권한, 의원선거를 법률로써 정하도록 하는 내용)과 이어서 1949년에 「지방자치법」 제정을 통해서였다. 이때부터 자치의 제도적 뿌리가 본격적으로 시작되었다. 당시 「지방자치법」과 관련한 흥미로운 사항 중 하나는 도지사 선거안에 관련된 것이다. 「지방자치법」에 따라 도지사 선거안을 국회에서 통과시켰고, 정부도 법안의 큰 뜻에는 이의가 없었다. 다만, 그 시행시기를 보류 혹은 연기를 요청하는 내용이 있었는데, 이에 대해 정부는 다음과 같은 두 가지 이유를 들고 있다. 시대적 상황을 충분히 고려한 이유라고도 볼 수 있으나, 한편으로는 당시 자치에 대한 인식이 어떠했는지를 보여준다. 그래서 진정으로 지방선거 등이 이루어지지 못하다가 이후 1952년 지방의원 선거를 통해

---

4) 행정자치부(2015). 「한반도 지방행정의 역사」, 행정자치부, pp.18-20.

비로소 지방자치가 실시되기 시작했다.

> "첫째는 정부가 수립된 지 반 년밖에 되지 않아 아직 확고한 토대에 서지 못했으며 반란분자의 도모가 있어 치안 확보 및 인심 안정 후에 하는 것이 좋겠고, 둘째는 이북지역의 국회의원 선거도 못한 바, 남북통일에 힘쓰는 것이 좋겠다."5)

지방자치는 도입된 후 중단되는 시기를 겪기도 했는데, 1961년 5·16으로 인한 군사혁명위원회의 조치에 의해서였다. 군사혁명위원회는 선거를 둘러싸고 발생하는 여러 문제를 지적하며(씨족적 파쟁과 민심의 분열, 금품매수, 정당파쟁, 이권청탁, 정실행정, 예산낭비, 지방의회의 자치단체장 불신임권 남용 등) 지방의회를 해산하고 지방의회의 기능을 상급기관장이 대신하게 함으로써, 사실상 지방자치제도를 중단시켰다. 실제로 국가기록원에서 소장하고 있는 군사혁명위원회 포고문(1961.5.16.) 제4호 제2항에 "민의원·참의원 및 지방의회를 16일 하오 8시를 기하여 해산한다."고 명시되어 있다. 이후 1962년 개정헌법으로 삼권분립에 근거한 대통령중심제가 채택되

5) 국가기록원(2015). 「기록으로 보는 지방자치」, 행정자치부 국가기록원, p.21.

면서 이전의 헌법보다 대통령의 권한이 더 강화되는 중앙집권 체제가 마련된다.[6] 이 시기는 중앙과 지방 간 관계뿐 아니라 지역의 주민들 간에 존재하는 자치적 속성이 오히려 억제된 시기였다고 할 수 있다. 물론 지방자치에 대한 논의가 전혀 없었던 것은 아니다. 그 여지와 단서는 계속 존재했으나 실제 실현은 많이 더디거나 관심이 크지 않았던 것이다. 실제로 1980년의 헌법개정안 공고문을 보면 아래와 같은 내용이 포함되어 있다.

> "지방의회는 지방자치단체의 재정자립도를 감안하여 순차적으로 구성하되, 그 구성 시기는 법률로 정한다."[7]

여기서 흥미로운 점은 재정자립도가 지방의회 구성의 주요 감안 요인이라는 점과 순차적으로 구성한다는 부분이다. 이 역시 당시 지방자치에 대한 인식이 어떠했는지를 보여주는 한 사례가 된다. 자치에서 재정의 중요성이 강조되는 것과 함께 지방자치의 주요 기구가 되는 지방의회 구성을 순차적으로 한

---

6) 국가기록원(2015). 「기록으로 보는 지방자치」, 행정자치부 국가기록원, p.74.

7) 국가기록원(2015). 「기록으로 보는 지방자치」, 행정자치부 국가기록원, p.97.

다는 것은 자치에 영향을 미치는 중앙의 역할을 보여준다. 즉, 이는 자치가 중앙의 통제에 의해 이루어질 수 있다는 점을 전제하고 있는 말이기도 하다. 1986년도에 발행된 「기초단체인 시 · 군 · 구부터 지방의회를 구성해야 하는 필요성」에 관한 일부 내용(A), 1986년 7월 7일부터 7월 31일까지 열린 13개 시 · 도 공청회 결과를 바탕으로 내무부에서 작성한 「지방자치제 실시방안」 문서(B), 1987년에 발행된 「지방자치제 실시방침」의 내용(C)과 「지방자치제 1차 실시지역 선정계획」의 내용(D), 그리고 「개헌공청회 개최 결과」(E)에서도 비슷한 인식을 담고 있다.

> "기초단체인 시 · 군 · 구부터 지방의회를 구성하고, 단계적으로 광역단체인 시 · 도로 확대 발전시키는 것이 바람직하다."(A)

> "지방의회는 기초자치단체부터 우선 구성하고, 대도시 구에 자치권을 부여하며, 지방자치단체장은 임명제를 채택한다는 내용이다."(B)

> "1988년 1월 말과 5월 전후로 시 · 군 · 구의회를 구성한다는 계획을 기본으로 하고, 단계적으로 지방자치제를 실시한다."(C)

"총 24개 시 · 군 · 구(9시, 9군, 6구)를 선정(지방자치제 1단계 실시지역)하며, 선정기준은 중심지로서 인구, 면적, 재정상태가 평균적인 지역이다."(D)

"지방자치와 관련해서는 서울, 부산 우선 실시 후 점차적으로 실시하자는 의견이 64%, 시 · 군까지 전면 실시하자는 의견이 26%였다."(E)[8)]

이러한 인식이 존재하는 가운데, 이후 자방자치 부활을 위한 추진은 1988년 노태우 정부가 출범하면서 본격적으로 논의되었다. 정치적 이해관계로 인해 모든 관련 사항이 순조롭게 진행된 것은 아니었지만, 결과적으로 1991년 3월에 시 · 군 · 구 · 자치구 의원선거가 실시되고 6월에는 시 · 도 의원선거가 실시됨으로써 비로소 지방자치가 30년 만에 부활하게 되었다. 김영삼 정부 시기인 1995년 5월에는 지방자치단체장(광역, 기초)과 지방의회 의원(광역, 기초)을 동시에 뽑는 4대 지방선거가 실시되어 완전한 민선 자치시대가 다시 열리게 된 후 오늘에

8) 국가기록원(2015). 「기록으로 보는 지방자치」, 행정자치부 국가기록원, pp.101-106.

이르고 있다.[9] 이 시기를 거친 역대 정부들은 대부분 국정과제의 하나로 지방분권을 채택하고 위원회 등의 관련기구(김영삼 정부의 '지방이양합동심의회', 김대중 정부의 '지방이양추진위원회', 노무현 정부의 '정부혁신지방분권위원회'와 '지방이양추진위원회', 이명박 정부의 '지방분권촉진위원회'와 '지방행정체제개편추진위원회', 박근혜 정부의 '지방자치발전위원회', 문재인 정부의 '자치분권위원회')를 설치하여 지방자치를 적극적으로 추진하였다.

그동안의 자치를 위한 노력은 무엇보다도 지방선거가 제대로 잘 진행되도록 하는 데 많은 관심이 집중되어 있었다. 지방자치의 첫발인 선거에 대한 걱정이 컸던 것이다. 실제로 1991년에 '공명정대한 지방의회 의원선거를 위한 내무부장관 기자회견 발표문'에 따르면 지방의원 선거를 공명선거로 이끌기 위해 당시 내무부장관은 전국 시 · 군 · 구 단위로 '불법선거운동 감시단'을 구성하여 각종 불법행위에 대한 철저한 감시활동을 추진하였고, 또 올바른 선거를 위한 기록영화를 당시 예산으로 2,200만 원을 들여 중앙선거관리위원회에서 제작하기도 했다. 그리고 '지방선거 실시에 즈음한 대통령 특별담화문'에서도 대통령은 정부의 공정하고 차질 없는 선거 준비를 강조하고 국민의 현명한 선택을 강조했다.[10] 그런데 이처럼 지

9) 국가기록원(2015). 「기록으로 보는 지방자치」, 행정자치부 국가기록원, p.116.

10) 국가기록원(2015). 「기록으로 보는 지방자치」, 행정자치부 국가기

방선거를 통해 지방자치로 한 발 더 나아가는 중에도 여전히 중앙중심의 인식은 남아있었다. 한 예로 1991년에 발간된 「지방의회 의원 신분증 규칙(안)」에는 지방의회의 의원 신분증에 관한 규칙이 별도로 마련되어서 신분증의 규격이나 발급 등에 대한 내용이 따로 제시되어 있었는데, 이는 중앙에 의한 규격화된 의식의 한 사례라고 할 수 있다.

본격적인 지방자치가 시작되면서 중앙과 지방 간 관계에서의 자치 이외에 주민참여를 통한 지역 현장에서의 자치도 강조되었다. 제도 도입이 그 대표적인 행위가 될 수 있는데, 주민감사청구제도(1996), 지방옴부즈만제도(1997), 행정정보공개제도(1998), 주민조례제 · 개폐청구제도(2000), 주민자치센터(2001), 주민참여예산제도(2004), 주민투표제도(2004), 자원봉사활동기본법(2005), 주민소송제도(2006), 주민소환제도(2006) 등이 그에 해당된다. 물론 지방자치가 본격화된 이 시기 이전에도 통상적으로 활용된 공청회와 주민의견조사, 제안제도 및 주민간담회가 있었다. 하지만 적극적인 주민참여를 보장하고 영향력의 정도가 큰 제도들이 다양하게 도입된 것은 1995년 이후이다.

이처럼 과거부터 오늘날에 이르기까지 지방자치 속에서 보인 자치의 역사적 흔적은 비교적 뚜렷한 특징을 지니고 있다. 주로 중앙과 지방 간 관계에서 중앙으로부터 지방의 자치

록원, pp.126-128, p.146.

가 얼마나 허용되고 인정되어 왔는가의 문제였다. 그런 점에서 자치의 역사적 흔적 속에 자치의 두 갈래 관점을 놓고 보면 그 특징이 비교적 분명하다. 단체자치에 해당하는 모습이 주민자치에 해당하는 모습보다 더 강하게 드러나고 있다는 점이다. 이는 곧 중앙과 지방의 관계에서 지방의 자율적 통치나 자율권 확대 등이 어느 정도로 이루어져 왔는가에 대한 논의의 비중이 더 크다는 말이다. 따라서 주민자치보다는 단체자치가 지방자치의 이슈로서 비중이 상대적으로 더 컸고, 중앙에서 지방의 자치를 보장해주는 정도가 시기별로 차이가 있긴 하지만 대체로 오늘날에 이르면서 그 정도는 더 커졌다고 볼 수 있다.

그런데 이 과정, 즉 중앙과 지방 간 관계에서 자치를 논할 때 언제나 중앙이 결정의 주체로 전제되어 있었다. 지방의 문제를 지역의 자치로 해결하는 형태를 취하면서도 중앙에서 파견된 관리에 의해 이루어지게 하거나, 당장의 자치 실현에 대한 여러 걱정과 우려를 드러내는 중앙권력이 일정한 여건을 보고 판단한 후에 자치가 가능하게 하는 모습에서 이를 확인할 수 있다. 하지만 아무리 중앙에서 임명하고 영향력을 발휘한다고 해도 지역에 존재하는 기존의 세력들을 전혀 무시할 수는 없었다는 점, 그래서 이들을 적절히 활용하며 자치의 모습을 그려나간 점은 이 과정에서의 또 다른 특징이라 할 수 있다. 이는 오늘날 말하는 주민참여 자치 모습과는 다른 것이다. 특히 일제강점기 이전에 더 그러했고, 경로의존(path dependency)적 속성에 기초해서 보면 그 여파는 지금도 계속되고 있다.

따라서 이렇게 본다면, 과거 우리의 자치는 중앙의 영향력과 지배하에 지방의 자치 실현을 위한 나름대로의 여건을 마련해왔고 오늘날에는 결과적으로 중앙권력과는 구분된 지방자치가 어느 정도 실현되고 있다고 볼 수 있다. 주민자치는 최근 들어 많은 제도 도입 등이 이루어지고 있으나, 상대적인 측면에서 보면 중앙과 지방 간 자치 구현의 역사적 흔적이 더 많고 또 중요하게 다루어져 왔다. 그리고 중앙이 지방에 자치 실현을 위한 여건을 마련하면서 지역 내 영향력 있는 세력들과의 협조 및 상호이해관계가 결합되는 모습은, 중앙과 지방 간 관계와 지방 내 지역주민들의 참여를 설명할 때 함께 고려할 필요가 있는 맥락적 특징에 해당한다.

3. 규범이 된 자치

사람들은 자치에 대해 어떻게 인식하고 있을까? 자치의 개념이 모든 사람들에게 동일하게 정의되지는 않겠지만, 일반적으로 자치라는 말을 할 때나 들었을 때 어떤 생각을 하고 있을까? 자치에 대한 포괄적인 생각이나 인식뿐 아니라 자치관련 내용들에 대해 어떻게 인식하고 있을까? 좀 더 쉽게 말하면, 자치에 대해 떠올릴 때 긍정과 부정 중 어느 쪽에 더 가깝게 인식을 하고 있을까? 여기에 대한 답은 우리가 자치에 대해 어떻게 여기고 있는지를 알 수 있게 해준다.

다양한 형태의 인식에 나타난 규범의식

우선 그동안 자치와 직·간접적으로 관련된 여러 설문조사의 결과를 살펴볼 필요가 있다. 2014년에 일반시민, 중앙부처 공무원, 지방자치단체 공무원으로 구성된 총 1,000명을 대상(응답자)으로 진행된 설문조사에 따르면, '우리나라에서 지방자치가 과연 필요한가?'에 대해 전체 응답자의 84.6%가 필요하다고 응답했다. 세부적으로 보면, 일반시민은 86.8%, 중앙부처 공무원은 84%, 지방자치단체 공무원은 82%가 지방자치가 필요하다고 응답했다. 지방자치의 필요성에 대한 공감이 비교적 높게 형성되어 있다는 것을 보여준다. 그리고 '우리나라 지방자치가 잘 되고 있다고 보는가?'라는 질문에는 전체 응답자 중 37.1%만이 '지방자치가 잘되고 있다'라고 응답하고 나머지 62.9%는 '지방자치가 잘 되지 못하고 있다'고 응답하였다.[1] 2018년에 1,521명을 대상으로 실시한 또 다른 설문조사에서도 지방자치가 잘 이루어지지 않고 있다(별로 잘 이루어지지 않고 있다 + 전혀 잘 이루어지지 않고 있다)는 응답이 전체의 52.8%로 나타났다.[2] 지방자치의 필요성과 현재의 지방자치 실시에 대한 평가를 함께 고려해보면, 많은 사람들이 지방자치의 필요성을 인식하고 있으나 현실에서는 그에 부합할 정도로 지방자치가 잘 되고 있지 않다고 여기는 사람이 많다. 그래서 설문조

1) 김필두 · 류영아(2014). 「지방자치에 대한 인식분석」, 한국지방행정연구원, pp.83-84.

2) 문화체육관광부(2018). 「6월 주요정책 시계열 조사(현안): 지방자치에 대한 인식」, 문화체육관광부, p.33.

사 분석보고서는 "현재 지방자치는 잘 되지 못하고 있고 앞으로 발전시켜야 한다는 데 많은 사람들이 의견을 같이 하고 있는 것"으로 평가하고 있다.[3] 지방자치는 잘 되는 것이어야 하고 잘못 되고 있으면 발전시키는 것이 당연한 것으로 인식되고 있다는 점을 알 수 있다.

2015년에 1,500명을 대상으로 실시한 설문조사에서는 향후 지방자치를 더욱 강화하는 것이 바람직하다고 생각하느냐는 질문에 대해 전문가는 82.2%, 일반국민은 54%가 그렇다고 응답하였다. 전체 평균은 63.6%이다.[4] 여기서 특징적인 것은 전문가들에 의해 지방자치가 더 강조되고 있다는 점이다. 흔히 전문가들은 사회에 대한 진단과 처방을 내리는 권력을 가지고 있고 실제로 그 영향력이 유효하게 작용한다.[5] 전문가들이 현상을 더 악화시킬 수도 있다는 비판적 의견도 있지만 그에 대한 논쟁을 떠나서 전문가들의 의견이 우리 사회 곳곳에서 영향력을 미친다는 사실만은 분명하기 때문에, 지방자치를 더욱 강화시켜야 한다는 다수 전문가들의 의견은 지방자치의 필요성과 더불어 그것이 곧 당위론적 실천 방향이 되는 데 힘을 실

---

3) 김필두 · 류영아(2014). 「지방자치에 대한 인식분석」, 한국지방행정연구원, p.93.

4) 지방자치발전위원회(2015). 「지방자치 국민의식조사 최종 보고서」, 지방자치발전위원회, p.145.

5) 이반 일리치(2015). 신수열 옮김, 「전문가들의 사회」, 사월의 책, p.21.

어준다.

이러한 논의는 보다 공식화된 용어로 표현되면서 더욱 힘을 받게 된다. 그중 하나가 바로 '자치권'이라는 권리 개념이 내포된 용어로, 해당 용어를 사용하는 것만으로 자치의 필요성과 당위성이 보다 구체적인 권리 개념으로 인식된다. 실제로 2017년에 1,995명을 대상으로 자치권에 대한 설문조사를 진행하였는데, 그 측정 항목은 '지방자치단체는 중앙정부가 법령으로 특별히 금지하지 않은 행정 행위라면 얼마든지 결정하고 수행할 수 있어야 한다.'였고 여기에 대해 51.1%가 동의하는 것으로 나타났다. 부동의가 아닌 보통에 대한 응답인 38.9%까지 고려하면 그 비율은 더 높아진다.[6] 하나의 권리 개념으로까지 여겨지는 자치는 현실의 문제의식에서 더 강하게 강조된다. 자치를 더욱 강조할 수밖에 없는 현실의 이유가 존재한다면 더욱 그렇다는 것이다. 자치를 강조하는 가장 기본이 되는 현실 속 문제 중 하나는 중앙에 대한 과도한 집중 때문이다. 이는 2015년에 1,000명을 대상으로 실시한 설문조사에서도 드러난다. 지방소외에 대한 인식 조사 항목 중 하나로 우리 사회가 중앙에 너무 치우쳐있고 지방은 소외되고 있다는 주장에 대해 '공감한다'(77.4%)는 응답이 '공감하지 않는다'(18.8%)의 응답보다 4배 이상 높게 나타났다.[7] 막연하고 다분히 감정적인 자치

6) 최흥석(2017). 「지방분권 인식연구」, 국회입법조사처, p.53.

7) 전국시장 · 군수 · 구청장협의회(2015). 「지방자치에 대한 국민 인식

에 대한 강조가 아니라 현실의 문제를 토대로 형성된 인식에서 비롯된 자치에 대한 강조인 것이다. 적어도 자치가 단순한 사회적 유행인 것은 아니다.

여러 설문조사를 통해 자치에 대한 인식 이외에도 자치가 우리 사회에서 어떤 위치에서 어떤 다양한 형태로 자리매김하고 있는지 알 수 있다. 정치적 리더의 생각이나 정부의 공식화된 계획과 방침 등이 그에 해당된다.

무엇보다도 대통령의 경우 국정운영에서 중요하게 생각하는 과제를 별도로 100대 국정과제로 선정해서 추진하고 있는데, 어떤 특정한 주제의 과제가 그 속에 포함된다면 해당 과제는 정부에 의해 중요하게 추진되는 정책이라고 보면 된다. 국정과제는 일종의 정책기조(policy paradigm)로서 국정운영철학이 되어 구체적인 특정 정책의 전제적 판단 기준이 되거나 또는 그 근거가 되어 정책의 내용과 과정 등을 규정하는 기본적 가치이자 논리가 된다.[8] 그래서 어떤 국정과제를 채택하는가에 따라 사회문제를 다루는 정책 전반이 달라지고 이는 곧 정부가 우리 생활에 미치는 다양한 영향의 원천이 되기도 한다. 바로 여기에 자치와 관련된 내용이 있다면 자치가 현재 사회에서 어떤 위치로 있는가를 알 수 있는 것이다.

조사」, 전국시장 · 군수 · 구청장협의회, p.10.

8) 박정택(2000). 정책기조에 관한 탐색적 연구. 「행정논총」, 38(2): 1-33, p.10.

예컨대, 문재인 정부의 경우 100대 국정과제에서 제시하고 있는 5대 국정목표 중 하나가 '고르게 발전하는 지역'이다. 그 하위에 있는 20대 국정전략에는 '풀뿌리 민주주의를 실현하는 자치분권', '골고루 잘사는 균형발전', '사람이 돌아오는 농산어촌'이 있고, 다시 그 하위에 있는 세부 과제에는 '획기적인 자치분권 추진과 주민 참여의 실질화', '지방재정 자립을 위한 강력한 재정분권', '교육 민주주의 회복 및 교육자치 강화', '세종특별시 및 제주특별자치도 분권모델의 완성', '전 지역이 고르게 잘사는 국가균형발전', '도시경쟁력 강화 및 삶의 질 개선을 위한 도시재생뉴딜 추진' 등이 있다.[9] 자치에 대한 직접적인 과제도 있고, 자치 관련 과제로서 균형발전이나 재정분권 등과 결합된 형태의 과제도 존재하고 있음을 알 수 있다.

그리고 100대 국정과제에 대해서는 전년도 성과에 대한 보고서를 작성하는데, 그중 한 예로 '획기적인 자치분권 추진과 주민 참여의 실질화' 과제에 대한 보고서를 보면 '중앙-지방간 협력 · 협의 강화를 통해 실질적 지방자치 강화', '제도적 기반 마련을 통해 실질적 자치분권 및 주민직접참여 확대' 등을 성과로 제시하고 있다.[10] 성과에 대한 타당한 평가 여부를 떠나, 국정과제에서 자치관련 내용들이 중요하게 다뤄지고 있는 것과 동시에 그것들이 일정한 성과를 보이는 것으로 평가되고

---

9) 대한민국정부(2017). 「100대 국정과제」, 대한민국정부.

10) 정부업무평가위원회 홈페이지(www.evaluation.go.kr).

있음을 알 수 있다. 이러한 100대 국정과제는 정부가 국민을 대상으로 하고 사회 전반을 범위로 삼아서 달성하고자 하는 바를 공식적으로 명시하고 있다는 점에서 그 파급력이 높다. 적어도 한 정권 내에서는 다양한 형태의 법과 제도로 표현되는 정책들이 추진되면서 정책대상자인 국민들에게 직 · 간접적으로 영향을 미친다. 지방자치를 추진하고자 하는 과제 역시 마찬가지인 것이다.

그렇다면, 여기서 예로 든 문재인 정부에서만 자치가 국정과제에 포함된 것일까? 그 이전 정부에서는 포함되지 않았던 것일까? 이에 대해 살펴보는 것은 자치에 대한 중요성이 단지 단기적인 관심으로만 부각되는 것인지, 아니면 비교적 오랫동안 이어져 온 것인지를 확인하는 것이 된다.

최근 15년간 정권별 주요 국정과제를 보면, 우선 박근혜 정부의 경우 140개의 국정과제를 제시할 때 5개의 국정목표 중 하나가 '안전과 통합의 사회'이며, 그 하위 전략 중 하나가 '지역균형 발전과 지방분권 촉진'이었다. 그리고 그에 해당되는 과제에는 '국민대통합을 위한 지역균형발전', '지방대학 지원 확대', '지방재정확충 및 건전성 강화', '지방분권 강화 및 시민사회 · 지역공동체 활성화', '지역경제와 산업의 활력 제고'를 들고 있다.[11)]

---

11) 제18대 대통령직인수위원회(2013). 「제18대 대통령직인수위원회 제안 박근혜정부 국정과제」, 제18대 대통령직인수위원회.

그 이전 정부인 이명박 정부의 100대 국정과제에서도 지방자치와 관련해서 지방분권이 직접 언급되고 있다. 5대 국정지표 중 하나인 '섬기는 정부'를 위한 두 번째 전략이 '지방분권을 확대하고 지역경제를 살리겠습니다'이고, 과제로는 '지방행정체제를 개편하겠습니다', '지방정부의 권한을 늘리겠습니다', '광역경제권을 구축하겠습니다', '지방재원을 확충하겠습니다', '자치경찰제를 도입하겠습니다'를 제시하고 있다.[12)]

특히 지방자치에 중점을 둔 자치를 가장 강조한 정부는 노무현 정부였다. 노무현 정부는 '참여정부'로 규정할 만큼 참여를 강조하며 관련 제도 도입과 혁신에 매진했다. 세 가지 국정목표 중 하나가 '더불어 사는 균형발전사회'였고 그것은 일극중심의 집중 · 집권사회를 분산 · 분권사회로 만들고, 불균형성장에 기반했던 수도권과 지방, 도시와 농어촌의 균형발전을 이뤄내서 21세기 대한민국의 새로운 도약 기반을 마련하고자 하는 것이었다. 그래서 4대 국정원리 중 하나도 '분권과 자율'이고 중앙부처와 지방자치단체, 시민사회와 국민 모두가 자율적으로 기획하고 활동하며, 스스로 책임을 질 수 있는 기반을 마련하려는 의지를 보였다. 100대 로드맵 국정과제에도 '교육자치제도 개선 및 자치경찰제도 도입', '지방자치권 강화 및 지방정부의 책임성 확보', '지방의정활동 기반정비 · 강화', '중앙

---

12) 대한민국정부(2011). 「이명박 정부 100대 국정과제」, 대한민국정부.

-지방, 지방정부 간 협력체제 강화', '지방재정 운영의 자율성 확대 및 교부세제도 개선', '지방대학 육성 및 지역인적자원 개발' 등이 포함되어 있다. 그 외에도 지방에 초점을 둔 여러 과제들(공공기관 지방이전 및 혁신도시 건설, 국가균형발전 5개년 계획 수립, 지역특화발전특구 추진)이 제시되었다. 노무현 대통령은 대통령 후보 시절에도 '분권과 자율의 지방화 시대'를 20대 정책목표 중 하나로 삼기도 했다.[13)]

비록 평가는 엇갈리고 실제 성과에 대해서도 이견이 있겠지만, 2000년대로 접어들면서 대체로 국가가 국민의 일상적인 활동을 규제하던 것에서 점차 자유를 증대시키고 사회 내 다양성을 용인하는 방식으로 발전하였다.[14)] 이에 대한 구체적인 사례가 지방자치 중심의 자치 실현 정책들로 나타났다. 실무적 차원에서 국정과제는 국정목표, 국정지침, 국정의제, 국정아젠다 등 다양한 용어가 관행적으로 혼용되어 왔다는 점에 비추어 볼 때,[15)] 비록 용어의 차이는 있어도 그동안 정부가 다양한 수준에서 추진한 자치 관련 실천 노력은 꾸준히 있어 왔다는 점을 알 수 있다. 이처럼 국정과제를 국민들의 선택(선거)

---

13) 국정홍보처(2008). 「참여정부 국정운영백서1」, 국정홍보처.

14) 임도빈(2008). 역대 대통령 국정철학의 변화: 한국행정 60년의 회고와 과제, 「행정논총」, 46(1): 211-251, p.243.

15) 김선혁(2013). 「주요국의 국정과제시스템 비교연구」, 국무조정실, p.11.

을 통해 탄생한 정부가 국민들의 기대와 선호 및 염원을 최대한 반영하려는 노력의 하나로 본다면, 자치는 국민들의 기대와 선호 그리고 염원으로 자리 잡고 있는 것이다.

국정과제가 더 공고히 다져지고 사람들에게 그 중요성이 인식되는 것은 대통령과 같은 정치적 리더의 직접적인 말을 통해서이다. 최근 사례를 들면, 문재인 대통령은 2018년 '지방자치의 날' 기념식에서 다음과 같은 기념사를 하였다.

> "…정부의 의지는 변함이 없습니다. 개헌 없이도 할 수 있는, 국가균형발전과 지방분권을 향한 실천을 최대한 계속하고자 합니다. … 대한민국의 성장은 지역에서 시작합니다. 243개 지방자치단체 하나하나의 성장판이 열려야 대한민국 전체가 성장할 수 있습니다. … 지방자치의 역사가 민주주의의 역사입니다. 지역과 지역이 포용하고 서로 기대며 발전하는 국가균형발전은 대한민국의 미래입니다.…"[16)]

지방자치에 대한 직접적인 언급은 물론이고 국가의 성장과 민주주의의 역사로 표현할 정도로 그 중요성을 피력하고 있

---

16) 중앙일보(2018). 文대통령 제6회 지방자치의 날 기념사, 10월 30일자 기사.

다. 이전 정부의 박근혜 대통령 역시 당선인 시절 지방분권과 관련해 "지방에서 잘 할 수 있는 일은 지방에 맡겨야 한다."며 지방분권 원칙을 강조한 바 있다.[17] 이명박 대통령도 국회의 개원연설에서 "밖으로 경제의 세계화에 대응하고 안으로는 지방분권에 부합하는 지역발전 정책을 추진하겠다. … 특성화된 지역발전을 통해 지방의 경쟁력을 높이고 광역경제권을 형성해 발전 잠재력을 극대화 하겠다. … 명실상부한 지방자치 구현과 지역경제 활성화를 위해 지방에 과감하게 권한을 이양하겠다. … 중앙정부에 소속된 특별지방행정기관을 점차 지방에 이전하고, 지방자치단체의 예산 자율성을 높이겠다." 등을 말하기도 했다.[18] 노무현 대통령의 경우 그 어느 대통령보다 수차례 지방분권을 강조하며 적극적으로 추진했다. 이처럼 대통령의 공식적인 연설 등에서도 자치는 꾸준히 강조되었다.

그 외에도 '자치분권 종합계획' 등 다양한 형태의 공식 계획도 있고, '지방자치의 날'과 같은 법정 기념일도 있다. 10월 29일이 해당일이며 이때는 기념행사도 한다. 2012년에 제정되어 현재까지도 이어지고 있다. 그리고 2013년부터 시작되어 매년 개최되고 있는 '대한민국 지방자치박람회'도 있다. 중앙부처 중에

---

17) 뉴스1(2013). 역대정부 '지방분권' 정책…박근혜 정부는?, 2월 12일자 기사.

18) 경남신문(2008). 이 대통령 '지역전략사업 추진 전력', 7월 11일자 기사.

서 지방자치단체관련 업무를 담당하는 주무부서인 행정안전부에는 '지방자치분권실'을 별도로 두고 있기도 하다. 정부가 중심이 되어 실천 및 실행하고 있는 이런 여러 노력들은 정부의 공식화된 입장이자 일종의 강력한 의지를 나타내는 것이기 때문에 이를 통해 자치가 어떻게 자리매김하며 위치하고 있는지 알 수 있다.

⋮ 인간의 본원적 믿음에 의한 규범의식

그런데, 자치가 강조되는 현실은 사실 가장 본원적인 믿음 하나에 의거(依據)하고 있다. 자치의 의미로 다시 돌아가 보면, 자치란 '스스로 다스린다'이며 이는 타율성보다는 자율성이 표면적으로 강조되는 말이다. 자율성은 인간의 자유의지의 실천적 표현이다. 인간이 자유의지를 지니고 있다면 자치는 너무나도 당연한 것이 된다. 자유의지를 지닌 존재가 스스로 다스리는 행위를 하는 것은 자연스럽기 때문이다. 자율적인 행동 능력이 한 인간을 인간다운 인격체로 특징짓게 한다면 더욱 그렇다.[19]

---

19) 프란츠 M. 부케티츠(2009). 원석영 옮김, 「자유의지, 그 환상의 진화」, 열음사, p.20.

인간이 도덕적으로 올바른 행동을 할 수 있는 것도 인간이 자유롭게 행동하고 결정할 수 있기 때문이라는 주장도 같은 맥락에 놓여 있다.[20] 우리가 어떤 결정의 자유를 가진다는 것은 올바르게 할 수 있다는 것과 올바르지 않은 것을 하지 않을 수 있다는 것을 모두 의미한다. 그렇게 본다면 자유가 있기 때문에 도덕적 책임과 판단이 가능해진다. 올바름이 제시되면 그에 대한 준수 여부는 자유에 의한 것이므로 자유가 도덕적 행동을 판단하는 요소가 되는 것이다. 도덕적 판단이 항상 자유의지와 연관되어 있었고, 행동의 자유가 도덕적 행동의 전제 조건이 된다는 것도 같은 의미이다.

그렇다고 해서 자유가 도덕적 판단을 위한 역할에만 머물러 있지는 않다. 도덕적 판단을 위한 기준이 되거나 판단 요인이 되기 이전에 이미 자유는 그 자체가 하나의 가치이다. 자유의 가치와 그 위상을 강조할 때 자주 인용되는 영국의 역사학자 액톤(John Emerich Edward Dalberg Acton)의 다음과 같은 말이 이를 잘 드러내고 있다. 자유는 그 자체로 궁극적 가치가 된다는 것이다.

> "자유는 더 높은 정치적 목적을 위한 수단이 아니다. 자유는 그 자체로 가장 높은 정치적 이

20) 프란츠 M. 부케티츠(2009). 원석영 옮김, 「자유의지, 그 환상의 진화」, 열음사, p.26.

상이다. 훌륭한 행정을 위해 자유가 필요한 것이 아니라, 시민사회와 사적 삶에서 최고로 가치 있게 여기는 대상들을 추구할 수 있도록 보장하기 위해 자유가 필요하다."[21]

인간은 이 자유의 실천을 완전한 무정부상태의 자유로까지 바라기도 하고, 한편으로는 현실의 장치(dispositif)에 기대지 않을 수 없는 보다 현실적 인간이라면 자기지배 혹은 자기통치(self rule)의 형태로 자유가 구현되는 것을 강력하게 소망하기도 한다. 인간에게는, 누군가의 손에 의해 자신의 운명이 결정되는 것보다는 자신의 운명을 자신이 스스로 정하고 싶다는 자연스러우면서도 강력한 기본적인 소망이 있다. 자유로운 스스로의 결정과 행동을 중요시 하고 원하는 것이다. 설사 권한의 일부를 맡기더라도 저 멀리 있는 중앙정부보다는 물리적이고 심리적으로 더 가까운 지역 기반의 정부(지방자치단체)가 위임받는 것이 더 적절하다고 생각하고 있다. 먼 곳보다는 자신이 위치한 가까운 곳에 있는 것이 위임한 사항에 대한 통제나 영향력 행사와 같은 자신의 자유로운 의지 실천에도 유리한 환경이 되기 때문이다. 중앙정부 중심의 통치보다는 지방자치를 강조하는 것도 이에 기초한 생각이며, 그래서 지방자치가

21) 프리드리히 하이에크(2012). 김이석 옮김, 「노예의 길」, 나남출판, p.121.

갖는 규범성의 가장 기본도 바로 여기서 비롯된다고 본다.[22] 그래서 자치가 가능한 '스스로의 행동'을 한다는 것은 이미 인간에게는 내재된 자유가 있기 때문이라는 것이다.[23] 이미 내재된 것이라면 그것은 발현되는 것이 중요하다. 아리스토텔레스가 말한 디나미스(dynamis)는 가능성을 지닌 이성적 잠재력을 말하는 것으로, 자치 역시 인간에게 스스로 할 수 있는 가능성이 내재되어 있다면 발현만 되면 가능한 것이다. 식물 씨앗 속에 식물이 될 디나미스가 있고 달걀 속에 닭이 될 디나미스가 있듯이, 인간에게 자기지배나 자기통치와 같이 자율이 가능한 자유가 있다면 그것은 자치가 가능한 디나미스를 지니고 있는 것과 같다. 그러므로 발현시키는 것이 과제이다. 스스로 할 수 없어서가 아니라 스스로 할 수 있는데 발현 여부가 중요한 것이다. 여기에 대해 아리스토텔레스의 말처럼 지니고 있는 디나미스 실현을 위해서는 훈련 등의 노력이 필요하다. 따라서 스스로 할 수 있는 디나미스가 있는 인간도 지방자치와 같은 자치를 위한 제도적 장치를 통해 실현하려는 노력이 중요한 것이다.

이렇게 본다면 자치에 대한 강조는 규범이기도 하지만 인간

---

22) 아키즈키 겐고(2008). 하정봉 · 길종백 옮김, 「행정과 지방자치」, 논형, pp.96-97.

23) 여기에 대해서는 이 책의 2장의 3('의심의 시작')에서 자세히 다루어진다.

에게는 내재된 가치로서 자연스러운 그 무엇이라고 여길 수 있다. '인간은 자치할 능력을 지닌 존재일 뿐만 아니라 자치를 욕구하는 존재'라거나 더 직접적으로 '자치하는 인간' 등으로 표현하는 것도 그와 같은 내용들이다.[24] 나아가 연구 분야에서도 마찬가지다. 즉, 연구 활동에서도 지방자치나 분권 등에 관해 '해야만 하는' 규범적 · 당위적 과제로서 주로 연구해오고 있다. 그러다 보니 지방자치는 우리가 '체득한' 개념이라기보다는 '주어진' 개념으로 더 인식하고 있는 것이다.[25]

현재의 상황으로 보면, 이런 규범화된 의식은 쉽게 사라지지 않을 가능성이 높다. 자치는 여전히 결핍(scarcity)되어 있다고 여겨지기 때문이다. 완전한 자치가 이루어지면 소망도 사라지고 끊임없는 자치를 위한 제도적 장치들도 더 이상 새롭게 만들어지지 않을 것이고 기존의 장치가 수정되는 등의 노력도 보이지 않을 것이다. 하지만 현실은 그 반대이다. 자치에 대한 강조와 규범 의식은 더 강해지고 있다. 이는 자치에 대한 결핍을 강하게 인지할수록 더욱 그렇다.

앞서 살펴본 각종 설문조사 결과나 정부의 공식적인 계획과 정치적 리더의 생각 등에 나타난 자치에 대한 인식들은 자치에 대한 현실의 결핍을 보여주는 것으로, 이 결핍 의식은 터널링(tunneling) 현상을 낳는다. 터널링은 터널에서의 시야(tunnel

24) 안성호(2016). 「왜 분권국가인가」, 박영사, pp.67-68.
25) 배유일(2018). 「한국의 이중적 지방 민주주의」, 문우사, pp.3-4.

vision)처럼 오로지 멀리서 빛을 발하는 출구만 보이고 주변의 거의 모든 사물은 어두워서 보이지 않는 현상을 말한다. 결핍을 제어하는 데만 모든 초점을 두고 집중하도록 유도하는 것이다. 터널링은 집중하게 함으로써 일의 몰입을 높이지만 대신 다른 것은 보지 못하게 한다. 중요하다는 것이 결핍될수록 더 그 결핍요인에 집중하게 된다.[26] 자치가 부족하다고 생각하면 자치에 더 집중하게 된다. 규범이 더욱더 규범으로서 권위를 지니게 되는 것도 마찬가지다. 부족한 어떤 규범의 필요성이 더 절실함을 낳아서 규범으로서 역할을 더 강화하도록 한다. 자치의 불충분함이나 부족이 자치의 필요성을 더 높여서 자치가 규범화되면 결핍의 속성과 규범의 자기증식 등을 거쳐 더 강력한 규범으로 존재하게 된다.

26) 센딜 멀레이너선 · 엘다 샤퍼(2014). 이경식 옮김, 「결핍의 경제학」, 엘에이치코리아, p.61.

CHAPTER

2

의심의 대상으로서 자치

1. 의심의 쓸모

'의심'이라고 하면 어떤 생각이 드는가? 긍정적인 의미에 가까울까, 아니면 부정적인 의미에 더 가까울까? 의심한다고 하면 부정적인 이미지가 더 떠오르는 것이 사실이다. 의심스러운 눈초리로 보면 왜 그런 눈으로 보냐며 더 의심을 받기도 한다. 의심하는 사람은 뭔가 사회에 불만이 있는 사람이라고 여겨지기도 하고, 지나치게 세상을 부정적으로 보는 회의주의자로 비치기도 한다. 혹은 처벌 목적의 감시를 위한 의심도 있기 때문에 의심은 더욱 부정적으로 여겨진다. 실제로 1945년 해방 이후 모두가 독립된 국가의 국민이었지만 반공이데올로기 등으로 인해 국민임을 스스로 입증하며 서로가 서로를 감시하는 일상화된 의심을 하는 시대도 있었다.[1] 그래서 그동안 대

1) 김동현(2017). 변절, 음험한 신체의 탄생과 의심의 정치학, 「동악어

체로 의심은 밝은 미소를 짓게 하는 행동은 아니었다. 당신의 정체가 의심스럽다며 말할 때 나오는 불쾌한 미소가 말 그대로 의심과 더 잘 어울리는 것으로 여겨졌다. 그리고 때로는 의심을 한다면 피곤한 사람쯤으로 인식되기도 해서 가까이 해서는 안 되겠다는 생각도 들게 한다. 또 의심은 기존에 의심의 대상이 있고 그에 대한 후속 행위이기 때문에 다분히 수동적인 것으로 여겨지기도 한다. 선행된 사고방식이라기보다는 후행적 사고라서 선도적인 생산적 산물을 도출하는 사고방식은 아니라고 보기도 한다. 긍정과 부정으로 단순 구분한다면 의심은 부정적인 이미지에 더 가까이 있다고 할 수 있다.

그렇다보니 이제는 그냥 '의심'이라고 말하기보다는 그 앞에 '합리적'이라는 말을 붙여서 '합리적 의심'이라고 말한다. 합리적이라고 말하면 그때의 의심은 오히려 합당한 것으로 여겨진다. 이 말 속에는 '합리적'이라는 수식어가 없는 '의심'이 갖는 이미지가 어떤 것인지 함축되어 있다. 합리적 의심은 좋은 것으로 여겨지지만, 동시에 '합리적'이라는 말이 빠진 '의심'은 그렇지 않다는 것을 역설적으로 말해주는 것이다. 그래서 우리는 언제부터인가 합리적 의심이어야 의심하는 것이 적절하다고 여기고, 그냥 의심을 한다면 그것은 마치 설익은 것쯤으로 생각한다. 합리적 의심이라는 용어가 유행이 되어 최근에는 각종 언론매체에서 "우리는 합리적 의심을 한다"고 수

문학」, 73(3): 143-175.

시로 강조하며 적극적으로 사용하고 있다.

그런데 사실, 합리적 의심이라는 말은 의심에 대한 편견이 낳은 포장일 뿐이지 의심이 지니는 원래의 취지를 간과한 면이 있다. 오래전부터 이미 철학자와 사상가들은 합리적이라는 말을 굳이 붙여가면서 의심을 했던 것이 아니라, 그냥 의심 그 자체를 했다. 그리고 의심하기를 강조했다. 그들이 의심하기를 강조한 것은 의심이 이성적인 비판과 관련되기 때문이었다. 이들에게 의심은 무조건적인 부정적 시각이 아니라 이성적 비판으로 생산적인 결과를 낳는 것이었다.

예컨대, 소크라테스(Socrates)는 학생들과 논쟁에서 질문은 했지만 정작 자신은 그 해답은 모른다고 했다. 그는 학생들에게 어떠한 신념을 가르치기보다는 질문을 받으며 의심을 해보는 훈련을 시켰다. 의심스러운 질문을 받으면 질문을 이해하며 함께 의심하기도 하고 그 의심에 다시 의심을 하기도 했다. 소크라테스는 학생들이 각자 가지고 있는 확신을 억제하고 근본적인 의심으로 나가도록 유도했다. 데카르트(René Descartes) 역시 "모든 것은 의심받아야 마땅하다."라고 했다. 종교교리는 물론이고 형이상학적 이론 등에 의심을 해야 한다고 했다. 이는 몽테뉴(Michel de Montaigne)가 말한 "우리 믿음의 전제정치"에서 벗어나는 것을 강조했던 것과 비슷한 맥락이다. 벗어나기 위해서는 기존의 견고한 전제를 의심하는 것이 우선이다. 베이컨(Francis Bacon) 역시 의심의 논리를 채택했는데, 그것은 우상(idol)을 버림으로써 비로소 배움을 얻게 된다는 주장이었다. 포퍼(Karl Popper) 역시 합리적-비판적 사고를 중시하며 과학적 연구의 시금석은 증명이 아니라 반증이라고 주장했다. 자신의 이론의 진실성을 보여주는 즉, 증명하려고 하는 것이 아니라 자신의 가설이나 이론과 다른 부분을 지적해보라고 했다. 이를 통해 우리의 지식은 조금씩 진보할 수 있다는 것이다. 점진적인 지식의 진화는 끊임없는 의심에 따라 진행된다고 본 것이다.[2)]

의심은 비판적 이성뿐 아니라 창의적 사고와도 관련된다. 의심은 창의적 사고의 출발점이 된다. 창의성이란 무에서 유를 만들어내는 것만을 의미하지는 않는다. 기존의 것에서 새로움을 창조해내는 것도 창의성이다. 창의적인 혁신을 위해 기존의 낡은 방식에 대한 강한 의심은 물론 과감한 파괴를 강조한 슘페터(Joseph Schumpeter)는 "자본주의의 엔진을 움직이도록 만들고, 또 계속 움직이게 하는 근본적이 추동력은 자본주의 기업이 창조하는 새로운 소비재, 새로운 생산이나 수송 방법, 새로운 시장, 새로운 형태의 산업조직에서 비롯된다."고 하면서 "부단히 경제구조를 내부로부터 혁명화하여 낡은 구조를 파괴하고 부단히 새로운 구조를 창조해야 하며, 이러한 창조적 파괴의 과정이야말로 자본주의의 본질적 사실"이

---

2) 피터 L. 버거, 안톤 지더벨트(2010). 함규진 옮김, 「의심에 대한 옹호」, 산책자, pp.164-166.

라고 하였다.[3] 여기서 창조적 파괴는 기술혁신(technological innovation)을 통해 기존의 낡은 것을 파괴하는 것이다.[4] 슘페터는 기존의 것에 대한 과감하고 혁명의 단초를 건드리는 의심을 전제로 하여, 단순히 파괴적인 기술(disruptive technology)의 의미를 넘어 기존의 방식과 행위의 규범을 완전히 무력화시키는 정도의 변화인 창조적 파괴를 강조했다. 인간의 현상유지 편향을 생각해 볼 때 기존의 것에 대해 의심을 하지 않으면 창의성과 같은 새로움보다는 현재의 상태에만 머물게 된다. 그런 점에서 의심은 창의성의 시작이 된다.

의심에 대해 굳이 부정적인 것이 아니라고 말하지 않더라도, 혹은 차라리 부정적인 것이라고 말하더라도 사회의 온전성(wholeness)을 위해서는 긍정과 부정이 모두 필요하다는 주장은 의심이 인간에게 주는 또 다른 유의미함을 말해준다.[5] 우리 개인의 삶에서 부정과 긍정이 함께 작동되는 온전성이 중요하듯이 사회에서도 부정적 관점은 건강하고 균형 잡힌 사회가 되는 데 필수적이다. 어두운 면을 의미하는 일명 다크사이드(dark side)도 쓸모 있다. 모두가 좋은 소리만 주고 받는 사회만큼 취약한 사회도 없다. 기본적으로 사회는 모순덩어리이고

---

3) 이영조(1991). 다시보는 자본주의: 그 동태와 모순 혁신과 창조적 파괴의 동학, 「사회비평」, 6: 94-119, p.99.

4) 김민주(2019). 「공공관리학」, 박영사, p.273.

5) 토드 카시단 · 로버트 비스워스 디너(2018). 감예진 옮김, 「다크사이드」, 한빛비즈.

문제투성이기 때문에 그것들을 드러내고 언급하는 것이 필요하다. 어둡고 그늘진 곳을 의도적으로 무시하는 것은 사회의 취약성을 더 강화시키는 것이 된다. 부정적인 것들을 함께 언급하면 각성은 물론이고 대비도 가능하고 사후 완충의 정도도 크다. 그런 점에서 볼 때, 비록 부정적인 것으로 여겨지는 의심이라고 할지라도 그것은 그와 반대인 긍정적인 것과 어우러져 우리의 삶을 더 깊고 균형 있게 이해하도록 해준다. 특히 부정적 인식과 관점이 주는 사회보호 기능은 삐딱한 시선 등과 같이 부정적인 것으로 이미지화되어 있는 바로 그 의심을 통해 해가 되는 것들을 최소화시키면서 달성된다. 설사 의심을 부정적으로 보더라도 사회의 진정한 부정적인 문제를 없애게 해줌으로써 사회를 더 안정되게 만드는 것이다. 지금 당장은 문제없어 보이지만 충분히 의심을 통해 내재된 문제를 찾을 수 있다. 문제가 있더라도 좋은 게 좋다는 심정으로 의심 같은 부정적인 감정을 뒤로만 하면 정체되거나 더 큰 문제가 발생된다. 이처럼 의심은 균형된 시각을 높이는 것은 물론이고 오히려 의심의 대상과 관련된 사항들의 안정성을 더 높이는 데 기여한다.

의심의 쓸모를 더 넓혀 보자면 사실, '개인'의 발견도 인간이 의심을 하면서 시작되었다. 흔히 '개인'은 르네상스 시대를 거치면서 나타난 것이라고 알려져 있으나, 그 이전에 중세시대에 이미 개인이라는 자각을 일으키는 씨앗이 꿈틀거렸다.[6] 종교가 신을 중심에 놓고 부담지은 규율화는 역설적으로 개인들이 자각 의식을 발달시키는 데 도움이 되면서 '개인'이라는 주체의식을 낳았다. 흔히 교리와 같은 규율에 잘 따르지 못하면 고백과 자기성찰과 반성과 속죄 의식을 치르게 된다. 이때 "나는 왜 규율을 지키지 못하는 것일까"라는 의문과 스스로에 대한 의심이 특히 자기인식을 더 높여서 '개인'이 발견되는 것이다. '나'라는 주체를 더욱 인지하게 되는 것은 물론이고 규율을 지키지 못한 '나의 행동'도 분명히 인지하도록 만든다. 규율화가 역설적으로 개인화를 이끌었던 것인데, 이것이 바로 의심에서 비롯되었다.

이처럼 의심은 비판적 이성이나 창의성 그리고 인간과 사회의 온전한 상태를 만드는 데 일정한 기여를 하고, 자각하는 인간으로서 개인이 발견되는 기회도 제공해 주었다. 물론 의심이 언제나 유익하다는 것은 아니다. 지나치게 의심을 하다보면 결정이 무한정 미루어질 수도 있어서 문제해결의 시기를 놓쳐버릴 수도 있다. 그런 점에서 일부 의심은 의심의 정도를 적정 수준으로 묶어 둘 합리성을 필요로 한다. 의심 역시 위험을 안고 있는 것이다. 의심은 기존 제도의 확실성을 약화시키기 때문에 자칫 유용한 기존 제도의 질서를 무너뜨리는 것도 가능하다.[7]

6) 리하르트 반 될멘(2005). 최윤영 옮김, 「개인의 발견」, 현실문화연구.
7) 피터 L. 버거, 안톤 지더벨트(2010). 함규진 옮김, 「의심에 대한 옹호」,

그럼에도 불구하고 의심이 주는 유용성을 고려해 볼 때, 의심은 충분히 해볼 만한 것이다. 그런데 의심의 유용성 혹은 의심은 반드시 해볼 만한 것이라는 점에서뿐만 아니라, 더 나아가 의심을 해야만 하는 이유가 있다. 이 세상은 인간에 의해 '만들어졌기' 때문이다. 만들어진 것은 의심을 해 볼 가치가 충분하다. 아니, 의심을 해야 한다. 그것도 제한된 합리성(bounded rationality)을 지닌 인간이 만들었기 때문에 완벽하지 않아서 더욱 그렇다. 물론 완벽하지 못한 것을 문제로 지적하기 위해 의심하는 것은 아니다. 완벽한 그 무엇이라는 형이상학적 전제하에 이루어지는 시도는 더 큰 의심의 대상으로 빠뜨리는 결과를 낳는다. 그보다는, 만들어진 것은 일정한 의도를 지니고 있기 마련이어서 그 의도를 알고, 자칫 잘못된 의도가 실현되는 장치로서 의심의 대상이 존재하고 있거나 활용되고 있는 것은 아닌지를 비판적으로 살펴보기 위해서이다. 겉으로는 거창하고 규범이 되는 정도의 위치이며 심지어 하나의 신화(myth)가 되는 대상에 대해, 그것 또한 만들어진 것이라는 전제하에 과감히 의심함으로써 제대로 아는 것이 중요하다. 자치 역시 그 대상이 되는데, 의심을 해도 현재의 위치에 있는 것이라면 현재처럼 이해하면 되고, 그렇지 않다면 의심에 따라 나온 결과들을 참고해서 자치를 제대로 보면 된다.

산책자, pp.182-183.

2. 만들어진 사회와 자치 만들기

만들어진 사회

인간은 기본적으로 무엇인가를 만드는 존재다. 우리와 가장 가까이에서 1차적으로 만들어지는 것은 우리 마음속의 믿음이다. 믿음은 주어진 것이 아니라 만들어지는 것이다. 아주 먼 선사시대부터 인간은 불가항력적인 자연적 힘(번개, 천둥)과 같이 설명하기 곤란한 것들에 대해서는 저항할 수 없는 고귀한 어떤 존재를 설정하기 시작했다. 그 설정은 자기 자신과 자신을 둘러싼 세계에 대해 의식하면서부터는 종교에 가까운 믿음으로 발전하게 되었다. 그래서 신이 인간을 창조한 것이 아니라 인간이 신을 창조했다는 주장이 존재하고, 형이상학적 인간으로서 호모 메타피지쿠스(Homo metadpysicus)도 사실은

인간의 사고 속에서 날개를 달게 된 것이라는 주장도 존재하는 것이다.[1]

기초적인 믿음도 그렇지만 더 확장된 '내일'과 같은 미래도 사실은 만들어진 것이다. 상상으로 만들어지는 내일과 미래는 수많은 계획으로 구현되기를 바라면서 현실을 만들어가려는 노력이 자연스러워지는 데 기여했다.[2] 내일을 상상하지 않는 인간이 없을 정도가 되었고, 그 내일은 구체적인 현실로서 기대되는 것이다. 그 현실을 위해 노력하는 우리는 현실은 만들 수 있다는 신념을 더 확고히 하게 되었다. 사실, 역설적으로 이는 현실이 만들어졌다는 비판의식에서 가능했다. 인간이 자신의 미성숙한 것과는 결별하고 자율적인 주체가 되어야 한다는 계몽주의 사상에서 나아가 포스트모던에서는 현실이 생산되고 창조되고 제작된다는 생각을 굳히며 그러한 현실에 대한 비판이 이어졌다. 오늘날에는 자신의 현실을 연출하며 진짜 본질이 무엇인지를 알기가 어렵게 된 시대가 되었다는 비판도 받는다.[3] 중요한 것은 그것이 비판적 의식에서든 아니든 대부분의 사람들도 이제는 만들어지는 현실을 의식하고 인정하고

---

1) 프란츠 M. 부케티츠(2009). 원석영 옮김, 「자유의지, 그 환상의 진화」, 열음사, pp.58-60.

2) 다니엘 S. 밀로(2017). 양영란 옮김, 「미래중독자」, 추수밭.

3) 에리히 프롬(2016). 장혜경 옮김, 「나는 왜 무기력을 되풀이하는가」, 나무생각, pp.6-8.

있다는 점이다.

개인의 믿음과 미래에 대한 상상적 구상은 개인이 마주하는 현실적 현장 차원에 머물지 않고 사회 차원으로까지 확장된다. 인간은 나를 생각하며 나의 믿음과 내일을 만들어가려고 하지만 동시에 내가 속한 사회도 만들어간다. 물론 혼자서 사회를 만들어갈 수는 없다. 사회는 여러 사람에 의해 구성되는 것이다. 구성에 참여하는 사람 간 영향력의 차이는 있지만, 사회가 구성되는 것은 많은 사람이 그럴 듯하다고 생각하는 방법으로 실제로 그럴 듯하게 여기도록 만드는 것이다. 굳이 엄격한 '이론'까지 가지 않더라도 사람들은 사회적 상상(social imaginary)을 통해 사회를 실재하는 것으로 여기며 살아간다. 사람들은 사회적 상상을 통해 살아가면서 규범적인 기대감이나 사회생활 속에서 통상적으로 행해지는 집단적인 실천을 가능하게 만드는 공통의 이해를 만든다. 엄격한 이론과 달리 우리는 사회적 상상을 하며 이미지와 이야기와 전설 등으로 실재의 모습을 그리기도 한다.[4] 주관적이고 심지어 자의적일 수도 있는 반복적 일상과 관습, 신념이 사회적 구축의 과정을 거쳐 '사실'로 구체화되는 경우도 많다.[5]

---

4) 찰스 테일러(2010). 이상길 옮김, 「근대의 사회적 상상」, 이음, pp.43-44.

5) Collins, Harry(2007). Bicycling on the Moon: Collective Tacit Knowledge and Somatic-Limit Tacit Knowledge, *Organization Studies*, 28(2): 257-262.

그래서 사회는 일종의 이중성을 지니고 있다. 객관적인 사실성도 있으면서 동시에 주관적 의미를 표현하는 활동에 의해서 그 사회가 확립되기도 한다. 객관적 실재로서 사회가 지니는 객관적 사실성과, 주관적 실재로서 사회가 지니는 주관적 의미를 모두 포함하고 있는 것이 사회라는 것이다.[6] 그래서 한편에서는 객관적 현실, 주관적 현실, 상호주관적 현실로 구분지어서 말하기도 한다.

객관적 현실이란 인간의 의식이나 믿음과는 독립해서 존재하는 것을 말한다. 방사능은 우리가 위험하지 않다고 생각해도 위험한 상태로 존재하고 있고, 중력을 믿지 않아도 높은 곳에 있으면 떨어지는 것이 사실이고, 가벼운 돌을 들 때보다 무거운 돌을 들 때 더 힘이 들어간다. 이러한 것은 객관적 현실이자 현상들로 한 개인의 생각이나 신념에 따라 바뀌는 것이 아니다. 반면 주관적 현실은 한 개인의 의식과 신념에 따라 존재하는 것으로 그 의식과 신념을 바꾸면 변하는 것이다. 어린 아이가 눈에 보이지 않는 가상의 친구가 있다고 믿으면서 상상의 놀이를 한다면 그 아이에게는 그것이 하나의 현실이자 현상이 된다. 어른이 되어 그 친구를 믿지 않으면 가상의 친구도 사라진다. 산타 할아버지를 믿으면, 그것을 믿는 현실을 살아가게 되는 것도 마찬가지다. 상호주관적 현실(intersubjective realities)

---

6) Berger, Peter L. & Thomas Luckman(1966). *The Social Construction of Reality*, New York: Anchor Books.

은 많은 개인의 주관적 의식을 연결하는 의사소통망 내에 존재하는 것으로 일종의 공동체 현실이다. 많은 사람들이 함께 공유하고 있는 현실이기 때문에 한 명이 아니라 많은 사람들에 의해 공통으로 함께 만들어질 수 있는 것이다. 반드시 객관적 현실과 일치하지 않을 수도 있다. 단 한 명의 개인이 생각과 신념을 바꾼다고 해서 바뀌는 것이 아니다. 역사를 움직이는 중요한 동기 중 많은 것이 상호주관적 현실로 나타나는데, 여기에는 법, 돈, 신, 국가가 그 예가 된다. 상호주관적 현실로 인해 우리는 거리와 시간을 뛰어넘어서 서로 만난 적이 없는 사람들에게도 맞춰 행동을 조정할 수 있다. 현실로 존재하는 만들어진 상상의 질서는 많은 경우 상호주관적이다.7)

따라서 우리가 살아가는 현실을 주어진 것으로만 보기보다는 만들어진 것으로 보는 것이 더 적절하다. 사회가 만들어진 것이라면 그 속에 있는 여러 장치(dispositif) 역시 만들어진 것이다. 푸코(Michel Foucault)의 말처럼 고전시대에 인간에 관한 온갖 테크닉(방법, 지식, 설명, 계획, 자료 등)을 만들어내니까 근대 휴머니즘에서 인간은 그런 것들로부터 탄생하게 되는 것이다. 그렇다면, 만들어지는 것이 어떻게 실재로서 존재하게 되는 것일까? 즉, 만들어지는 것의 유효성은 어떻게 획득되는 것

---

7) 유발 하라리(2015). 조현욱 옮김, 「사피엔스」, 김영사, pp.175-176 ; 마커스 버킹엄 · 애슐리 구달(2019). 이영래 옮김, 「일에 관한 9가지 거짓말」, 쌤앤파커스, pp.47-48.

일까? 그 유효성은 크게 상황, 의미부여, 표상이라는 세 가지가 결합될 때이다.[8]

우선 무엇인가를 만들려면 상황 조건이 필요하다. 상황은 만들어질 대상의 필요성을 담보해주는 것이기도 하다. "그 상황에서 그것은 중요했다", "그 상황을 고려할 때 그와 같은 것은 불가피한 선택이었다", "그 상황에서는 그것이 필요했다" 등의 말들이 대표적이다. 상황과 맥락은 행위에 대한 이해를 높일 때 도움이 되는데,[9] 이는 곧 그 행위의 정당성이 상황과 맥락으로부터 영향을 받는 것이라는 의미이기도 하다. 그래서 무엇인가를 만들 때, 상황은 만드는 행위의 정당성의 하나가 된다.

어떠한 행위이건, 혹은 대상 그 자체에 관한 것이건 그에 대한 정당성은 두터울수록 좋다. 상황이 주는 정당성도 중요하지만, 만들어지는 것이 갖는 의미 역시 정당성의 하나가 된다. 어떤 의미를 갖는가는 존재가치를 직접적으로 보여주는 것이기도 하다. 그래서 무엇인가를 만들 때는 그 대상이 만들어지는 것의 의미와 그 대상이 존재하게 됨으로써 지니게 되는 의미가 필요하다. 의미부여를 하는 이유가 바로 그 때문이다. 어떤 것을 만들면 그것에 대한 반복적 의미부여 행위가 뒤따르

8) 김민주(2013). 한국행정의 '전통' 만들기: 하나의 소재로서 원조활동과 그것의 역설, 「한국행정연구」, 22(3): 1-27.

9) 리처드 니스벳(2004). 최인철 옮김, 「생각의 지도」, 김영사.

게 된다.

어떤 대상이 만들어지기에 충분한 상황이 존재하고 그 의미도 정당성을 높이는 데 충분하다면, 이제는 가시적으로 그 대상을 보여줘야 한다. 눈에 보이는 것은 사실성과 확신을 높여준다. 그래서 어떤 것을 만들 때는 그 대상이 눈에 보이는 것으로 표현되는 작업이 함께 이루어진다. 표상(physical representation)이 제시되는 것이다. 기념물이나 의례, 제도 등이 모두 그에 해당한다. 가시적인 표상은 대상에 대한 인지부조화를 줄이고 공간 기반의 사실로서 자리매김하게 해주는 역할을 한다.

이 세 가지가 가장 기본 요인이 되어 만들어지는 대상의 유효성이 획득된다. 우리가 흔히 부르는 이론은 이 세 가지를 보다 정교하고 체계적으로 조직화해서 설득력 있게 설명하는 형태로 표현한 것을 말한다. 그래서 만들어진 것은 대개 이론이 뒷받침 해주고 있는데, 그것은 다름 아닌 만들어진 것의 정당성을 보여주는 상황과 의미와 표상이 체계화되어 있다는 것을 말한다. 누구나, 그리고 무엇이든 쉽게 만들어질 수 있는 것은 아님을 보여주는 것이 바로 이 점이기도 하다. 세 가지 요인이 설득력 있게 체계화되는 것은 쉽지 않다. 그래서 만들어진 것으로 존재하는 그것은, 그만큼 영향을 발휘하며 존재한다. 사회가 만들어지고 사회 속의 여러 장치가 만들어진 것이라고 할 때 그것들이 모두 우리 인간에게 나름의 영향을 발휘하는 것도 그 때문이다. 자치가 우리에게 영향을 발휘하는 것도 자치라는 만들어진 장치가 설득력 있는 이론으로 뒷받침 되어 있기 때문이다.

⁝ 자치 만들기: 자치를 위한 이론

자치는 사회에 존재하는 장치(dispositif)에 해당한다. 장치는 법이나 정치적 규약이나 제도 등은 물론이고 언어와 관습까지 사회에 존재하는 많은 것들이 해당된다.[10] 만들어진 사회 속에서 자치 역시 만들어진 장치에 해당된다면, 만들어지는 것이 이론으로 뒷받침되듯이 자치도 이론으로 뒷받침되어 있을 것이다. 모든 것이 그렇지만 이론이라는 무기는 근거로서 힘을 갖는다. 적어도 사회과학에서는 실험이 제한적이기 때문에 이론이 그 자리를 대신한다. 그런데 인간은 이론에 열광하기도 하지만 또 실망하기도 한다. 설득력 있는 설명이 매력적이라서 열광하지만 설명하지 못하는 구석이 보이면 실망한다.

그렇다면, 자치라는 장치는 어떤 이론으로 뒷받침되며 건장(健壯)한 것일까? 그중 하나가 보충성의 원칙이다. 보충성의 원칙(subsidiarity principle)은 1992년에 유럽공동체(European Communities)

---

10) 조르조 아감벤 · 양창렬(2010). 「장치란 무엇인가? 장치학을 위한 시론」, 난장.

의 회원국 간에 체결된 유럽연합(European Union) 창설에 관한 조약인 마스트리히트 조약(Treaty of Maastricht)에서 도입된 원칙으로서, 지금도 다양한 분야에서 활용되고 있다.[11)] 기본적인 의미는 "하위 단위에 의해 만족할만하게 추구될 수 있는 기능의 수행은 상위 단위가 담당해서는 안 되며, 하위 단위가 충분히 만족시킬 수 없는 기능의 수행에 대해서만 상위 단위가 행하는 것이 적절하다"는 것이다. 보충성의 원칙은 EU의 제도적 변화 및 발전 과정에서 나타났던 중앙집권화의 가능성을 경계한 회원국들이 자국의 이익을 보호할 수 있는 제도적 장치를 마련하기 위해서 도입한 것이었다.[12)] 여기서 자국의 이익을 위한 기본 전제는 곧 자국의 자율이 보장되는 자치적 운영이다. 그래서 이 원칙은 하위 단위 중심의 분권이나 자치 등에 대한 원칙으로도 해석되면서 널리 사용되고 있다. 정치 · 경제 · 사회적 행위에서 보다 작은 단위의 공동체가 우선권을 가지며, 상위의 공동체는 이들 하위 단위체가 수행하지 못하는 영역에 한해서 보조를 해주는 원리로 이해되고 있는 것이다.[13)] 하위 단위 공동체의 자치가 우선이고 자치의 한계나 불충분성이 있을 경우에 한해서

---

11) 김민주(2019). 「공공관리학」, 박영사, p.238.

12) 문용일(2009). EU 권한분배와 보충성 원칙의 실제적 적용, 「세계지역연구논총」, 27(1): 219-253, p.220.

13) 문용일(2009). EU 권한분배와 보충성 원칙의 실제적 적용, 「세계지역연구논총」, 27(1): 219-253, p.221.

상위 단위에 의한 보조나 통제나 지배가 가능할 수 있다는 점을 설명하는 원칙으로, 이는 곧 자치의 중요성을 뒷받침하는 근거가 된다.

이와 함께 보다 직접적으로 지방자치단체의 자치를 강조하는 이론이 쿨리 독트린(Cooley doctrine)과 홈 룰(Home Rule)이다. 우선 쿨리(Thomas Cooley)의 독트린은 쿨리의 판결에서 비롯된 것이다. 쿨리의 판결은 미국 수정헌법 제10조를 통해 주민의 고유한 권리로서 자치권을 강조하는 내용이었다. 쿨리는 수정헌법 제10조(Tenth Amendment)에는 있는 "연방에 위임되지 않는 권리는 주와 인민들에게 권한이 유보되어 있다."는 규정을 들어 지방의 자치권도 영국의 식민지 시대 이래로 주민에게 유보되어 있다고 주장했다. 그래서 지방자치단체를 가지는 것은 주민들의 절대적인 권리이기 때문에 상위 단위인 주 의회가 이를 폐지할 수는 없다고 했다. 쿨리는 주민의 자기지배 능력으로서 자치의 가능성에 대해 강하게 믿고 있었다. 쿨리의 판결은 지방자치단체에 대한 토크빌의 정치사상적인 해석을 법적인 논리로 발전시킨 것으로 평가되기도 한다.[14] 자치 우선의 기본 생각이 쿨리의 판결에 명확히 나타나 있는 것이다.

쿨리의 판결은 쿨리와 다른 입장을 보이고 있는 딜런의 판결과 비슷한 시점에 나온 것이었다. 딜런(John F. Dillon)은 1968

---

14) 김석태(2016). 홈룰(Home Rule)의 발전과정 및 모형과 지방자치권 확대방안에 대한 시사점, 「한국지방자치학회보」, 28(4): 1-23, p.7.

년 판결에서 "지방자치단체의 존재 자체나 그 권한은 전적으로 주 의회로부터 나온다. 주 의회는 지방자치단체가 생존할 수 있도록 생명의 숨결을 부여한다. 주 의회가 지방자치단체를 창조한 것과 마찬가지로 지방자치단체를 제거할 수도 있다. 또 제거할 수 있다는 것은 권한을 축소하거나 통제할 수 있다는 것이다."라고 하였다.[15] 딜런은 지방자치단체는 주정부에 의해서 위임된 권한만을 행사할 수 있다고 주장하며 만일 위임받거나 받게 될 권한인 경우에는 반드시 법원에 의해 엄격히 해석되어야 한다는 입장이었다.

당시, 비슷한 시기에 나온 이 두 판결 중에서 조금 더 힘을 가진 쪽은 딜런의 판결로서 소위 말하는 딜런의 룰(Dillon's Rule)이었다. 딜런의 룰은 연방 대법원의 지지를 받았는데, 이는 자치권이 지방의 고유한 권리라는 논리가 당시 법관들에게는 많이 생소했기 때문이었다. 그래서 딜런의 룰과는 달리 쿨리는 룰이 아니라 독트린(doctrine)에 머물게 된다.[16]

그러다가 쿨리의 독트린은 홈 룰(Home Rule) 운동의 정신적 지주가 되면서 여러 주에서 쿨리 독트린에 따라 헌법에 홈 룰을 규정하기 시작한다. 홈 룰이 어떤 것이라는 표준과 같은 명

15) 김석태(2016). 홈룰(Home Rule)의 발전과정 및 모형과 지방자치권 확대방안에 대한 시사점, 「한국지방자치학회보」, 28(4): 1-23, p.5.

16) 김석태(2016). 홈룰(Home Rule)의 발전과정 및 모형과 지방자치권 확대방안에 대한 시사점, 「한국지방자치학회보」, 28(4): 1-23, p.8.

확한 규정은 없지만, 홈 룰의 법적 요소에는 ① 지방에 이니셔티브 권한을 부여하고, ② 주 의회의 간섭으로부터 자유로우며, ③ 주 법원이 지방의 재량을 인정하는 방향으로 판결하는 것을 규정한다는 내용이 포함되어 있다. 홈 룰에서 말하는 지방의 재량권에는 자치조직권과 자치사무권 그리고 자치재정권과 자치인사권이 포함된다. 홈 룰은 이러한 재량권으로 지방이 신속하게 지방 문제에 대응할 수 있게 된다고 보는 관점을 지닌다. 물론 홈 룰은 주 내에서 '오로지 지방의 문제'에 대한 자치라는 의미이지 모든 지방의 문제에 대한 완전한 자치라는 의미는 아니라는 관점도 존재한다.[17] 그러나 중요한 것은 지방의 자치가 기본 전제가 되어 그것이 우선한다는 입장이 분명히 드러나 있다는 점이다.

오츠(W. E. Oates)의 분권화 정리(decentralization theorem)도 자치에 대한 이론적 뒷받침의 역할을 한다. 오츠의 분권화 정리의 핵심 내용은 공공재를 공급할 때 지방정부가 중앙정부보다 더 효율적으로 공급할 수 있다면 지방정부가 공급하는 것이 더 적절하다는 것이다.[18] 이때 두 가지 전제 조건이 성립해야

---

17) 김석태(2016). 홈룰(Home Rule)의 발전과정 및 모형과 지방자치권 확대방안에 대한 시사점, 「한국지방자치학회보」, 28(4): 1-23, p.9.

18) Oates, W. E.(1972). *Fiscal Federalism*, New York: Harcourt Brace Javanovich ; Oates, W. E.(1999). An Essay on Fiscal Federalism, *Journal of Economic Literature*, 37(3): 1120-1149.

한다. 첫째는 공공서비스의 혜택이 특정 구역 내의 주민들에게만 한정되어 있을 때(지리적으로 한정), 둘째는 공공서비스를 특정 구역에만 공급하건 그보다 더 넓은 구역에 공급하건 공급 비용(서비스 단가)이 동일할 때다. 이런 경우라면 중앙의 정부가 일률적으로 넓은 구역을 대상으로 공공재를 공급하는 것보다는 지방정부가 해당되는 지역에 최적(파레토 효율 수준)의 산출물을 공급하는 것이 더 적절하다는 것이 오츠의 주장이다. 이때 더 적절하다는 것은 더 효율적이라는 것으로, 최소한 중앙정부가 제공하는 것보다는 더 효율적이라는 의미이다.[19] 따라서 오츠의 분권화 정리는 적어도 효율성 측면에서 볼 때 주민 대상의 공공서비스 제공은 지역의 자치 현장에서 이루어지는 것이 더 적절하다는 점을 강조하고 있다.

오츠의 분권화 정리는 재정연방주의(fiscal federalism)에 근거한다. 재정연방주의는 재정운영과 관련하여 정부 권력의 분산에 따라 상이한 계층의 정부 각각의 권한을 인정하는 체제를 말하는 것으로, 중앙정부는 경제안정과 소득재분배와 순수 공공재 배분과 같은 기능을 담당하고, 정체되고 혼잡을 야기하는 지역의 공공재(congestible public goods) 배분은 지방정부가 담당하는 것을 말한다. 상이한 계층의 정부가 가장 효율적으로 수행하는 형태로 재정운영을 분담하자는 것이 재정연방주

19) 김민주(2019). 「재무행정학」, 박영사, p.387.

의로서 이는 공공서비스 제공의 책임성 확보에 기여하고 조세와 지출의 원천을 일치시키려는 노력의 하나이다.[20] 재정연방주의 자체가 정부 권력의 분산과 지방의 역할을 강조하고 있다는 점에서, 지역에서 이루어지는 자치의 중요성과 그에 따른 지역 공공재 제공의 효율성을 말하는 것이다.

발로 하는 투표(voting by the feet)로 불리는 티부(Charles M. Tiebout) 모형에서도 자치가 전제된 지역의 공공재 선택을 설명하고 있다. 티부는 공공재 선택을 시장에서 이루어지는 소비자의 상품 선택과 유사한 것으로 설명한다.[21] 시장경제에서 개인들이 가격에 따라 사적재화를 구매해서 효용을 얻게 되는 것과 같이, 개개인이 지역 이동을 통해 각자 선호하는 지역공공재를 선택하게 된다는 것이다. 각 지역마다 제공되는 공공재에 차이가 존재한다는 상황에서, 사람들은 자신의 효용을 최대화시켜주는 공공재 공급지역을 선택하여 그곳으로 이동한다는 것이다.

티부 모형에서 사람들이 지방정부를 선택하는 데 작용하는 선호의 요인은 조세와 공공서비스의 조합으로 구성된 일명 재정패키지다. 개개인은 자신들이 가장 원하는 공공재와 세율의 조합을 보고 선호하는 지역으로 이동하게 되는 것이다. 서로

---

20) 김민주(2019). 「재무행정학」, 박영사, pp.387-388.

21) Tiebout, Charles M.(1956). A Pure Theory of Local Expenditures, *Journal of Political Economy*, 64(5): 416-424.

다른 재정패키지를 공급하는 여러 지방정부가 있을 때, 개인은 자신이 가장 선호하는 재정패키지를 제공해주는 지방정부를 선택해서 그곳으로 이동하게 된다. 특히 소방, 교육, 경찰, 병원 등과 같은 공공서비스 분야는 개인들이 자신의 선호에 따라 선택하는 경우가 많다. 마치 소비자가 가장 효용을 극대화시켜주는 사적재화를 구입하는 것과 같이 주민들도 선호하는 공공서비스를 제공받아서 효용을 극대화시키는 지방정부를 선택하는 것이다. 이동에 따른 선택이므로 발로 하는 투표나 마찬가지라고 해서 '발로 하는 투표'로 불린다. 공공서비스 제공과 조세의 조합이 좋게 구성되어 많은 사람들이 그곳으로 이동하면 그만큼 표를 많이 받게 되는 것이다. 그렇게 됨으로써 결국 사회 전체적으로 효율적인 공공재 배분이 이루어질 수 있다는 것이 티부 모형의 내용이다.[22)]

결국 사람들은 자신이 선호하는 세금납부(세율)와 그에 따른 공공서비스 공급 상태를 확인해서 원하는 지역으로 이동하여 거주하게 된다는 것으로, 그 전제는 개인의 선호에 따른 지역별 선택이 가능한 자치 기반의 지역이 존재한다는 것이다. 중앙 통제에 의한 일률적인 지역이 아니다. 중앙정부의 재정으로 사람들에게 공공서비스를 일괄적이고 일률적으로 제공하기보다는 각 지역의 지방정부별로 다양한 방식의 공공서비

22) 김민주(2019). 「재무행정학」, 박영사, pp.388-389.

스 제공이 이루어진다는 것이다. 이는 곧 지역별 공공서비스가 가능한 자치가 선행된다는 말과 같다.

자치를 뒷받침할 수 있는 근거는 헌법재판소의 판결문에서도 찾을 수 있다. 「헌법재판소 1991. 3. 11. 선고 91헌마21」을 보면, 청구인은 지방의회 의원선거의 후보자가 되려고 하는 자는 시 · 도의회의원 후보자의 경우는 700만 원, 구 · 시 · 군의회의원 후보자의 경우는 200만 원의 기탁금을 관할 선거구선거관리위원회에 기탁하도록 규정하고 있는 「지방의회의원선거법」 제36조 제1항이 청구인들의 헌법상 보장된 평등권과 공무담임권을 침해하는 위헌규정이라고 주장하면서 헌법소원심판을 청구하였다. 판결문에는 입헌민주국가의 실현과 지방자치제도의 중요성에 대해 별도로 언급하고 있는데, 그 내용은 아래와 같다.

> 지방자치제도라 함은 일정한 지역을 단위로 일정한 지역의 주민이 그 지방주민의 복리에 관한 사무 · 재산관리에 관한 사무 · 기타 법령이 정하는 사무(헌법 제117조 제1항)를 그들 자신의 책임 하에서 자신들이 선출한 기관을 통하여 직접 처리하게 함으로써 지방자치행정의 민주성과 능률성을 제고하고 지방의 균형있는 발전과 아울러 국가의 민주적 발전을 도모하는

제도이다. 지방자치는 국민자치를 지방적 범위 내에서 실현하는 것이므로 지방시정(시정)에 직접적인 관심과 이해관계가 있는 지방주민으로 하여금 스스로 다스리게 한다면 자연히 민주주의가 육성 · 발전될 수 있다는 소위 '풀뿌리 민주주의'를 그 이념적 배경으로 하고 있는 것이다.

공업화 · 도시화 · 국제화의 추세가 가속되어 가고 있는 오늘날 우리나라처럼 국토도 협소하고 언어 · 풍속 · 문화 · 생활양식 등도 지방에 따라 현저한 차이가 없는 단일민족국가에서는 오히려 중앙집권의 강화가 바람직하다는 견해도 없지 않지만 지방자치제도는 현대 입헌민주국가의 통치원리인 권력분립 및 통제 · 법치주의 · 기본권보장 등의 제 원리를 주민의 직접적인 관심과 참여 속에서 구현시킬 수 있어 바로 자율과 책임을 중시하는 자유민주주의 이념에 부합되는 것이므로 국민(주민)의 자치의식과 참여의식만 제고된다면 권력분립원리의 지방차원에서의 실현을 가져다 줄 수 있을 뿐 아니라(지방분권) 지방의 개성 및 특징과 다양성을 국가전체의 발전으로 승화시킬 수 있고,

나아가 헌법상 보장되고 있는 선거권 · 공무담임권(피선거권) 등 국민의 기본권의 신장에도 크게 기여할 수 있는 제도라고 할 것이다.

이와 같이 지방자치제도는 민주정치의 요체이며 현대의 다원적 복합사회가 요구하는 정치적 다원주의를 실현시키기 위한 제도적 장치로서 주민의 자발적인 참여 · 협조로 지역 내의 행정관리 · 주민복지 · 재산관리 · 산업진흥 · 지역개발 · 문화진흥 · 지역민방위 등(헌법 제117조 제1항, 지방자치법 제9조 참조) 그 지방의 공동관심사를 자율적으로 처결해 나간다면, 국가의 과제도 그만큼 감축되는 것이고, 주민의 자치역량도 아울러 배양되어 국민주권주의와 자유민주주의 이념구현에 크게 이바지할 수 있는 것이다.

민주주의의 본질은 국가권력의 형성 및 그 행사에 있어서 그 근거를 국민적 합의에 두는 것이므로 지방자치가 진실로 민주정치의 발전에 기여할 수 있기 위하여서는 우선 무엇보다도 지방의회의 구성이 당해 지역주민 각계각층의 의견이 민주적이고도 합리적으로 수렴된 유루(遺漏)없는 합의에 의하여 이루어질 수 있도

록 제도화되어야 하는 것이다.[23)]

판결문에서는 지방자치의 이념적 배경으로 풀뿌리 민주주의를 언급하면서 지방시정에 직접적인 관심과 이해관계가 있는 지방주민으로 하여금 스스로 다스리게 한다면 자연히 민주주의가 육성 · 발전될 수 있다고 보고 있다. 또, 지방자치제도는 자율과 책임을 중시하는 자유민주주의 이념에 부합되는 것으로, 국민(주민)의 자치의식과 참여의식만 제고된다면 권력분립의 원리가 지방차원에서도 실현되고 국민의 기본권 신장에도 도움이 된다고 말하고 있다. 지방자치는 민주화에 따른 것이기도 하지만 민주주의를 강화하고 공고히 하는 과정에서 활용되는 것이기도 하다는 입장이 내재되어 있다.[24)] 그래서 지방자치는 민주정치의 요체이며 국민주권주의와 자유민주주의 이념구현에 크게 이바지할 것으로 기대되는 제도로 인식되고 있다.

각 지방의 상황에 맞게 지방주민이 스스로 다스리는 자치는 구체적인 정책이나 제도로 구현된다. 이 구현이 잘 되어야 헌법재판소의 판결문에서처럼 국가 차원의 민주주의 실현에도

---

23) 「헌법재판소 1991. 3. 11. 선고 91헌마21 결정」

24) Turner, M.(1999). Central-Local Relations: Themes and Issues, In M. Turner(ed.), *Central-Local Relations in Asia-Pacific*, New York: St. Martin's Press, pp.1-19.

도움이 된다. 그래서 각 지방자치단체에서는 조례 제정을 통해 지방 사정과 상황에 부합하는 정책들로 자치를 실현할 수 있는 권한을 지니고 있다. 대법원의 판결문에서는 지방자치단체가 조례 등으로 정책을 시행할 때 국가 법령으로부터 어느 정도 재량을 지니고 있음을 사법적 판단을 통해 공식적으로 언급하고 있다. 판결문의 내용처럼, 이는 일률적인 중앙 통치가 아닌 지방 실정에 맞는 즉 자치를 위한 별도의 규율이 필요하다는 점을 전제하는 것이다. 아래는 지방자치단체가 세 자녀 이상 세대 양육비 등 지원에 관한 조례안을 제정할 때 법률의 개별적 위임이 필요한지 여부에 대한 대법원 판결문 중 일부 내용이다.

> 지방자치단체는 법령에 위반되지 아니하는 범위 내에서 그 사무에 관하여 조례를 제정할 수 있는 것이고, 조례가 규율하는 특정사항에 관하여 그것을 규율하는 국가의 법령이 이미 존재하는 경우에도 조례가 법령과 별도의 목적에 기하여 규율함을 의도하는 것으로서 그 적용에 의하여 법령의 규정이 의도하는 목적과 효과를 전혀 저해하는 바가 없는 때, 또는 양자가 동일한 목적에서 출발한 것이라고 할지라도 국가의 법령이 반드시 그 규정에 의하여 전국

> 에 걸쳐 일률적으로 동일한 내용을 규율하려는 취지가 아니고 각 지방자치단체가 그 지방의 실정에 맞게 별도로 규율하는 것을 용인하는 취지라고 해석되는 때에는 그 조례가 국가의 법령에 위반되는 것은 아니다.[25]

사회경제적 환경 변화로부터 자치를 뒷받침하는 관점도 존재한다. 기능주의적 시각으로 불리는 이 입장은 도시화와 민주화 그리고 세계화 등이 지방자치가 가능하도록 영향을 주었다고 본다. 근대화에 따라 거시 경제적 성장과 발전 그리고 지방정부의 외형적 성장과 규모의 경제, 또 인구 증가와 지방의 지출 규모 증가 등이 중앙의 영향력을 감소시키고 지방분권을 촉진해서 지방자치를 이끈 것으로 보는 관점이다. 특히 도시화로 인한 여러 문제를 중앙의 통제 장치로만 해결하는 것은 합리적이지 못한 것으로 받아들여져 지방으로의 합리적 재편 과정이 필요함을 더욱 실감하게 되면서 나타난 입장이다. 그래서 사회경제적인 환경 변화가 지방자치를 뒷받침하는 요인으로 설명된다.[26] 이는 결국 새롭게 등장하는, 혹은 기존의 체제로는 대응하기 힘든 새로운 문제들에 대한 해결방안으로 자치가 강조되는 것을 말한다.

---

25) 「대법원 2006. 10. 12. 선고 2006추38 판결」

26) 배유일(2018). 「한국의 이중적 지방 민주주의」, 문우사, pp.41-44.

지방자치가 유용한 정치적 자산이 되어 협상게임의 결과로 나타나는 현상에 대한 설명에서도 자치를 뒷받침하는 관점을 찾을 수 있다. 지역적 이해관계를 가진 중앙의 정치인들이 선거정치나 정당정치나 포크배럴식의 정치(pork-barrel politics)를 통해 지방을 동원하는 정치적 역동성(dynamics)의 산물로서 지방분권개혁 등이 강조되는 점을 말한다. 지방을 기반으로 하는 정치세력이 지방과 지방의 자치를 정치적으로 이용하는 것인데, 이 과정에서 때로는 그들의 진정한 의도와는 상관없이 지방자치의 필요성과 중요성이 크게 부각되기도 한다. 최고 정치지도자가 중앙정치권에서는 약세라고 해도 지방에서 강세를 보인다면 지방분권은 정권 유지를 위한 옵션이 될 정도이기도 하다.[27] 정치적 자원으로서 지방자치는 실질적인 구현 여부는 일단 차치하고 정치적 목적에서 규범적 차원으로 그 위상을 높여서 자치의 중요성이 부각되는 것이다. 적어도 표면적으로는 지역기반의 스스로 통치(자치)가 중요함이 선거주기별로 반복되어 강조된다. 마치 정치적인 경기주기가 있는 정치적 경기순환(political business cycle)처럼,[28] 정치적으로 자치가 강조되는 주기가 있는 것이다.

지금까지 살펴본 바와 같이 자치가 긴장할 만한 이유는 만

27) 배유일(2018). 「한국의 이중적 지방 민주주의」, 문우사, pp.46-47.

28) Nordhaus, William(1975). The Political Business Cycle, *Review of Economic Studies*, 42: 169-189.

들어지는 장치로서 갖는 나름대로의 유용성과 그 의미가 존재하는 한 계속될 것이다. 각 이론에서 자치가 강조되거나 중요하게 여겨지거나 또 필요성 등이 직접적으로 주장되건 아니면 주장의 전제로 되어 있건 간에, 그것이 의미를 지니고 있고 누군가에 의해 반복적으로 회자하는 한 그 영향력은 쉽사리 사라지지 않을 것이다. "경제학자나 정치철학자들의 아이디어는 그것이 옳든 그르든, 우리가 일반적으로 생각하는 것보다 훨씬 파급력이 크다"라는 케인즈(Keynes)의 말처럼 그것은 옳고 그름의 문제와는 크게 상관없을 수도 있다.[29] 특히 그것이 사상과 결합되어 유명한 사상가가 사회적 장치에 대한 의미를 강조하고 중요성을 역설하면 그 영향력은 더욱 오래간다. 스스로 자신은 그 어떤 지적인 영향을 받지 않았다고 자부하는 현실적인 사람도 사실은 이미 사망한 사상가들의 사상적 영향으로부터 자유로울 수 없기에 우리는 죽은 사상가들의 정신적 노예라고 표현한 하일브로너(Robert L. Heilbroner)의 말처럼, 현존하는 장치는 그 뿌리가 결코 얕지 않다.[30] 밀(John Stuart Mill)이 「자유론」에서 한 말은 이를 더 잘 드러낸다. "사회는 스스로의 뜻을 관철시킬 수 있고 실제로도 그렇게 한다."[31] '사회'

29) 배유일(2018). 「한국의 이중적 지방 민주주의」, 문우사, p.53.

30) 로버트 하일브로너(2008). 장상환 옮김, 「세속의 철학자들」, 이마고, p.16.

31) 존 스튜어트 밀(2018). 서병훈 옮김, 「자유론」, 책세상.

라고 일컬어지는 것은 하나의 실체로서 사회일 수도 있고, 사회로 대변되어 있는 어떤 것일 수도 있다. 설득력 있는 이유들로 뒷받침되고 있는 자치도 그 사회 속에 있다.

3. 의심의 시작

믿음과 의심

사회적 장치로서 자치는 이론으로 뒷받침되어 정당성과 설득력을 높여서 현실에서도 실재로서 존재한다. 각 이론에서 말하는 자치의 유용성과 유익성은 자치를 위한 근거로서 강력히 활용되고 있다. 자치 자체의 옳고 그름을 떠나 일단 이론은 자치의 존재성을 높이는 데 탄탄한 기반이 되고 있다. 그래서 지방자치에 대한 부정은 물론이고 의심의 대상으로 삼기에도 조심스럽게 여겨질 정도다. 지방자치 보장이나 확대 등에 대한 주장은 자주 듣지만, 지방자치를 의심하는 말은 거의 듣지 못하는 것이 사실이다. 자치의 방식을 두고는 비판과 부정적 의견이 있어도, 자치 자체를 의심하는 말은 쉽게 들리지 않는다. 우리 대부분은 자치가 중요하기 때문에 으레 시행되어야 하는 것이고 또 확대되어야 한다는 '믿음'을 가지고 있다.

사람들은 일단 믿음을 형성하고 그것에 헌신하게 되면 그 믿음이 옳다고 확증하는 여러 인지적 휴리스틱(heuristic)에 의해 믿음을 유지하고 강화시킨다. 믿음이 지각을 구성하게 되고 그렇게 되었으면 하는 식으로 세상을 만든다. 셔머(Michael Shermer)가 말하는 믿음의존적 실재론(belief-dependent realism)이 바로 그것이다.[1] 많은 사람이 여러 맥락에서 다양한 이유로 믿음을 만들고 믿음이 형성되면 이론적인 설명 등으로 믿음을 합리화한다. 그러면 믿음은 서서히 실재하는 존재가 된다. 실제로 연구에 따르면, 사람들은 어떤 결정을 내릴 때 자동적인 느낌에 근거해서 판단하는 경우가 많다고 한다. 신중하게 찬반 증거를 가늠해서 논리적으로 도덕적인 결정을 내리는 것이 아니라, 직관적으로 판단을 먼저 하고 그 뒤에 이성적인 이유로 합리화한다. 도덕적으로 먼저 믿음을 형성하고 그 뒤에 합리화의 과정을 거치면서 그 믿음을 굳건히 하는 것이다.[2] 그런 점에서 본다면 자치에 대한 필요성과 중요성에 대한 믿음도 단순한 믿음이 아닌 이제는 하나의 실재로서 자리 잡고 있을지도 모른다. 많은 사람들이 자치라고 하면 일단 좋은 것으로 먼저 받아들이고(믿고), 그 다음에 설득력 있는 이론 기반의 이유

1) 마이클 셔머(2012). 김소희 옮김, 「믿음의 탄생」, 지식갤러리, p.353.
2) 마이클 셔머(2012). 김소희 옮김, 「믿음의 탄생」, 지식갤러리, p.326.

들을 제시해 온 것은 아닌지 생각해 볼 문제이다.

사실, 강한 믿음은 의심할 필요가 없어서 편한 면이 분명 존재한다. 믿는 대상은 그대로 두고 그에 기초한 실천만 하면 될 뿐이다. 이는 독일의 사회철학자 겔렌(Arnold Gehlen)이 말하는 강한 '배경(background)'이 된다. 선택이 가능한 영역인 '전경(foreground)'과는 대비되는 것으로, 배경은 선택이 이미 정해져 있는 영역을 말한다.[3] 그래서 정해진 것을 그대로 따르면 되는 것이다. 그에 반해 전경밖에 없는 사회는 불안하다. 선택은 우리에게 불안을 안겨주기 때문이다. 하지만 배경은 안정감을 준다. 믿는 대상이 많다는 것은 배경 영역이 넓다는 의미다. 그렇지만 전경만 있는 사회가 불안하듯이 배경만 있어서도 안 된다. 극단적으로 보면 고착화된 배경 속의 대상은 그것이 진리로 여겨질 우려를 낳는다. 그렇게 본다면, 자치에 대한 강한 믿음은 또 다른 강한 배경을 만들어내는 것이 아닐까?

그래서 가장 중요한 것은, 사회에 존재하는 그 무엇이든 심지어 믿어 의심치 않을 존재도 의심의 대상이 될 수 있다는 생각을 하는 것이다. 믿음의 뿌리가 강하고 깊어서 단번에 뽑기는 힘들어도 흔들어 볼 수는 있고, 앞서 언급한 밀의 말처럼 사회가 스스로의 뜻을 관철시킬 때도 그 뜻이 관철되기 전에 한 번쯤은 잠시 멈추게 할 수도 있다. 뿌리가 깊다고 생각하는 것

3) 피터 L. 버거 · 안톤 지더벨트(2010). 함규진 옮김, 「의심에 대한 옹호」, 산책자, pp.30-31.

이나, 어차피 관철될 것이라고 생각하는 대상은 이미 여유를 갖고 있어서 흔들어보는 것과 멈추게 하는 것에 크게 꺼리지 않고 받아들일 가능성이 높다. 어정쩡하게 견고하면 흔들릴 것을 걱정하지만, 탄탄하게 견고하면 그 탄탄함을 보여주기 위해서라도 여유를 가진 것으로 내비친다. 역으로 말하면, 여유가 있을 만큼 깊고 관철되는 것이기에 흔들게 할 수 있고 잠시 멈추게 하는 것이 가능하다. 그 정도는 되어야 의심의 대상이 될 수 있다는 말이다.

적어도 오늘날 우리 사회에서 누구나 들어서 알고 몸소 경험하는(혹은 진정으로 경험하려는) '자치'는 충분히 그에 해당될 수 있다. 1장에서 살펴본 바와 같이 자치는 이미 일종의 규범이 되어 있다. 하지만 그 대상이 무엇이 되었건 의심이 될 수 있다는 점은 사실 이미 오래전부터 주장되어 왔다. 예컨대, 소크라테스나 데카르트나 베이컨은 이미 의심의 중요성을 강조했고, 특히 포퍼(Karl Popper)는 과학적 연구의 시금석은 증명이 아니라 반대로 '반증(反證)'하는 것이라는 개념을 제시함으로써 의심에 기초한 합리적이고 비판적인 사고의 전통을 이어간 것으로 평가받는다. 여기에 대해 버거와 지더벨트(Peter L. Berger and Anton C. Zijderveld)가 휴머니즘에 기초한 건전한 의심에 대해 논의를 펼치면서 한 말을 그대로 옮겨보면 다음과 같다.

신학자들과 형이상학자들은 각자 이론의 진실성을 보여주려고(증명하려고) 하지만 비판적-합리적 과학자는 자신의 연구결과를 반증에 내놓는 일이 많다. "내 가설과 이론이 다른 부분을 지적해 보라!" 오직 이 방식으로만 세계에 대한 우리의 지식은 한 발짝씩 진보할 수 있다. 그것은 점진적인 지식의 진화이며, 그 진화 과정은 끊임없는 의심에 따라 진행된다.[4)]

이견을 제시하는 것도 의심의 한 모습일 수 있다. 그런데 선스타인(Cass R. Sunstein)이 제시하는 여러 실험의 결과를 보면, 사람들은 다른 사람들이 자신을 어떻게 평가하는지에 대해 신경을 쓰기 때문에 이견을 제시하기보다는 그냥 동조해버리는 쏠림 현상이 많이 발생한다. 무엇이 옳고 그른지에 대해 알고 있음에도 불구하고 다른 사람들로부터 좋은 평판을 유지하기 위해 주변의 대다수 사람의 의견과 판단을 그냥 따르는 것이다. 개인적인 생각이 달라도 정치적인 정설로 받아들여지는 것을 그냥 따르기도 한다. 때로는 동조를 하지 않으면 해당 이슈에 대해 무지하거나 무관심하다고 여겨질 수 있다는 염려에서 다른 의견을 내지 못한다. 심지어 자신의 이견이 더 옳고 바

---

4) 피터 L. 버거 · 안톤 지더벨트(2010). 함규진 옮김, 「의심에 대한 옹호」, 산책자, p.166.

람직해도 그렇다. 다양한 실험에 따르면 이런 집단 쏠림이나 동조현상은 어떤 특정 집단의 문제가 아니라 여러 집단이나 사회에서 종종 발생하는 것으로 나타난다. 그중에서도 특히 정부 내의 거의 모든 부서에서 이견이 없는 동조 현상이 많이 발생하고, 국회의원들은 더욱더 다수의 판단이나 행동을 따르고 자신이 신뢰하는 동료의 의견을 더 따른다고 한다. 자신들의 생각이 아니라 자신들이 듣고 있는 바로 그 목소리를 증폭시킨다. 선거가 중요하기 때문에 소위 말하는 대세를 거스르는 입장을 내기 어려운 사람이 국회의원이다.[5] 사실, 지방자치야말로 정치와 뗄 수 없는 사안이라서 국회의원이 그와 같다는 점에서 자치에 대해 공식적으로 이견을 내는 것이 그리 쉬운 일은 아님을 알 수 있다.

그래도 의심을 하는 것이 필요하고 또 중요하다. 어쩌면 어떤 것을 믿는다는 것의 준비단계에서부터 필요한 것이 바로 의심과 이견이기도 하다.[6] 의심을 거치고 이견을 듣고 정리하고 조정하는 것이 필요하다. 그러면서 의심의 대상의 진짜 모습에 더 다가가게 된다. 의심은 전부 아니면 전무라는 식의 접근이 아니다. 물론 모든 것에 대해 의심하고 이견을 무조건 제

---

5) 카스 R. 선스타인(2015). 박지우 · 송호창 옮김, 「왜 사회에는 이견이 필요한가」, 후마니타스, pp.135-144.

6) 피터 L. 버거 · 안톤 지더벨트(2010). 함규진 옮김, 「의심에 대한 옹호」, 산책자, p.155.

시하는 것만이 능사는 아니라는 점은 의심을 강조하고 옹호하는 입장에서도 분명히 밝히고 있다. 건전하고 생산적인 의심은 자칫 근본주의로 빠질 수 있는 상황을 막아내면서, 동시에 지나치게 의심을 위한 의심에 빠져버리는 극단적 니힐리즘(nihilism)도 경계하도록 해준다. 따라서 자치에 대해 의심을 해볼 이유는 충분하다. 자치를 '위해서' 더욱 그렇다.

⋮ 세 가지 의심

자치에 대해 드는 의심은 이렇다. 다시 말해, 자치를 놓고 볼 때 다음과 같은 의심이 든다. 우선, 지방자치를 뒷받침 해주는 논의에서 지방자치의 상대나 대척점은 언제나 중앙이 된다. 지방을 하위단위로 보면 중앙은 상위단위이다. 이 관계에서 중앙이나 상위단위는 거시적 통제나 집권적 통제의 행위주체로 여겨지고, 지방이나 하위단위는 마치 그 반대로 여겨진다. 첫 번째 의심은 바로 이 점이다. 지방에서 이루어지는 자치나 하위단위에서의 자치적 행동에는 거시적이거나 집권적 통제가 없는 것일까? 자치에는 스스로 다스린다는 통치의 개념이 있다. 통치의 대상을 규정하는 것에 따라 단독주체에서부터 집단과 거버넌스 그리고 개개인의 무리에 이르기까지 그 수준과 정도만 다를 뿐이다. 어쨌든 통치가 이루어지는데, 기존에 중앙이나 상위단위에서 보였던, 그래서 자치에서는 그렇지 않을 것이라고 기대되는 거시적 통제와 집권적 통제가 지방자치에서는 없는 것일까? 한마디로 표현하면, 리바이어던(Leviathan) 속에 또 다른 리바이어던은 없는 것일까? 마치 러시아의 나무 인형 마트료시카(matryoshka)처럼 분리한다고 해서 분리했더니(분권) 그 속에는 그 전보다는 작지만 그 공간을 대부분 차지하고 있는 또 다른 마트료시카가 있는 것과 같다. 크기가 조금 작을 뿐 이전의 것과 거의 똑같은 것이 자리 잡고 있는 것이다. 마트료시카는 하나의 사례로 수직적으로 구성되어 있지만, 이 조각들이 수평적으로 펼쳐질 수도 있을 것이다. 이는 일종의 프랙탈(fractal)이다. 지방자치에서도 집권적 프랙탈이 있지는 않을까? 이런 의심이 드는 이유는 자치가 항상 중앙이나 상위단위의 어떤 행동이나 행위나 계획에 의해 '달성하려는 것'으로 이루어지고 있고, 그것을 실천한다는 명목으로 또 다른 누군가가 나름의 힘을 가지고 '달성하는 데 이바지하려는' 모습이 너무나도 자연스럽게 보이기 때문이다. 이렇게 한다는 것이 문제가 아니라, 이렇게 함으로써 보이는 모습이 마치 자치를 통해 멀어지려고 했던 중앙의 리바이어던과 같은 모습이 아닌가라는 의심이 드는 것이다.

두 번째 의심은, 지방자치의 주체들이 자치의 뜻과 같은 스스로 하는 행위를 정말 선호하는 것일까라는 점이다. 자치가 확대되는 것이 바람직하고 또 원한다는 말 속에는 스스로 하는 행위를 선호한다는 말이 내포되어 있는데, 과연 스스로의 문제를 스스로 해결하는 것을 정말 좋아할까? 내 문제는 내가 꼭 해결하는 것이 좋은 것일까? 누군가가 해주면 더 좋은 것이 아닐까? 내가 지금 지역이나 장소에 서 있긴 하지만 진정으로 내가 관심 있는 것은 저 멀리 있는 것일 수도 있지 않을까? 지극히 내 일이지만 번잡스럽고 반복적이고 단순한 일을 누군가가 해주면 더 좋을 수도 있지 않을까? 일상적인 일을 위임이나 위탁으로 맡기면 더 효율적일 수 있고, 때로는 골치 아픈 문제도 맡겨버리면 더 수월하지 않을까?

세 번째 의심은 '스스로' 하는 행위가 정말 지방과 하위단위가 자신의 의지대로 스스로 하는 것일까라는 의문이다. 스스로 하는 것처럼 보이지만 그것은 상위단위가 하위단위에게 스스로 하는 것이 좋다는 인식을 심어서 상위단위의 의도 구현을 위해 스스로 하는 것을 활용하는 것이 아닌가라는 의문이다. 지방과 하위단위에서 이루어지는 자치는 지방이나 혹은 하위단위가 '스스로 할 수 있다'는 점을 전제하고 있는 말이다. 이는 일종의 '의지'의 표현이고 일부 '역량'의 표현이다. 정말 지방자치 주체로 상정된 대상이 지닌다고 생각되는 자치에 대한 의지는 그들의 '의지'일까? 그리고 그들의 '역량'에서 비롯된 것일까? 그저 스스로의 의지로 하는 것처럼, 역량이 있는 것처럼 보여지고 있는 것은 아닐까? 이 의심은, 의지가 있다 없다 혹은 역량이 있다 없다의 문제가 아니다. 있건 없건 그것이 무엇인가라는 점이고, 더 자세히 의심해보면 과연 어디에서 비롯된 것인가를 보자는 것이다. 나아가 이는 스스로 한다는 것의 궁극적인 모습이 과연 어떤 것인가를 의심해보는 것이기도 하다. 이 의심이 드는 이유는 의심의 가장 기본은 전제를 들여다보는 것이기 때문이다. 자치의 전제에서 비롯된 의심인 것이다. 의심을 막는 가장 좋은 방법은 전제를 서로 인정해버리면 된다. 하지만, 전제를 인정해버리면 온갖 것들이 그냥 그대로 진실이 되어버릴 수 있다는 점에서는 가장 위험한 방법일 것이다.

세 가지 의심은 이와 같이 구분되는 것이지만, 한편으로는 동일한 맥락일 수 있다. 바로 '권력'이라는 맥락에서 그러하다. 또 다른 작은 리바이어던의 존재, 정작 모든 것을 스스로 하기를 원하는 것은 아닐 수 있다는 의심, 그리고 정말 스스로 할 수 있다는 것보다는 어떤 의도에 따라 스스로 하는 것이 되어버린 것이 아닌가라는 의심, 이 세 가지는 권력이라는 맥락에서 읽혀지는 것들이다. 그런데, 그 권력은 잘 보이지 않게 존재하고 있어서 그동안 대다수의 사람은 잘 알 수가 없었다. 하지만 권력의 속성에 비추어 볼 때 어떤 형태로든 권력은 결국 표출된다. 표출되는 형태의 문제인 것이지 결코 보이지 않는 것이라고는 말할 수 없다. 설사 고도로 표출되는 경우라고 해도, 권력 행위를 찾기가 쉽지 않은 것이지 불가능한 것은 아니다. 잘 보이지 않지만 사실 보여지고 있다. 이 내용은 앞으로 이 책의 내용이 전개되면서 더 구체적으로 확인될 것이다.

⋮ 인간의 자유와 자치, 다시 보기

한편으로는 이런 의문이 있을 수 있다. 자치가 만들어진 장치가 아닐 수도 있지 않을까? 의심의 시작은 만들어진 사회 속의 만들어진 장치로서의 자치가 이론으로 뒷받침 되면서 더 강한 규범적 믿음이 되는 현실에 대한 비판적 시각에서 비롯된 것이다. 하지만 만들어진 장치로서 자치 여부를 고려하지 않거나 아니면 설사 그대로 두더라도, 그보다 더 근본적으로 인간에게 있는 자유가 자치를 하도록 하는 것은 아닐까? 자유가 인간 본연의 것이라면 인간이 자치를 하는 것은 비단 사회적으로 만들어진 장치에 의해서가 아니라 인간 본연 그대로의 발현이라고 볼 수 있지 않을까? 자치의 개념이자 속성으로 거론되는 '스스로'에 해당하는 인간의 '자유' 실천의 관점에서 볼 때 어쩌면 자치는 지극히 자연스러운 것이 아닐까라는 점이다. 자연스러운 일의 일환이라면 자치가 사회적으로 만들어진 장치인가의 여부는 그리 중요하지 않을 수 있다. 자유는 정말 인간 본연에 내재하여 그와 관련된 행위가 자연스럽게 이어지도록 하는 것일까?

자유(liberty)는 인간의 본질적 속성으로서 인간의 실존(existence)과 관련되는 것이다. 실존은 자유를 가짐으로써 존재하는 인간의 존재 상황을 지칭하는 개념이다.7) 인간이 존재하는 그 자체로 자유를 지니고 있는 인간을 의미한다는 말이다. 자유를 생각하지 않고서는 인간의 존재를 말할 수 없을 정도이다. 그래서 정부도 국민들의 자유를 보장하기 위해 여러 노력을 한다. 비록 무한한 자유 보장은 아니지만 최대한의 자유를 보장하려고 한다. 적극적인 자유가 되었건 소극적인 자유가 되었건 정부는 법과 제도의 형태로 자유를 구현하고 있다. 그래서 자유는 정부가 품고 있는 가치 중 하나로 자주 언급된다.8)

자유가 자치와 연결되는 것도 어렵지 않게 이해할 수 있다. '자치하는 인간'을 설명하는 책의 내용에서는 미국 뉴잉글랜드의 1,100개 타운에서 시행되는 타운 미팅(town meeting)을 거의 반세기 연구해온 브리안(Frank Bryan) 교수의 말을 인용하고 있는데, 그 말은 "기회가 주어지면, 사람들은 스스로 다스릴 수 있다. 나는 사람들이 그렇게 하는 것을 보아왔다."이다. 그리고 국 · 내외 널리 알려진 것이라고 말하면서 서울시 마포구 성미산 마을공동체 운동의 성공 비결에 대한 인터뷰 내용도 소개하고 있는데, 거기서도 "저는 멍석을 깔았을 뿐이에요. 멍석을 깔아 놓으니 주민이 모여 대화를 나누고…"의 내용이 나온다. 멍석을 까니 자치가 시작되었다고 언급하고 있다. 또 인

7) 박이문(2006). 「나는 왜 그리고 어떻게 철학을 해왔나」, 삼인, p.334.
8) 김민주(2017). 「정부는 어떤 곳인가」, 대영문화사, pp.76-77.

간의 자치욕구에 대해서도 짧게 소개하고 있다.[9] 욕구 관점에서 자치를 본다는 점에서 구체적으로 어떻게 자치의 욕구가 자유와 관련된 것인지에 대한 구체적인 설명은 없으나, 그 관련성이 어느 정도 유추되기는 한다.

이처럼 인간에게는 스스로 하는 자유가 있기 때문에 그들에게 '기회를 주거나' '멍석을 깔아 놓으면' 스스로 한다는 것이다. 거기다 '자치라는 욕구'가 있으므로, 스스로 하는 자치는 더욱 자연스럽게 이어진다는 말이다. 스스로 한다는 자유는 정말 인간이 스스로 하는 자유 본원적 의미 그대로일까?

자유를 크게 생각의 자유, 결정의 자유, 행동의 자유로 나눌 때 우리는 흔히 실제에서도 이 세 가지 자유에 대한 의지를 지니고 있고 그것을 자유롭게 향유한다고 생각한다. 자유롭게 생활할 수 있는 자유의지를 지니고 있다는 것이다. 그러나 오히려 그 반대일 수 있다. 저명한 진화론 연구자인 부케티츠(Franz M. Wuketits)는 그와 같은 생각, 즉 우리가 자유의지를 지니고 있다는 것은 하나의 환상일 수 있다고 주장한다.[10]

생각의 자유의 경우, 우리가 실제로 원하는 것을 생각한다고 얼마나 확신할 수 있을까? 우리가 실제로 원한다고 생각하는 것들은 사실 우리 주변의 환경이 영향을 미친 결과이다. 갑

9) 안성호(2016). 「왜 분권국가인가」, 박영사, pp.67-68.

10) 프란츠 M. 부케티츠(2009). 「자유의지, 그 환상의 진화」, 열음사, pp.160-167.

자기 떠오르는 생각을 우리가 자유에 기반해서 통제할 수 있을까? 현재 우리가 지각하고 있는 것과는 아무 상관없는 생각이 갑자기 떠오르기도 하고, 특정 대상에 집중하고 있을 때조차도 갑자기 우리의 생각이 그것으로부터 벗어나는 쪽으로 바뀌어 버릴 수도 있다. 우리 주변의 다양한 인상이 우리 사고에 영향을 미치기 때문에 진정으로 자유롭게 생각한다는 것을 장담할 수는 없다. 결정의 자유도, 우리는 끊임없이 결정을 내리지만, 진정으로 자유롭게 결정을 내리는 것이 아니라 결정을 내리도록 강요받는 경우가 많다. 우리가 무엇에 관해 결정을 하건 그것은 우리의 선호와 거부감, 과거의 경험, 인상적 체험, 사회적 조건 및 상황과 결부된 상상과 의도와 욕망으로부터 완전히 자유롭다고 확신할 수 없다. 사회적 존재로서 우리는 다른 사람의 욕망을 항상 고려해야 하고, 아무리 자율적으로 결정을 내린다고 해도 내린 결정의 가능한 결과들을 또 고려하기 마련인데, 이때는 주로 사회적으로 영향을 받는 유익함에 해당하는 결과를 염두에 두는 경우가 많다. 이를 두고 자유의지가 정말 자유롭게 결정한 것이라고 할 수 있을까? 행동의 자유도 완전한 자유로 보기에는 힘든 면이 존재한다. 행동도 외적 상황에 따라 이루지는 경우가 많은데, 예의범절을 지키는 것이 그에 해당한다. 법규는 말할 것도 없고 도덕적인 명령이나 금지나 법이 특정한 행동을 금하지 않는 상황일지라도 사회적 경멸 등을 의식한 결과, 자유의지에 따라 하려고 한 그 행동을 굳이 하지는 않는다. 사회에서 만들어진 관습도 행동의 자유가 실현되는 데 영향을 준다. 관습에 기초해서 자연스럽게 행동하는 것이 마치 자유의지를 실천하는 것이라고 여기는 경우도 많다.

이처럼 사회적 동물로서 인간은 상황의존적일 수밖에 없고 동족의 태도와 행동을 고려할 수밖에 없기 때문에, 우리의 태도와 행동이 갖는 모든 충동에서 완전히 독립적인 '자유로운 결정'이란 실제로는 자기모순에 가깝다. '자유로운 행동'은, '행동'의 특성에서 비롯되는 상황의존적 행동과 '자유'를 위한 상황독립적 행동이 서로 모순이 되는 것이다. 그래서 진화론적으로 볼 때 우리가 '의지'라고 칭하는 것도 사실은 자연 선택에 의한 진화의 결과에 해당된다. 사회 적응의 산물인 것이다. 따라서 부케티츠(Franz M. Wuketits)는 '자유의지'는 우리의 태도와 행동의 충동과 독립적으로 존재할 수 없다는 점에서 일종의 환상이라고 말한다.[11] 인간에게는 자유가 있어서 자치를 자연스러운 행동의 연속으로 볼 수 있다는 주장에 대해, 자유가 갖는 본원적 의미가 그대로 인정될 수 있을 것인가를 고려한다면 의문이 제기될 수 있다.

자유가 진정으로 본원적 의미 그대로의 자유로 실현될 수 있는 것인가에 대해서는 또 다른 관점에서도 논의될 수 있다.

---

11) 프란츠 M. 부케티츠(2009). 「자유의지, 그 환상의 진화」, 열음사, p.178.

사회정의의 규범 이론을 사회적 책임(social responsibility) 개념에서 찾으면서, 집단 간 평등하고 정당한 사회관계 속에서만 개인의 자율성이 증진될 수 있다는 김희강의 말에서도 자유의 의미를 재해석해볼 수 있다. 사회구조는 사회적으로 구성된 것으로 사회구조의 부정의와 사회관계의 불평등은 개인이 아닌 사회구성원 모두의 집합적 노력에 의해서만 해결될 수 있고, 바로 그렇게 함으로써 개인의 자율성도 촉진된다는 것이다. 사회적 책임이 개인의 자율성과 양립되는 점이 바로 여기에 있다는 말이다. 즉, 집단 간 사회관계의 평등과 구조적 불평등을 다루는 사회적 책임은 개인보다는 집단, 행위자보다는 사회구조에 주목하는데, 이는 결국 개인의 자율성 증진으로까지 이어진다는 것이다.[12] 어떤 집단이 차별 받지 않고 사회 속에서 인정받는 것은 그 속에 있는 개인의 자율 보장과도 관련되는 것이다. 이 말은 곧 집단 속의 개인의 자유가 그 집단의 차별과 인정 여부에 달린 것이라 볼 수 있으므로 집단의 영향에서, 나아가 집단에게 미치는 더 큰 사회가 자유에 영향을 준다는 말로도 해석 가능하다. 따라서 집단에게 가해지는 구조적 불평등의 해결이 개인의 자유를 고양시킨는 말도, 어쩌면 자유가 집단의 인정으로부터 나오는 것이므로 이 역시 자유가 집단과 같은 맥락 기반으로 나오는 것이라는 의미이다.

12) 김희강(2016). 「규범적 정책분석」, 박영사, pp.25-29.

자유의지를 환상으로 보거나, 구조적 불평등 해결에 따른 자유 보장을 바라보는 관점에서 볼 때 결국 자유가 진정으로 자유 실현으로 이어지는 것이라는 점에는 의문이 제기된다. 그런데, 그럼에도 불구하고 사람들은 자유가 있다고 믿는다. 그래서 자치도 그 일환의 하나로 자연스러운 것이라고 여긴다. 왜 그럴까?

버거(Jonah Berger)의 말처럼 일반적으로 사람들은 타인에게 영향을 받는 것보다는 주체적으로 살 것을 더 장려하는 사회에 살고 있다. 그렇게 하는 것이 사회적으로 바람직하다는, 사회적 바람직성(social desirability)을 지니고 살아간다. 사람들은 타인으로부터 영향력이 미친다는 것은 알지만, 정작 자신은 예외라고 생각한다.[13] 자신의 의지와 자유에 기반한 주체적 삶이 인간으로서는 바람직하다고 여기면서 다른 사람들은 그렇지 않을 수 있지만 자신은 그렇게 한다고 생각한다. 이런 인식과 통념은 현실의 실제 자유 모습보다는 이상적 자유를 더욱 갈망하게 하고, 때로는 이상적 자유를 현실의 자유인 것으로 여기며 살아가게 한다. 사람들은 자유라고 해도 실제로는 자유가 아닌 상태로 자유를 실천하고 향유하고 있지만, 그것을 진정한 자유로 알고 있다. 다른 사람은 몰라도 자신만은 그렇다고 생각한다.

---

13) 조나 버거(2017). 김보미 옮김, 「보이지 않는 영향력」, 문학동네, p.12.

따라서 자치가 스스로 하는 통치라는 점에서 자유가 스스로의 발현을 그대로 잇는 것이라는 생각은 재고할 필요가 있다. 이는 앞의 세 가지 의심에도 부분적으로 관련된다. 특히 세 번째 의심과 관련해서 스스로 한다는 것이 정말 자치의 주체가 스스로 하는 것일까라는 의문과 관련된다. 스스로 하는 자유를 전제로 해서 오히려 첫 번째와 두 번째 의심의 대상이 되는 현상이 가능하도록 하기도 했다. 세 가지 의심에 초점이 맞추어져도 자유를 전제한 자치의 믿음이 주는 환상을 떼어 놓을 수는 없다.

아래는 마르크스의 역사관을 보여주는 말이다. 사회를 뛰어넘어 '우리가 역사를 만든다'는 그 '역사'도 사실은 우리라는 자유의지가 만드는 것이 아니라 과거부터 이어온 환경 속에서 만들어진다. 그 대상이 사회건 역사건 좀처럼 본원적 의미의 자유가 그대로 실현되기란 어렵다. 하물며 자치는 더욱 그럴 수 있다. 따라서 자치를 지나치게 자유에 의한 기본 속성의 유사성으로 한정지어 보기에는 의심의 여지가 적지 않다.

> "인간은 자신의 역사를 만들지만 자신이 좋아하는 그대로 역사를 만들지는 않는다. 인간은 스스로가 선택한 환경 속에서 역사를 만드는 게 아니라 직접적으로 우연히 접하게 되고 과거로부터 이어받은 환경 속에서 역사를 만

든다."[14]

그런데 여기서 한 가지 알 수 있는 점은 본원적 의미의 자유가 실현되기 힘들거나 그것이 환상이라고 해도, 자유 그 자체는 계속 강조되며 사용된다는 사실이다. 자유의 실상과는 상관없이 자유를 본원적 의미로 받아들이기도 하고, 본원적 의미인 것으로 만들어서 사용하기도 한다. 일종의 규범적 가치로서 인식되는 것이 자유이다. 또, 얼마든지 변용되며 사용되는 것이 바로 자유이다. 그래서 자유의 본원적 의미가 정말 가능할 것인가의 여부는 차치하고서라도 자유는 다방면에서 언급되며 때로는 전략적으로 때로는 감성적으로 사용되고 있다.

그것이 가능한 이유는 중세 이후 자유주의가 통치 실천의 토대와 경계를 구성하는 '사회의 자연'을 설정했기 때문이다. 우리가 흔히 생각하는 일반적인 자연과는 구분된다. 사회의 자연은 정말로 원래의 자연은 아니지만 마치 원래의 자연인 것처럼 인식된다.[15] 자연에서의 자유가 그대로 사회의 자연에서도 작동되는 것으로 여긴다. 만들어지고 때로는 환상으로 여겨지는 자유의 행동도 본원적 의미의 자유처럼 널리 쓰이기도 한다. '자유롭게', '자율적'이라는 것이 사실은 본원적 의미

14) 스티븐 룩스(1992). 서규환 옮김, 「3차원적 권력론」, 나남, p.43.
15) 토마스 렘케(2015). 심성보 옮김, 「생명정치란 무엇인가」, 그린비, pp.81-84.

의 자유에 해당되는 것으로 보기 힘들다 해도, 마치 그에 해당되는 것으로 여기며 여러 행동을 이어간다. 시장에서 자생적 자기 조절이 가능한 것으로 보고 그에 따라 자유 기반의 실제 행동과 설명이 이루어지는 것도 그 때문이다. 그래서 이때의 통치는 정당성의 여부가 문제되는 것이 아니라 그 통치가 성공했는가 실패했는가가 중요하다. 사회의 자연이지만, 어디까지나 자연으로 여겨지기 때문에 흔히 일반 자연 그 자체가 갖는 정당성이 여기서도 인정되는 것이다.

따라서 자유의 본원적 의미가 그대로 구현되는 자치가 될 수는 없지만, 어쩌면 자치가 여전히 자유에 빗대어서 자연스러운 행동이 이어지는 것으로 여겨지는 이유는 자유가 '사회의 자연'에 토대를 두고 설정되어 있기 때문일 것이다. 그래서 자치라고 할 때 설사 자유의 속성에 대한 비판은 있어도 그 자유는 자치와 밀접한 거리에 계속 존재하고 있다. 푸코가 "자유는 그것을 보장하는 사물의 구조에 내재할 수 없다. 자유를 보장해 주는 것은 자유이다."라고 한 말을 떠올려 보면,[16] 자유를 위해서 인위적 노력은 하지만, 그래서 자유로 여겨지는 것들이 장치로서 혹은 장치의 도움이나 지원을 받아 실재하고 있으나 정작 그 자유가 자유 그대로 향유되기란 여간 어려운 것이 아니라는 점을 알 수 있다. 그럼에도 불구하고 자치에서

16) 콜린 고든 외 엮음(2014). 심성보 외 옮김, 「푸코효과」, 난장, p.82.

는 자유가 자유 그대로의 향유로 이어지지 않고 장치가 되었건 그 외의 무엇으로건 자유를 가까운 거리에 두려고 하고 있다. 자치에서 말하는 '스스로'라는 수식어는 자유를 버리지 못하는, 그래서 자유 친화적인 것으로 여겨지는 가장 결정적인 이유가 될 것이다.

CHAPTER

3

권력의 속성과 자치

1. 권력의 반쪽 의미

권력의 이미지와 반쪽 의미

권력이라고 하면 어떤 이미지가 떠오를까? 정치권을 먼저 생각하는 사람도 있을 것이고, 권력형 비리라는 말과 같은 부정부패가 먼저 떠오르는 사람도 있을 것이다. 감투라는 비유로 권력을 좋아하는 사람과 그렇지 않은 사람을 구분 지으면서 특정한 사람을 떠올리기도 할 것이다. 권력의 맛에 빠져서 권력만을 좇는 사람이 생각나기도 할 것이다. 권력에서 비롯되는 억압이 생각날 수도 있고 권력 옆에 줄서 있는 사람들의 모습도 떠오를 것이다. 그 외 모두 일일이 열거할 수는 없지만 사람들은 자기 나름대로 머릿속에 권력의 이미지를 그려 놓을 만큼 권력은 이미 일상의 용어가 되어 있다.

권력을 부정적인 이미지와 긍정적인 이미지로 구분해본다면, 우리의 일상적인 관념은 대체로 부정적인 경우가 더 많다. 여기서 말하는 '부정적' 그리고 '긍정적'이라는 말은 규범적 차원의 뜻은 아니다. 흔히 관념적으로 사용될 때, 강제와 같은 타율적인 권력인가 아니면 비강제적인 측면의 자발적인 권력인가의 기준이 적용된 구분으로 보면 된다. 원하지 않는데 어떤 행동을 하는 경우와 원해서 그 행동을 하는 경우는 각각 타율적 혹은 자발성의 구분이 되며, 전자가 부정적인 면에 가깝고 후자는 긍정적인 면에 가까운 것으로 볼 수 있다.[1)]

구체적으로 보면, 우선 일상적으로 사용될 때 권력의 의미가 부정적인 이미지로 여겨진다는 것은 권력에 대해 주로 억압, 강요, 폭력, 저항, 제한, 압력, 구속, 무력, 속박, 강제 등의 부정적인 용어와 관련되어 떠올려진다는 말이다. 꼭 한국인만 그렇다는 것은 아니지만 한국인의 경우 권력에 대한 이러한 부정적인 이미지가 특히 더 강한 편이라는 진단도 있다. 그것은 과거 폭력적인 식민지배와 독재의 역사가 한국인의 태도에 심어 놓은 경험의 흔적 때문이다.[2)] 일제강점기의 식민지배 당

1) 이 책의 5장에서 '부정성'의 논의가 더 이어지는데, 그때 부정성은 여기서 말하는 긍정적 이미지와 부정적 이미지의 구분으로 말하는 '부정'과는 다른 차원의 의미이다. 여기에 대해서는 5장에서 다시 언급된다.

2) 한병철(2016). 김남시 옮김, 「권력이란 무엇인가」, 문학과지성사, p.5.

시, 권력을 지닌 조선총독부에 의한 폭력은 일반 한국인이 몸소 체험한 권력 행위였다. 당시 한국인의 후손이 지금 우리이며, 우리는 어른들에게 일제강점기 때 폭력에 기초한 생생한 권력 행사 현장을 듣곤 했다. 그리고 그 현장에 대한 기록물과 재현물을 보면서 자랐다. 그래서 권력은 무서움의 원천으로 자리 잡게 되면서 항상 두려운 존재가 가지고 있는 것으로 여겨졌다.

이런 인식으로 인해 한편으로는 권력이 부러움의 대상이 되기도 했다. 흔히 사람들이 두려움을 극복하는 방법 중 하나로 두려움의 원천이 되는 그 대상과 동일하게 되려고 하거나 적어도 그 대상이 있는 곳에 가까이 다가가서 소속되려고 한다. 두렵기 때문에 피하기도 하지만 해당되는 대상과 동일시되어 스스로가 다른 사람에게 두려움의 존재가 되었으면 하는 바람을 가지고 있는 것이다. 일종의 이중 감정이고 역설적인 현상이다. 아래는 이에 대한 현상을 설명하는 내용이다.

> "일제강점기 하의 정부 관료는 강압적인 권위자의 대리 역할을 충실히 하였기에 권위자로서의 정부 이미지를 강하게 심어주었다. 일제강점기를 경험한 어른들에게 소위 말하는 순사는 곧 당시 권위자로서 정부를 그대로 대변하는 것이었다. 대단한 힘을 가진 권위자로서 정

부에 대해 한낱 시민들은 복종하고 순응하는 것이 당연한 것이었다. … 우리 인식 속에는 여전히 정부와 시민의 관계 이미지를 형성하는 한 부분에 자리 잡고 있다.

왜 우리나라 부모들이 그들의 자식이 정부 관료 집단(판사, 검사, 경찰 등을 포함한 공직자)에 소속되기를 유독 많이 바라는지에 대한 부분적인 이유를 찾을 수 있다. 아니, 부분적인 이유라기보다는 겉으로는 드러나지 않는 내재된 이유 정도로 말하는 것이 더 적절할 수도 있다. 그 이유는 역사적 경험에서 비롯된 보이지 않는 의식이기 때문이다. 100여 년 전의 식민지 국민으로서 경험은 막강한 힘을 발휘하는 권위자로서 (일제강점기 하의) 정부가 무섭고 싫고 고통스러운 기억으로 남아 있지만, 한편으로는 역설적이게도 그러한 권위자 집단의 구성원이 되기를 바라는 마음이 강하게 자리 잡게 해주었다. 한낱 시민으로서 힘없는 사람이었기에 그것을 극복하는 방법은 권위에 순순히 복종하거나 아니면 그 집단에 소속되는 것이었다. 적어도 자신들의 자식은 자신들처럼 순순히 복종하며 힘들게 살기보다는 그곳 즉, 정부 관료 집단에 소속되도록 해야겠다는 마음이 강하게 자리 잡았을 수 있다. 최근 공무원이라는 직업에 대한 강렬한 선호 현상에 대해 직업과 직장의 안정성으로 그 이유가 설명되고 있지만, 다른 한편으로는 우리 부모 세대들의 마음 저변에서 비롯된 이런 역사적 경험에 따른 인식으로 설명되는 면도 있을 것이다."[3]

권력에 대한 부정적인 의미는 비단 한국인에게만 해당되는 것은 아니다. 이미 오래전 여러 학자들의 정의 속에서도 권력은 밝기보다는 어두운 면에 가깝게 정의되거나 인식되었다. 예컨대, 베버(Max Weber)는 "다른 사람들의 반대를 거슬러서라도 자신의 의지를 실현시킬 수 있는 가능성"을 권력으로 보았다.[4] 달(Robert Dahl)도 "A와 B 사이에서 A가 시키지 않았더라면 B가 하지 않았을 행동을 A가 시켰기 때문에 B가 그에 따랐다면 이때 A가 갖는 것"을 권력이라고 하였다. 달은 이 정의에 'A의 성공적인 시도'로 다시 한정시키기도 하였다.[5] 이는

---

3) 김민주(2018). 「시민의 얼굴 정부의 얼굴」, 박영사. pp.77-78.

4) Weber, Max(1948). *From Max Weber: Essays in Sociology*, London: Routledge, p.180.

5) Dahl, Robert(1957). The Concept of Power, *Behavioral Science*, 2(3): 201-215, pp.202-203.

잠재적인가(권력 소유) 실제적인가(권력 행사)로 구분이 되는 것이기도 하지만, 핵심은 상대방 B가 굳이 하지 않을 행동의 변화를 야기한 A의 영향 여부를 드러내는 것이다. 바흐래쉬와 바래츠(Peter Bachrach and Morton S. Baratz)는 "A에 의해 B에게 가해지는 모든 형태의 성공적인 통제로서 A가 B의 순응을 확보해 내는 모든 행위"라고 말하며 그 유형으로 강압, 영향력, 권위, 강제력, 조작을 들고 있다.[6] 블라우(Peter M. Blau)도 "관계 속에서 행사되는 모든 종류의 영향력"이 권력이며 이때는 '규범적 강제'가 많은 부분 그 기초가 된다고 하였다.[7] 같은 측면에서 볼 때, 프렌치와 레이븐(John R. P. French and Bertram Raven)[8]이나 롱(Dennis H. Wrong)[9], 노크(David Knoke)[10] 등이 제시한 권력의 유형이나 형태 중 하나에도 억압과 강압과 강제성에 기초한 권력이 있다. 여기서 억압이나 강압에 의한 행

6) Bachrach, Peter & Morton S. Baratz(1970). *Power and Poverty: Theory and Practice*, Oxford University Press, pp.43-44.

7) Blau, Peter M.(1964). *Exchange and Power in Social Life*, New Brunswick, N.J.: Transaction Publishers, p.119.

8) French, John R. P. & Bertram Raven(1959). The Base of Social Power, In Dorwin Cartwright(ed.), *Studies in Social Power*, Ann Arbor, Mich: University of Michigan Press, pp.150-167.

9) Wrong, Dennis H.(1979). *Power: Its Forms, Bases, and Uses*, New Brunswick, N.J.: Transaction Publishers.

10) Knoke, David(1990). *Political Networks: The Structural Perspective*, Cambridge: Cambridge University Press.

위로 여겨지는 권력은 반드시 어떠한 행위를 하도록 하는 것에만 한정되지는 않는다. 행위를 하지 못하게 하는 억압과 강압도 역시 같은 맥락에서 볼 수 있는 권력 행사의 모습이다.[11] 중요한 것은 억압이나 강압이 권력의 의미 규정에 활용된다는 것이다. 이런 이유로 그동안 권력은 다른 관련된 용어들과 비교해 볼 때 상대적으로 부정적인 어감과 느낌과 인식이 강하게 자리 잡고 있다.[12]

이처럼 권력은 주로 비자발성을 이끄는 영향력에 의해 행동에 변화가 생기는 모습을 나타내는 방식으로 정의되거나 인식되고 있다는 것을 알 수 있다. 물론 겉으로 나타나는 변화 이외에도 잠재적이고 변화 없는 영향력의 존재까지 모두 포함된다. 그러나 사실, 이는 권력의 온전한 면을 다 보여주는 것은 아니다. 권력의 한 면에 불과한 반쪽의 의미이다.[13] 그렇다면 나머지 반쪽은 어떤 것일까?

---

11) Bachrach, Peter & Morton S. Baratz(1962). Two Faces of Power, *The American Political Science Review*, 56(4): 947-952.

12) Collinson, David(2005). Dialectics of Leadership, *Human Relations*, 58(11): 1419-1442.

13) 김민주(2017). 예산배분 권력의 역전, 「인문사회과학연구」, 18(3): 143-181.

⋮ 권력 의미의 또 다른 반쪽

권력의 의미를 온전하게 이해하기 위해서는 부정적인 의미가 밴 권력의 의미 이외의 것도 알아야 한다. 또 다른 권력 의미의 반쪽을 찾는 것이다. 부정적인 의미가 밴 것이 반쪽이었다면, 또 다른 반쪽은 부정적인 것으로 여겨지지 않는 즉 긍정적인 의미에 가까운 의미일 것이다. 비자발성을 중심으로 하는 부정적인 의미가 아닌 자발성을 중심으로 하는 긍정적인 의미의 권력을 말한다.

한병철의 주장대로 권력은 강압이나 강제 등이 수반된 명령을 통해 작용되는 것도 있지만 다른 한편에서는 자발성과 자명성에 기반을 둔 권력도 있다.[14] 권력행사자의 권력행위에 권력대상자가 자발적으로 따르는 경우다. 억압과 강압, 무력, 충돌, 갈등에 의한 권력의 모습이 아니라, 권력대상자의 선호나 기호를 만들어 내거나 조절하면서 작동하는 권력이다.[15] 즉, 권력은 권력대상자의 특정 행동에 맞서려는 대신 그의 행동반경에 영향을 주거나 그것을 변화시킴으로써 부정적인 제재 없이도 권력대상자가 자발적으로 권력행사자의 의지에 따르는 결정을 하게 하는 것이다. 이는 아무런 폭력이나 강제나

---

14) 한병철(2016). 김남시 옮김, 「권력이란 무엇인가」, 문학과 지성사.

15) Lukes, Steven(2005). *Power: A Radical View*, London: Palgrave Macmillan, p.29.

강압 없이 권력행사자는 권력대상자의 영혼 안에 자리를 잡게 되는 권력의 모습이다.[16)]

더 쉽게 말하면, 상대방에게 내가 원하는 어떤 행동을 강제로 하도록 하는 것이 아니라 상대방이 알아서 스스로 내가 원하는 행동을 하도록 하는 것이다. 굳이 시키지 않아도 상대방이 그의 자발성에 따라 내가 원하는 행동에 따르게 하는 것이므로, 어쩌면 가장 세련된 방식의 권력 행사의 모습일 수 있다. 그 상대방은 스스로 자신이 좋아서 즉, 자발적으로 한다고 여기기 때문에 이것이야말로 권력을 행사하는 입장에서는 가장 수월하게 권력을 행사하는 것이 된다. 강제력을 동원해서 윽박지르거나 화낼 필요가 전혀 없다. 스스로 알아서 상대방이 해주기 때문이다. 이럴 경우 권력행사자 입장에서 가장 효과적인 권력 행사를 한다는 것은, 권력대상자가 스스로 다른 사람으로부터 권력 작용을 받고 있는 권력대상자가 아니라고 생각하고 있을 때이다. 이것이야말로 권력행사의 최고 정점에 이르는 것이다. 권력행사자는 권력대상자가 스스로 권력의 영향을 받고 있다는 것을 알지 못할 정도로 정교하게 권력행사를 하는 것이다. 심지어 권력대상자는 스스로 원해서 그렇게 하고 있다고 여긴다. 현실에서도 권력이 이처럼 존재하는 경우가 적지 않다. 중세시대나 절대왕정 이후 시민혁명의 영향

---

16) 김민주(2017). 예산배분 권력의 역전, 「인문사회과학연구」, 18(3): 143-181.

등으로 시대적 환경이 변화된 현대 사회에서는 강제력만으로 권력을 행사하는 것이 그리 효과적이지 않다는 점은 당연할 것이다.17) 따라서 권력의 의미를 논할 때 강제력 등에 의해 비자발적으로 이루어지는 부정적인 면의 권력만을 부각하는 것은 현실의 권력을 완전히 설명해주지 못하게 된다.

권력의 부정적인 면과 긍정적인 면은 푸코(Michel Foucault)가 말하는 주권권력과 생명권력의 구분과도 맥을 같이 한다. 주권권력은 징수의 형태로서 수탈로 작동되는 권력관계라면, 생명권력은 새로운 권력형태로서 힘을 가로막고 복종시키고 파괴하기보다는 힘을 생성하고 성장시키고 배치하려고 애쓴다. 이는 긍정관계를 그 기반으로 하는데, 훈육을 통해 생산성을 높이고 더 유순하게 만들면서 대립관계는 약화되도록 한다. 그래서 훈육은 하나의 테크놀로지로 확립되기에 이른다. 따라서 푸코의 말처럼 권력은 잔인한 광채를 통해 자신을 드러내기보다는 자격을 부여하고 측정하고 평가하는 형태로 나타난다. 권력은 강제와 억압에 따른 죽음을 동원하는 것이 아니라 가치와 효용을 고려하여 생명을 유지하고 계발하고 관리하는 데 초점을 두고 있다.18) 궁극적으로는 권력행사자의 의

---

17) Mann, M.(1984). The Autonomous Power of the State: Its Origins, Mechanisms and Results, *European Journal of Sociology*, 25(2): 185-213.

18) 미셀 푸코(2004). 이규현 옮김, 「성의역사1」, 나남 ; 미셀 푸코

도와 목표가 있겠지만 그것은 이면으로 물러나 있어서 잘 보이지 않는다.

따라서 권력은 긍정적인 면과 부정적인 면을 모두 고려해야 온전한 설명과 이해가 가능하다. 강제(명령 기반)로서의 권력과 자유(자명성 기반)로서의 권력을 함께 봐야한다는 것이다. 이 둘이 마치 서로 정반대의 것으로 비춰지기도 하는데, 실제는 그렇지 않다. 서로 근본적으로 다른 것은 아니며 단지 현상에 따른 구별 정도에 지나지 않는다.

⋮ 권력 작동의 기본

권력은 자발성에 의해서든 비자발성에 의해서든 권력행사자와 권력행사의 대상자 간에 이루어지는 유 · 무형의 관계 맺음이다. 나를 중심으로 보면, 나와 상대방이 있고 그 사이가 관계로 이어져 있는 것이 기본이다. 이 관계에서 권력은 나라는 주체의 지속성을 산출하기 위해 존재한다. 여기서 지속성이란 자아의 연속성을 말한다.[19)] 내가 상대방을 통해 내 자아의 연속성이 산출되도록 하는 행위가 권력인 것이다. 그것은 곧, 권

(2016). 오생근 옮김, 「감시와 처벌」, 나남.

19) 한병철(2016). 김남시 옮김, 「권력이란 무엇인가」, 문학과 지성사, pp.15-47.

력행사자를 '에고(ego)', 권력행사의 대상자를 '타자(alter)'로 했을 때, 권력은 에고에게 자신의 연속성을 마련해주는 것이다. 즉, 에고가 타자 속에서 자신을 지속시키고 타자에게서 자신을 발견할 수 있게 하는 것이다. 그래서 권력에 대한 욕구는 에고의 자기 지속성의 감정에서 나오게 된다.[20] 자아의 연속성을 강제를 통해서 얻을 것인가 아니면 자유를 활용해서 얻을 것인가의 차이가 앞서 말한 권력의 두 면이다. 그래서 권력의 두 면은 현상에 따른 구별일 뿐 기본 구조는 동일하다고 말하는 것이다. 에고가 타자에게 강압을 통해 자아 연속성을 유지할 수도 있고, 아니면 타자가 스스로 에고의 자아 연속성이 유지되도록 행동을 하기도 한다. 그 어느 쪽이건 모두 권력 작용이다. 그럼에도 불구하고 그동안은 주로 강제를 활용한 에고의 자아 연속성의 구현만이 타자를 상대로 하는 권력의 모습이라고 여겼던 것이다.[21]

권력을 에고와 타자의 관계로 설정하고 강제나 자유를 활용한 자아의 연속성을 위한 행위라고 하면, 그동안 사회에 존재했으나 보이지 않던 여러 현상에서도 권력의 모습이 관찰될 수 있고 동시에 권력의 변화 모습도 이해하게 된다. 사회현상

---

20) 한병철(2016). 김남시 옮김, 「권력이란 무엇인가」, 문학과 지성사, p.38.

21) 김민주(2017). 예산배분 권력의 역전, 「인문사회과학연구」, 18(3): 143-181.

에 대한 권력의 논의가 보다 풍부해지는 것이다. 소위 말하는 긍정적인 모습의 권력인 자발성에 의한 권력 작용이 보이게 된다.

권력은 이러한 관계 속에서 '의미'를 동반하고 또 의미를 구축하면서 작동된다. 에고의 자아 연속성이 타자를 통해 나타날 때, 즉 권력 행위가 될 때 에고의 자아 연속성이 타자에게 나타나게 하는 의미가 확보되어야 한다. 타자에게서 에고의 자아 연속성이 나타나게 하는 중요한 의미가 있다는 점이다. 이 의미는 권력이 작동될 때에도 영향을 주지만 권력 작동의 결과로서 권력 작용이 필요했던 의미를 더 축적하게 된다. 의미 축적은 일종의 축성(祝聖)이 되어 에고와 타자 간 권력 관계는 더 단단해진다.

아렌트(Hannah Arendt) 역시 권력은 단순한 행동이 아니라 협력 속에서 행동하는 인간의 능력에 해당된다고 하였다. 즉, 협력 하에서 존재할 수 있는 것이 권력이라는 것이다.[22] 여기서 말하는 협력은 권력이 가능하도록 하는 의미를 서로가 인정하고 그것이 받아들여졌다는 말이다. 아렌트는 권력 관계는 개인 간 이루어질 수도 있으나, 많은 경우 집단 속에서 사람들 사이의 권력 부여에 대한 의미 인정을 통해 이루어진다고 하였다. 그래서 의미가 인정되는 토대가 되는 집단이 없어지면

22) 한나 아렌트(1999). 김정한 옮김, 「폭력의 세기」, 이후.

권력도 없어진다는 것이 아렌트의 입장이다. 의미는 협력의 다른 표현이자 협력을 가능하게 하는 기제가 된다는 점에서 의미가 없다면 권력 관계가 형성되거나 유지되기 힘들다. 그래서 의미는 계속 반복되고 새로운 것이 덧붙여지는 등 재생산의 과정을 거치기도 한다.

때로는 의미가 규범의 모습으로 등장하기도 한다. 규범이 되면 그 의미는 단순한 의미를 넘어 정당성을 확보한 튼실한 가치가 된다. 권력관계에서 규범화된 의미가 영향을 주면 그 권력관계의 옳고 그름은 이미 논의의 대상이 되지 않고 권력에 따른 결과에 대한 성패 여부가 주 관심이 된다. 사실 우리가 보지 못하는 부분이 바로 이 부분이다. 권력관계를 형성하는 데 영향을 주는 의미가 규범이 될 때이다. 규범이 되면 의심을 피하기가 쉽다.

2장에서 살펴보았듯이 의미는 사회를 포함해서 사회 속에서 만들어지는 장치 등 그 무엇이든 만들어질 때 언제나 중요한 핵심 요인이 된다. 왜 만드는가? 만들 만한 것인가? 만드는 것이 지니는 의미가 어떤 것인가에 따라 만들어질 수 있는 여부가 판가름 날 수도 있다. 에고가 자아 연속성을 타자를 통해 지속시킬 때 그 행위가 의미 있다면 권력이 비로소 작동되는 것이다. 타자가 타율적으로 에고의 자아 지속성을 연속시키건 자율적으로 하건 의미 기반의 행위로 나타난다. 그래서 권력을 중심으로 사회 현상을 살펴본다는 것은, 권력의 기본 구조에서 정의되는 권력의 뜻으로서 '에고의 자아 연속성을 타자를 통해 구현하는 것'과 이때 '타자의 자발성 여부'를 함께 판단하고 '그 과정에서 어떤 의미가 강조되고 또 구축되는지를 보는 것'이다.

2. 자치의 권력 친화적 속성

자치의 통치성

스스로 다스린다는 자치는 그 의미 속에 통치가 내포되어 있다. 내가 스스로 나를 다스리건, 타인에 의해 마치 내가 스스로 다스리는 것인 양 보여지건, 아니면 타인을 타인 스스로 다스리게 하는 것이건, 어쨌든 통치라는 기본 개념이 자치의 의미 속에 자리 잡고 있다. 그리고 이때의 통치는 권력과 관계된다.

푸코의 말처럼 통치는 품행의 지도이며 이는 여러 제도, 분석, 성찰, 계산, 전술로 이루어진 앙상블로서, 이를 통해 고도로 복잡하고 구체적인 권력 형태가 작동할 수 있다.[1] 통치는 다른 사람의 행위를 인도하고 조형하려는 권력관계와 행위 방식을 모두 아우른다. 이 말은 많은 부분 통치가 권력의 형태로 구현되는 것을 의미한다. 통치는 국가나 행정에 의한 관리뿐 아니라, 자아를 통제하고 가족과 아동을 지도하고 가계를 관리하고 정신을 수양하는 등의 문제까지 광범위하게 우리에게 영향을 미치는데, 그것은 권력이 작동되는 형태로 이루어진다는 것이다.2)

푸코에 의하면, 관리나 지도의 이름으로 행해지는 이러한 통치는 한마디로 말하면 총체적 관리이다. 과거 군주에 의해 이루어지던 단순한 영토에 한정된 것도 아니고 사물에만 한정된 것도 아니다. 통치는 사물과 인간으로 구성된 복합체에 관여하는 행동으로 보는 것이 적절한데, 이는 인간과 사물의 뒤얽힘에 관계되는 모든 것에 이르는 간여나 그 영향을 말한다. 배를 통치하는 것으로 은유적 예를 들어보면, 배는 여러 자연현상(바람, 암초, 폭풍, 악천우 등)을 고려하는 일로서 보전해야 할 배와 항구로 가져가야 할 배 안의 여러 화물을 관리하는 선원과의 관계, 그 외 모든 사건과 맺어지는 관계를 아우르는 총체적 관리가 통치인 것이다.

여기서 통치를 행하는 주체는 '적절한 목적에 이르는 올바

---

1) 바바라 크룩생크(2014). 심성보 옮김, 「시민을 발명해야 한다」, 갈무리, p.121

2) 토마스 렘케(2015). 심성보 옮김, 「생명정치란 무엇인가」, 그린비, p.81.

른 배치'를 위해 통치한다. 이는 단일의 주권과는 구분되는 것으로, 적절한 목적은 다양할 수 있고, 엄격한 법에만 한정되어서가 아니라 일종의 전술을 통해 올바른 배치를 하게 된다. 특히 과거와는 달리 현대 사회에서는 죽일 수 있는 권리나 자신의 힘을 과시만 하는 통치자가 아니라 적절한 목적을 위해 전술 같은 배치를 잘 할 수 있는 자가 통치자가 된다.[3] 여기서, 적절한 목적은 통치자가 원하는 의도의 연속성이며, 그것은 통치의 대상이 되는 상대방에게 다양한 전술로 구현되는 구조를 갖는다. 이는 곧 통치자의 에고 속 자아가 적절한 목적을 낳는 연속성을 여러 형태의 전술 즉, 강제적으로 하게 하는 것은 물론 자발적으로 하게 하는 등의 다양한 전술로 타자를 통해 구현하는 것이다. 통치가 권력의 형태로 구현된다는 푸코의 말이 바로 이런 의미이다. 권력의 기본 구조와 통치는 서로 밀접하다. 따라서 적어도 자치의 통치성에 비추어 볼 때 자치를 권력과 함께 고려하는 것이 필요하다. 둘을 분리해서 생각하면 자치에 대한 충분한 이해를 하지 못하는 것과 같다.

3) 콜린 고든 외 엮음(2014). 심성보 외 옮김, 「푸코효과」, 난장, pp.142-145.

⋮ 자치와 권력의 집중 · 분산

자치가 권력의 집중을 완화하며 분산으로 이끄는 것일까? 아니면 그 반대일까? 이 부분은 이어지는 4장에서 다룰 내용이다. 그에 앞서 자치가 권력의 친화적 속성을 지녔다는 점을, 자치의 영향 등으로 언급되는 권력의 집중 및 분산 논의 그 자체에서도 찾을 수 있다. 자치가 권력의 집중이나 분산과 항상 같이 논의된다는 점은 그만큼 자치가 권력과 관련되어 있다는 의미이다.

자치와 권력의 논의로서 자주 등장하는 것은 지방분권과 관련해서이다. 지방자치와 지방분권을 혼용할 수도 있고 구분할 수도 있는데, 중요한 것은 그 어떤 경우에서건 권력이 주요 이슈가 된다는 점이다. 혼용의 경우, 지방자치를 강화 및 확대하기 위한 목적에서 지방분권이 주장되고, 또 지방자치의 실질적 보장을 위해 지방분권이 전제되어야 한다고 본다. 구분의 경우에는 중앙과 지방 간 근본적인 사무배분을 통한 국가의 원리와 구조 변혁을 말하는데, 이때도 지방분권과 지방자치 모두 권력배분을 전제로 논의된다.[4)]

현실에서는 지방자치가 권력의 분산과 주로 많이 관련되어

---

4) 이재희(2019). 「지방분권에 대한 헌법적 검토」, 헌법재판소 헌법재판연구원, pp.11-12.

논의되고 있다. 특히 한국의 중앙집권적 권력에 대한 비판과 그 개선을 위해 지방으로의 분권을 주장하며 지방자치를 강조하는 경우가 많다. 지방자치를 연구하는 학자는 물론이고 대통령 후보들도 이구동성으로 지방자치와 관련한 지방분권에 대해 호의적인 입장을 취하고 있다.[5] 지방을 기반으로 두고 이루어지는 지방선거의 후보자나 지역의 정치적 지도자들은 더욱 그렇다.

무엇보다도 정부의 주요 기구나 법령 등에 드러나 있는 '자치분권'이라는 용어는 자치와 분권, 즉 자치와 권력의 분산 간의 긴밀성을 더 직접적으로 드러내고 있다. 철학자 비트겐슈타인(Ludwig Wittgenstein)이 말했듯이 "언어가 세계를 그리며, 내 언어의 한계가 내 세계의 한계"가 될 수 있다.[6] 언어로 세상을 읽고 이해한다면 어떤 언어를 사용하는가에 따라 우리의 인식은 달라질 수 있다. 인지언어학이 있을 정도로 언어가 우리에게 미치는 영향은 크다. 그런 점에서 볼 때 자치와 분권을 함께 하나의 용어로 사용하는 것은 자치와 권력 분산으로서 분권이 서로 밀접하다는 점을 보여주는 것이다. 그 밀접함의 정도나 사실 여부를 떠나 적어도 그렇게 인지는 하고 있다는 의미다.

---

5) 김태영(2017). 「지방자치의 논리와 방향」, 동아시아연구원, p.1.

6) 윌 버킹엄 외(2011). 박유진 · 이시은 옮김, 「철학의 책」, 지식갤러리, pp.246-251.

해당되는 용어에는 '자치분권위원회', 「지방자치분권 및 지방행정체제에 관한 특별법」 등이 있고, 또 100대 국정과제에서도 '고르게 발전하는 지역'을 위한 전략으로 '풀뿌리 민주주의를 실현하는 자치분권'과 그 과제로서 '획기적인 자치분권 추진과 주민 참여의 실질화'를 들고 있다. 이 모두에서 자치분권이라는 용어가 쓰이고 있다. 단순히 사용되는 데 그치는 것이 아니라 그 내용을 보면 모두 '자치분권'이라는 용어가 핵심어에 해당된다는 점을 알 수 있다. 이 내용들에서는 자치분권에서 말하는 분권은 중앙에서 지방으로의 권력 분산을 의미한다고 밝히고 있다. 비록 정권별로 자치분권을 직접적인 용어로 사용한 정도에는 차이가 있지만, 지방자치가 본격 실시된 이후 그동안 역대 정권에서는 지방자치와 관련해서 중앙과 지방 간 권력의 분산 문제를 언제나 함께 인식하고 있었다.

특히 자치분권을 보다 직접적으로 사용한 문재인 정부에서는 청와대에서 직접 '지방분권 및 총강, 경제 부분 헌법개정안'을 발표하기도 했는데, 그 내용 중에는 자치와 분권을 함께 인식하고 있다는 점이 더 구체적으로 확인된다. 아래 인용된 내용이 그에 해당한다. 지방권력의 분산은 지방자치제도를 발전시키는 것이 되고, 자치 역량 강화는 중앙정부에 집중된 행정체계 개선으로 이루어진다는 것이다. 더 직접적으로는 '분권 없는 자치'는 '무늬뿐인 자치'로 비유하기도 한다. 자치와 분권이 하나의 세트로 언급되며 그 중요성을 강조하고 있다.

"대한민국의 지속가능한 성장을 위해서는 반드시 지방분권이 강화되어야 합니다. 이제 지방자치제도를 한 단계 발전시켜야 합니다. 자치 역량을 강화하여 지방정부 스스로 지역에 맞는 행정을 할 수 있도록 해야 합니다. 중앙정부에 집중된 행정체계를 개선해야 합니다. … 주민은 지방정부의 주인입니다. '주민참여 없는 자치'는 '분권 없는 자치'만큼 '무늬뿐인 자치'입니다. … 헌법은 시대정신을 담아야 합니다. '자치와 분권', '불평등과 불공정을 바로잡아 달라는 것' 이것은 국민의 명령이고 시대정신입니다."[7)]

행정안전부가 어린이를 대상으로 지방자치제도에 대해 소개하는 내용도 마찬가지다. 지방자치가 꼭 필요한데, 그것은 권력의 집중을 방지하는 것이라는 내용과 우리나라는 오랜 중앙 집권의 영향으로 자치권이 제한되어 있다고 평가하는 내용을 담고 있다. 지방자치제도가 권력의 분산을 방지하는 것과 동시에 자치권의 전제는 권력분산이라는 점을 설명하고 있다.

---

7) 청와대 홈페이지(http://www1.president.go.kr/articles/2685)

"… 꼭 필요한 지방자치랍니다. 정치적으로 한 사람에게 권력이 집중되는 것을 방지하고, 인권을 보호하며, 특히 민주주의의 교육장으로서 꼭 필요하다고 볼 수 있습니다. 무엇보다 지방자치는 지역주민을 위한 그 지역의 실정에 맞는 지방행정을 할 수 있다는 데 큰 가치를 두고 있습니다. … 우리나라는 최근 지방분권화의 노력이 강화되고 있으나, 오랜 중앙 집권의 영향으로 자치권은 제한되고 있으며, 지방의 권한과 재원은 아직도 미약한 편입니다. 이러한 지방자치는 대체로 각국의 헌법(기본법)에서 보장되고 있으며 자치권의 주요 내용은 법률에 의해 정해지게 됩니다."[8)]

이러한 정부영역의 입장과 노력은 「지방자치분권 및 지방행정체제에 관한 특별법」에서 그 근거로 명시되어 있는 바이기도 하다. 지방자치분권이라는 용어를 사용하며, 지방자치분권과 지방행정체제 개편을 통한 성숙한 지방자치 구현과 관련된 성취를 법의 목적으로 명시하고 있다. 특히 지방자치분권

8) 행정안전부 홈페이지(https://www.mois.go.kr/chd/sub/a03/introduce/screen.do)

에 대한 정의를 중앙으로 대표되는 국가와 지방으로 대표되는 지방자치단체 간 권한과 책임의 합리적 배분 및 기능 조화로 말하고 있고, 지방행정체계는 지방자치 및 지방행정의 계층구조, 지방자치단체의 관할구역, 특별시 · 광역시 · 도와 시 · 군 · 구 간의 기능배분 등과 관련한 일련의 체제로 정의하고 있다. 결국 지방자치 구현을 위한 지방자치분권과 지방행정체제 개편은 권력 기반의 조정 즉, 분권과 분산을 통해 이루어진다고 말하고 있다.

> 제1조(목적) 이 법은 지방자치분권과 지방행정체제 개편을 종합적 · 체계적 · 계획적으로 추진하기 위하여 기본원칙 · 추진과제 · 추진체제 등을 규정함으로써 성숙한 지방자치를 구현하고 지방의 발전과 국가의 경쟁력 향상을 도모하며 궁극적으로는 국민의 삶의 질을 제고하는 것을 목적으로 한다.
>
> 제2조(정의) 이 법에서 사용하는 용어의 뜻은 다음과 같다.
>
> 1. "지방자치분권"("자치분권")이란 국가 및 지방자치단체의 권한과 책임을 합리적으로 배분함으로써 국가 및 지방자치단체의 기능이 서로 조화를 이루도록 하고, 지방자치단체의

정책결정 및 집행과정에 주민의 직접적 참여를 확대하는 것을 말한다.

2. "지방행정체제"란 지방자치 및 지방행정의 계층구조, 지방자치단체의 관할구역, 특별시 · 광역시 · 도와 시 · 군 · 구 간의 기능배분 등과 관련한 일련의 체제를 말한다.[9] -이하 생략-

시민사회 영역의 경우, 그 한 예로 참여 · 자치 · 분권 · 연대의 정신에 기반하여 활동하는 전국 20개 시민사회단체들의 연대기구인 참여자치지역운동연대가 자치와 분권에 대한 헌법 개정 의견서를 국민헌법자문특별위원회에 제출한 내용을 들 수 있다. 그 내용에는 권력집중 해소의 전제로 지방자치와 분권 보장을 들고 있다. 우리나라의 권력집중 현실을 고려한 주장으로, 지방자치는 분권의 맥락으로 함께 이루어져야 하고 그것이 헌법에서 보장되도록 해야 한다는 것이다. 특히 우리나라의 지방자치가 형식이나 외형을 갖추었다고 해도 중앙의 권력에 집중된 현실 때문에 실질적인 주민자치의 수준이 높지 못하다는 말은, 권력이 지역적으로 분산되어야 실질적인 지방자치가 된다는 점을 전제하는 말이다. 이 말은 곧 지방자치가

9) 「지방자치분권 및 지방행정체제에 관한 특별법」 제1조, 제2조

권력의 문제, 특히 분산과 관련된다는 뜻이다.

> "우리나라의 지방자치는 형식에 그치거나 외형을 갖추었다 해도 조직권이나 재정권, 입법권 부분에서 별달리 독자적인 권력을 확보하지 못해서 결국 중앙정부에 종속되어 있습니다. 그만큼 권력의 중앙집권화가 심하고 실질적인 주민자치의 수준은 높지 않습니다. 그만큼 이번 개헌은 모든 민주주의와 주권 실현의 바탕인 자치를 보장하고 국회를 포함하여 중앙정부에 집중된 권한을 분산하는 개헌이 되어야 합니다. 중앙과 지방의 관계는 분권의 원리와 보충성의 원리를 기본으로 하여 재구성되어야 합니다. 더 나아가 중앙집권화된 권력의 지역적 분산뿐만 아니라 그 주인인 주민의 자치권을 강화하고 실질화하는 개헌이 되어야 합니다."[10)]

이 외에도 각종 언론매체의 보도나 개인적인 칼럼 등의 내

---

10) 참여연대(2018). 지방자치와 분권 보장해야 권력 집중 해소 가능: 참여자치지역운동연대, 개헌 의견서 국민헌법자문특위에 제출, 3월 6일자 보도자료.

용에서도 자치를 언급하면서 권력 분산과 같은 지방분권 등을 함께 말하는 경우가 많다. 이미 1장에서 살펴본 바와 같이 자치 연관어로서 지방분권의 가중치와 빈도는 상당히 높은 것으로 나타나고 있다. 따라서 자치는 권력의 집중이건 분산이건 그 논의의 입장 차이는 차치하고서라도 권력과 관련된다는 점은 분명히 알 수 있다. 이처럼 권력 친화적 속성은 자치의 의미가 지니는 통치성과 현실에서 인식되고 사용되는 여러 현상을 통해 이해할 수 있다.

한편, 권력의 집중과 분산의 문제 그 자체는 아니지만, 현실에서 스스로 통치하는 자치 사례의 메커니즘으로 종종 언급되는 협력적 거버넌스의 관점에서도 자치와 권력의 밀접함을 볼 수 있다. 협력적 거버넌스의 현실 사례 137개를 분석한 앤셀과 가쉬(C. Ansell and A. Gash)에 따르면, 이해관계자 간에 자발적 협력을 통한 자치적 행위를 이끄는 초기 여건(starting conditions)의 하나가 바로 권력 불균형이라는 것이다.[11] 서로 간 협력 기반의 거버넌스를 구축하게 되면 각각의 권력 부족 상태가 어느 정도 최소화되고 극복된다는 것이다. 특히 권력 불균형은 상호 중첩된 권력행위를 통해 최소화된다. 에고가 자신이 지닌 권력 우위 분야에서는 열세의 상대를 타자로 하

11) Ansell, C., & A. Gash(2008). Collaborative governance in theory and practice, *Journal of public administration research and theory*. 18(4): 543-571.

여 자아 연속성을 확보하려 하고, 권력 열세인 분야에서는 타자의 자아 연속성을 구현시키는 데 동참한다. 후자의 경우는 타자의 입장에서는 타자가 나를 통해 자아 연속성을 구현하는 권력관계를 형성한 것이 된다. 그래서 권력 불균형은 협력기반의 거버넌스 구축을 이끌어서 관련자들이 스스로 해결할 수 있는 자치적 행위의 계기가 된다는 것이다. 그리고 한편에서는, 다른 차원에서 볼 때 자치적 협력과 같은 거버넌스의 구성이 오히려 본래적 의미의 통치성을 더 구현하는 것이라고 보는 관점도 존재한다.[12] 차원이 다소 다른 내용이긴 하지만 모두 협력 기반의 거버넌스 구성을 통해 스스로 문제를 해결하려는 자치적 행위가 권력과 관련된다는 점을 보여주는 것들이다.

12) 욘 피에르 · 가이 피터스(2003). 정용덕 외 옮김, 「거버넌스, 정치 그리고 국가」, 법문사 ; Stone, C. N.(1989). *Regime Politics: Governing Atlanta, 1946-1988*, Lawrence: University of Kansas Press.

3. 권력과 규모 그리고 자치

자치는 규모가 전제되는 경우가 많다. 자치에는 물리적 공간으로서의 중앙과 그에 대비되는 지역적 기반으로서의 지방이 설정되어 있다. 이때 중앙은 상위에 있는 규모가 큰 것으로, 지방은 하위에 있는 규모가 작은 것으로 상정되어 있다. 그래서 흔히 자치를 한다는 것은 상위에 있는 규모가 큰 중앙에서 하위에 해당하는 규모가 작은 지방으로 권한 이양 등의 조치로 권력을 분산시키는 것으로 여겨진다. 자치를 말하면서 지방으로 권한을 내려 보낸다고 말하거나, 보다 작은 단위로 권력을 분산시킨다거나, 말단행정이 지역과 더욱 밀착되어야 한다는 등의 말이 나오는 것이 바로 그 때문이다. 특히 자치를 위한 '분산' 혹은 '분권'이라는 말이 비교적 큰 것에서 작은 것으로 내보낸다는 의미를 지니고 있어서 자치의 의미에는 흔히 규모가 내포되어 있다.

자치 속에 내포된 이런 관념은 애초에 우리가 일상에서 지니고 있는 통속적인 인식의 연속에 해당되는 것이다. '하향식'이나 '상향식'이라는 말이 사용될 때, 중앙에서 지방으로의 방향은 하향식이라고 하고 지방에서 중앙으로의 방향은 상향식이라고 한다. 이 반대로 말하는 것을 본 적이 있는가? 아마도 없을 것이다. 상위의 존재는 중앙이고 하위의 존재는 지방인 것이다. "서울에 올라간다"고 말하고 "지방에 내려간다"고 말한다. "서울에 내려간다"나 "지방에 올라간다"라는 말은 거의 쓰지 않는다. 하지만 실제 고도를 따지면 오히려 상대적으로 높은 고도에 위치한 지방에서 서울로 내려가는 경우가 많다고 한다. 경험적 연구에 따르면 지역의 마을 주민들 입장에서 볼 때 중앙은 커다란 그 무엇으로 여겨져서 때로는 범접할 수 없는 대상으로까지 여긴다고 한다. 그래서 주민들이 중앙에서 하는 대규모 사업에 비교적 큰 저항 없이 거의 체념에 가까운 심정으로 순응해버리기도 한다.[1] 이처럼 자치가 이루어지는 중앙과 지방 간 관계를 놓고 볼 때 중앙은 상위의 규모가 큰 대상으로 인식되고 지방은 그 반대로 인식된다.

자치에서 규모에 기초한 이러한 인식은 권력에서도 역시 규모에 따라 인식되는 바가 있기 때문에 함께 살펴볼 필요가 있

1) 김민주(2019). 대규모 정부사업의 반복된 철회가 마을주민에게 미친 심적 영향 분석, 「지방행정연구」, 33(4): 249-282.

다. 권력이 있고 없거나 크고 작다고 했을 때 규모에 대한 인식은 흔히 권력과 비례되는 것으로 여겨진다. 어떤 실체의 규모가 크다면 권력이 있거나 많은 것으로, 그 규모가 작다면 권력이 없거나 적은 것으로 종종 인식되는 것이다. 실제로 앞서 언급한 경험적 연구의 사례에 등장하는 마을 주민들도 자신들과 같이 조그마한 소규모 마을은 국가와 같은 큰 실체가 대규모 사업을 하려는 행동(권력 작용)을 감당할 수 없다고 말하고 있다.[2] 이는 규모와 권력 간 관계를 염두에 두고 하는 말이다. 사실, 규모가 권력과 관련되어 있는 현실 사례는 많다. 대기업과 중소기업, 대형 할인마트와 소형 슈퍼마켓, 대형 법무법인과 소형 개인변호사 사무실, 종합대학과 중소대학, 대형 종교교단과 소형 종교교단, 대형 커피 프렌차이즈와 소형 카페 등, 이들 관계에서 어느 쪽이 자신의 연속성을 타자를 통해 더 지속시킬 유인책과 힘이 크다고 생각되는가? 규모는 자산, 자본, 인력, 조직 등이 크다는 것이기 때문에 규모가 크면 타자를 동원하는 것도 더 유리하고 타자에게 자신의 연속성을 지속시키게 할 수 있는 방법도 다양하다. 그리고 이해의 득실을 따질 때 타자 역시 소규모보다는 대규모 대상에게 먼저 접근할 것이다.

권력과 규모의 관계를 다양한 측면에서 설명하는 이론들도

---

2) 김민주(2019). 대규모 정부사업의 반복된 철회가 마을주민에게 미친 심적 영향 분석, 「지방행정연구」, 33(4): 249-282.

존재한다. 권력을 추구하는 과정에서 규모가 커지고 커진 규모는 권력을 계속 가지게 된다는 점을 설명하는 이론도 있고(예산극대화 이론, 파킨슨의 법칙), 비용절감 차원에서 커진 규모가 지니게 되는 자원들은 권력으로써 기능할 수도 있다는 예상을 하게 해주는 이론도 있다(코즈의 정리). 그리고 한편으로는 오히려 권력 추구를 위해 규모를 줄여서 소규모로 만들려고 한다는 이론도 있다(관청형성 이론).

우선, 니스카넨(William Niskanen)에 따르면 관료들은 자신이 속한 부처나 부서 및 조직의 예산을 극대화(budget maximization)하면서 효용을 높이려 한다고 본다. 이때 말하는 효용은 예산을 많이 가지게 됨으로써 생기는 권력, 지위, 평안, 안전, 명성, 수입, 변화의 용이성과 관리의 용이성 등이다. 예산이 곧 권력이고 힘이라는 말처럼, 예산이 많이 편성되어 많은 예산을 사용할 수 있는 재량권을 가진 관료는 그렇지 않은 관료보다 더 큰 효용과 권력을 행사할 가능성이 커진다. 그러다보니 예산이 비대화되는데, 이는 곧 조직 규모의 증가를 가져온다. 예산은 규모를 나타내는 하나의 지표가 되기 때문이다. 예산을 많이 가진 조직은 예산 사용에 따른 권력이 증가하는 것도 있지만 그만큼 규모도 커지는 것이다. 그래서 예산극대화는 규모증가를 가져오고 동시에 권력의 증가도 가져오는 것이다. 효용으로써 권력 증가의 정도를 보여주는 것이 [그림 3-1]이다.

그래프를 보면 최적 산출물이 될 때는 총편익(Total Benefit:

그림 3-1 예산극대화 현상

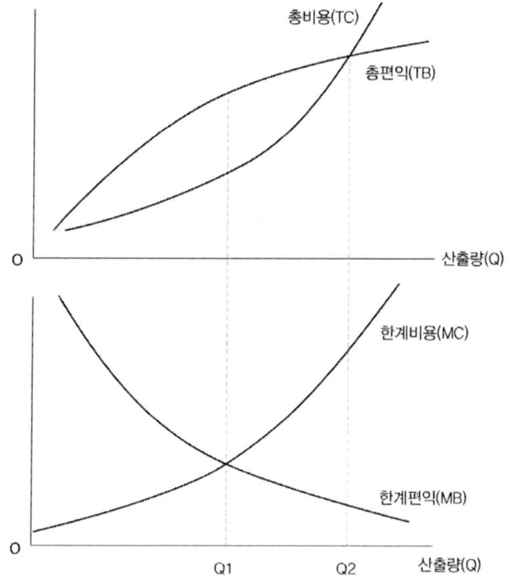

TB)과 총비용(Total Cost: TC)의 차이가 가장 큰 지점(Q1)에서이다. 2개의 그래프 중에서 위에 있는 그래프에 해당된다. 총편익과 총비용의 차이가 가장 커야 가장 많은 이익이 생기게 되는 것은 당연하다. 그 차이만큼 이익이 되기 때문이다. 그래서 바로 이 지점의 산출량인 Q1이 최적의 산출량이 된다.

[그림 3-1]의 아래 그래프는 이와 같은 내용을 한계편익(Marginal Benefit: MB)과 한계비용(Marginal Cost: MC)으로 나타낸 것이다. 일반적으로 최적의 공급 수준은 이 둘이 만나는 지점

이다. 한 단위가 추가적으로 생산될 때, 추가적으로 드는 편익과 추가적으로 드는 비용이 일치하는 점이 가장 효율적인 생산이 된다. 그 지점을 넘어서게 되면 추가적으로 드는 비용이 추가적으로 드는 편익보다 더 많기 때문에 최적 상태의 효율적 산출량이 되지 못한다. 물론 한계편익과 한계비용이 일치되기 이전의 지점도 최적 상태의 효율적 산출량이 되지 못한다. 효율성을 더 개선할 수 있는 여지가 존재하기 때문이다. 따라서 최적 산출량 Q1는 한계편익과 한계비용이 만나는 지점이고, 이는 총편익과 총비용의 차이가 가장 큰 곳에서의 최적 산출량과도 같은 지점이다. 두 그래프는 같은 결과를 보여준다.[3)]

그런데, 자신들의 효용을 추구하는 관료들은 한계편익과 한계비용이 일치하는 지점에서 멈추지 않고 예산을 더 증대시키기 위해 산출량을 더 늘리려고 한다. 예산을 통한 규모 확대를 꾀하는 것인데, 이는 그렇게 함으로써 예산이 주는 권력이 증가하기 때문이다. 그래서 한계편익과 한계비용이 일치하는 지점을 넘어선 지점까지 산출물을 만들려고 한다. 그렇게 해야 최대치의 예산을 확보할 수 있기 때문이다. 그들은 총편익과 총비용이 일치하는 지점(Q2)까지 산출물을 늘려서 그에 따른 예산극대화를 이루려고 한다. 이것이 가능한 이유는 총편익과

3) 김민주(2019). 「공공관리학」, 박영사, p.34.

총비용이 일치하는 지점의 산출량인 Q2까지는 손해 즉, 적자가 아니기 때문이다. 단지 추가적인 생산에 따른 추가적인 편익이 추가적인 비용보다 적을 뿐이지 적자는 아니다. 이 지점을 넘어서면 적자가 된다. 공공서비스를 제공할 때 총편익보다 총비용이 초과되지만 않으면 된다는 이런 생각으로 최적의 효율적인 자원배분이 아니라, 단지 적자가 아닌 자원배분을 하게 되는 것이다. 결국 Q1과 Q2 간 차이는 비효율적 산출량이라고 볼 수 있다.4)

바로 이 차이가 관료들이 권력 증가를 위해 규모를 더 늘린 정도가 된다. 최적의 산출량만으로 효율성을 높이려고 한다면 이 차이는 불필요하다. 하지만 자신들의 효용 중 하나로써 권력을 더 많이 소유하기 위해 예산을 통한 규모를 늘리는 것이다. 적어도 적자는 아니기 때문에 잘 눈에 띄지도 않아서 이런 행태에 대한 유인은 비교적 크다.5)

---

4) 김민주(2019). 「공공관리학」, 박영사, p.34.

5) 사실 관료들은 예산을 극대화하기에 유리한 위치에 있다. 예산편성의 권한을 지닌 그들은 예산을 직접 사용하는 집행기관에 속해있다. 그래서 관료는 예산안을 심의하는 국회의원들보다 예산 사용의 필요성 주장에 대한 뒷받침의 근거를 더 많이 알고 있다. 그것을 이용해서 예산이 필요한 이유를 구체적으로 말하면서 예산 증액을 적극적으로 요구할 수 있다. 그리고 관료들은 정치인들이 공약으로 내세운 정책을 활용해서 그것을 기회로 삼아 예산극대화를 추구하기도 한다. 실제로 관료들은 의회와의 관계를 염두에 두고 자신들의 효용을 극대화시키는 예산 증액을 위한 노력을 한다. 이는 관료

권력과 규모의 관계는 사람의 숫자를 늘리는 행위(인원 증가)에서도 알 수 있다. 파킨슨의 법칙(Parkinson's Law)은 그와 관련된 설명을 해주는 대표적인 이론이다. 우리가 흔히 생각할 때 어떤 조직에서 직원들의 숫자가 증가하는 것은 조직이 담당해야 할 일이 많기 때문이라고 생각한다. 그런데 파킨슨의 법칙에서는 그렇지 않다고 설명한다. 해야 될 일이 많아서 직원 숫자가 늘어나는 것이 아니라는 것이다. "직원 수와 업무량은 아무 관련이 없다"는 것이 핵심 주장이다. 직원 수는 업무량이 늘어나건 줄어들건 아니면 아예 없어지건 상관없다는 것으로, 오히려 업무량과는 다른 요인에 의해 직원의 수가 증가하게 된다는 내용이다.

크게 두 가지 요인이 직원 증가를 이끈다고 본다. 하나는, 관리자는 부하직원을 늘리려 하는 반면에 경쟁자가 늘어나는 것은 바라지 않는다는 점이다. 또 다른 하나는, 관리자는 서로를 위해 일을 만들어내는 경향이 있다는 점이다. 여기서 첫 번째가 바로 권력 향상에 대한 동기가 된다. 예를 들면 다음과 같다.

직원 A는 많은 일을 처리하고 있다. 많은 일이라고 해서 정말 그 일이 가중한 업무 부담인지는 여기서 중요하지 않다. 어쨌든 A가 많은 일로 인한 어려움에서 벗어나기 위해 선택하는

의 예산극대화 행동에 기회인 동시에 하나의 제약이기도 하다. 김민주(2019). 「공공관리학」, 박영사, pp.32-33.

방법 중 하나는 부하직원을 두는 방법이다. 힘들어서 퇴직할 수도 있고 동료인 B에게 협조를 구할 수도 있지만, 사표는 연금을 받을 생각을 하면 선택하기 어렵고 B에게 협조를 구하게 되면 상관이 퇴직해서 생기는 승진 자리가 났을 때 B는 자신과 같은 처지에 놓이게 되는 경쟁자가 되기 때문에 불편하다. 그래서 부하직원을 두는 방법을 선택하게 되는데, 이때도 1명의 부하직원이 아니라 2명의 부하직원 C와 D를 둔다. 그렇게 하면 1명을 부하직원으로 둘 때보다는 자신의 지위가 더 확고해지고, 또 업무 분담이 2명에게 이루어지기 때문에 두 가지 업무를 모두 잘 알고 있는 유일한 사람이 된다는 지위도 얻게 된다. 만약 C만을 고용하게 되면 A는 C하고만 업무를 분담하게 되므로 사실상 C는 동료이자 잠재적인 경쟁자인 B와 비슷한 상대가 되고 만다. 그렇기 때문에 2명의 부하직원을 두어서 서로 간 견제를 하게 함으로써 자신보다 낮은 서열체계에 확실히 위치하도록 한다. 그래서 A는 2명의 부하를 두게 되는데, 이제는 C가 업무가 많다고 일의 분담을 요구하게 된다. A는 C의 업무를 보조할 사람을 다시 2명을 두도록 허락한다. C는 애초에 A가 가졌던 생각과 동일하게 2명의 부하직원 E와 F를 둔다. C는 D와 불화가 생기는 것을 막기 위해 D에게도 자신처럼 2명의 부하직원 G와 H를 고용하라고 한다. 결국 A의 부하직원은 C, D, E, F, G, H로 늘어나게 되고, 많은 부하직원을 둔 A의 승진은 수월해진다. 애초에 A가 혼자 하던 일을 이제는 7명이 하게 된 것이다.[6] 관리자는 부하직원을 늘리려 하는 반면에 경쟁자가 늘어나는 것은 바라지 않는다는 첫 번째 요인은 바로 이런 과정에 따라 나타나게 된다. 부하직원이 많다는 것은 그만큼 지휘통제를 할 수 있는 대상이 많다는 것으로 권력 증가와 직결된다.

여기에 더해 두 번째 요인인 관리자가 서로를 위해 일거리를 만들어내는 상황도 생긴다. 사람이 있는 만큼 그 사람이 하는 일도 만들어내는 것이다. 그런 가운데 A는 부하직원이 생겼다고 여유를 부리고 있지만은 않는다. 7명은 서로를 위해 해야 할 일거리를 만들어내서 모두가 충분한 업무를 맡게 되므로 그것을 총괄적으로 확인하는 A는 더 열심히 일을 할지도 모른다. A의 일은 부하들의 일들을 확인하고 결재하는 등의 업무로 채워진다. 사실, A가 혼자 했을 때의 일의 결과와 똑같은 결과가 이제는 훨씬 더 많은 사람(7명)의 손과 더 많은 시간을 거쳐서 만들어지게 되는 것이다. 그 누구도 빈둥거리는 사람은 없다. 하루면 끝낼 일을 일주일이 걸릴 수도 있게 된 것이다. 파킨슨의 말처럼 일은 그것을 처리하는 데 쓸 수 있는 시간만큼 늘어나기 마련이다.[7] 부하직원의 수는 물론 시간적 차원

6) 김민주(2019). 「공공관리학」, 박영사, p.39. ; 시릴 노스코트 파킨슨(2010). 김광웅 옮김, 「파킨슨의 법칙」, 21세기북스, pp.26-27.

7) 김민주(2019). 「공공관리학」, 박영사, p39. ; 시릴 노스코트 파킨슨(2010). 김광웅 옮김, 「파킨슨의 법칙」, 21세기북스, pp.28-29.

에서도 통제 범위가 넓어진 A의 영향력은 확실히 높아진다. 이처럼 관리자는 자신의 부하직원을 늘리는 형태로, 그리고 그 부하직원 역시 자신의 부하직원을 늘리게 되어 애초에 관리자는 더 증가된 부하직원을 두게 됨으로써 영향력이 더 높아진다. 직원 수 증가는 규모와 관련된 것이며, 이는 곧 권력의 증가와 관련되는 것이다.

권력과 직접적인 규모를 설명하는 것은 아니지만 코즈의 정리(Coase theorem)는 비용절감 측면에서 규모 확대를 설명하고 있다. 그리고 규모 확대는 다양한 자산 증대로 이어져 권력의 향상으로 이어질 수 있다는 점을 예상하게 해준다. 구체적으로, 코즈(Ronald H. Coase)가 말하는 거래비용이론(transaction cost theory)의 경우 비용절감을 위해 규모를 키우게 된다고 설명한다.[8] 코즈는 비용절감차원에서 규모를 확대하는 것은, 개인보다는 큰 규모를 지닌 기업과 같은 조직이 만들어지는 이유라고도 설명한다. 예를 들어 법률 문제를 외부 법률 회사를 통해 해결하기보다는 조직 내에 법무팀을 만들어 놓으면 외부 법률회사를 접촉할 때마다 지불되는 직접 비용이나 기회비용 등을 줄일 수 있다. 제품 디자인을 계속 외부에 맡기면서 드는 비용도 마찬가지다. 직접 비용이나 기회비용 이외에도 의사소통의 문제 등으로 인한 비용이 발생된다. 그래서 이런 비용을

---

8) Ronald H. Coase(1937). The nature of the firm, *Economica*, 4(November): 386-405.

줄이기 위해 디자인 부서를 조직 내에 만드는 것이다. 아니면 기존에 있던 작은 업체를 인수해버리면 된다. 일일이 계약해야 하고 계약 이행을 감독해야 하고 간혹 계약 이행자와 문제가 생기면 그것을 해결하는 것 또한 비용이 들기 때문에 하나의 조직 내로 흡수하는 것이다. 기업 조직이란 이렇게 만들어지게 되고 그것은 곧 규모 확대로 이어진다. 그에 따라 결과적으로 효율성을 높이기 위해 규모가 커지게 되고 커진 규모로 인해 권력이 증가될 가능성도 높아진다. 한 명의 개인보다는 기업과 같은 조직 차원에서 생기는 이러한 권력 즉, 타자를 통한 자신의 자아 연속성을 위한 영향력은 더 커지는 것이다. 무엇보다도 연속성 확보를 위한 인적 · 물적 자원이 많이 확보되어 있기 때문에 규모에 따른 권력은 더 커지게 된다.

이와 반대로 오히려 규모를 작게 만들어서 권력을 더 높이는 현상을 설명하는 이론도 존재한다. 던리비(Patrick Dunleavy)의 관청형성(bureau- shaping) 이론이 그것이다. 이는 앞서 살펴본 니스카넨(William Niskanen)의 예산극대화 현상과는 다소 다른 시각으로 설명을 이어가는 이론이다. 한마디로 말해 던리비가 볼 때 관료는 자신들의 이익추구를 위해 항상 예산극대화만을 추구하지는 않는다는 주장이다.[9] 특히 고위직과 하위

---

9) Dunleavy, Patrick(1991). *Democracy, Bureaucracy and Public Choice: Economic Explanation in Political Science*, London: Prentice Hall ; Dunleavy, Patrick(1985). Bureaucrats, Budgets and the

직 간의 효용 극대화의 동기가 다르다고 본다. 하위직의 경우 권력이나 위신보다는 예산확대 등이 강한 동기가 될 수 있지만, 고위직은 예산확대보다는 지위나 위신이나 영향력이나 업무의 중요성 등을 통해 자신의 효용을 더 높이려 한다는 것이다. 한마디로 말하면, 고위직 입장에서는 얼마나 핵심적이고 중요한 일을 맡고 있는가가 권력에 영향을 주는 것이지 규모가 크다고 해서 마냥 권력이 큰 것은 아니라는 말이다. 그래서 고위직 관료들은 예산과 인원의 규모를 늘려서 이익을 추구하려고 하는 것이 아니라 규모를 줄이더라도 관청의 형태를 자신의 선호에 맞도록 형성(bureau-shaping)해서 이익을 추구하려고 한다.[10]

관청, 즉 기관의 형태 중 자신의 효용을 극대화시키는 방향은 대체로 예산은 적더라도 핵심 권력에 가까우면서 영향력이 큰 기관(중앙에 위치한 소규모 핵심권력기관)이 되도록 하는 것이다. 다시 말해, 단순하고 반복적이고 일상적이고 번잡한 업무는 별도의 조직으로 이관시키고 자신의 기관은 핵심적인 기능으로 영향력과 권력이 큰 기관으로 만드는 것이다. 그래서 단순 반복적인 기능을 하면서 많은 예산을 가지는 것에 대해 고위직의 위치에서는 그렇게 선호되지 않는다는 것이다. 이는

Growth of the State: Reconstructing an Instrumental Model, *British Journal of Political Science*, 15: 299-328.

10) 김민주(2019). 「공공관리학」, 박영사, p.36.

규모의 축소가 된다. 핵심적인 권력을 낳는 기능만을 유지하고 그렇지 않은 기능은 모두 분산시켜 버리기 때문이다. 이를 위한 방법에는, 내부 조직개편을 통해 정책결정기능과 수준을 강화하되 일상적인 업무는 분리하고 이전시키는 것, 내부적인 업무실행의 변화를 통해서 정교한 관리체계와 정책분석을 하는 전문직 중심의 참모형 기관이 되는 것(자동화 등으로 단순 업무는 최소화), 외부 파트너(하위 공공기관, 계약자, 피규제자, 이익집단 등)와 관계를 조합주의적 관계로 전환하여 정책적인 통제를 높이는 대신 일상적인 업무는 줄이는 것, 비슷한 지위의 다른 기관과 경쟁하여 보다 유리한 기관형태(재량권 확대와 영향력 확대 등)로 전환하며 그 과정에서 번거로운 일은 다른 조직으로 이관시키는 것, 민영화나 계약 등을 통해서 단순 반복적이고 일상적이고 번잡한 일들은 하위정부나 준정부기관으로 이전시키는 것 등이 해당한다. 고위직은 자신들의 효용으로써 권력을 위해 결코 대규모를 선호하는 것은 아니라는 설명이다.[11]

지금까지 살펴본 규모와 권력의 관계를 다양한 측면에서 설명해주는 이론을 보면, 예산극대화이론과 파킨슨의 법칙 그리고 코즈의 정리는 권력과 규모의 관계가 같은 방향임을 알 수 있다. 이를 자치에 대입해 보면, 규모가 크다고 가정되는 중앙

---

11) 김민주(2019). 「공공관리학」, 박영사, p.36.

이 더 큰 권력을 가지고 있어서 지방으로 분산하면 그만큼 권력은 작아질 것이라고 본다. 하지만 이 내용은 다른 한편으로 생각해보면, 규모가 작다고 가정된 지방 입장에서는 이제 권력이 더 커지는 계기가 될 수도 있다는 예상도 가능하다. 물론 지방의 경우 애초에 워낙 규모가 작아서 중앙과 비교할 때 그 권력도 적게 소유한 것으로 볼 수 있으므로 권력을 더 받는다고 해서 얼마나 권력이 커질 것인가에 대한 의문이 있을 수도 있지만, 지방의 권력이 미치는 영역을 해당 지방에 한정해서 보면 더 추가된 권력의 영향은 결코 적지 않을 수도 있다.

관청형성 이론은 그 반대이다. 오히려 규모를 작게 하는 것이 더 큰 권력을 가지기 위한 목적일 수 있다. 그렇다면 자치를 통해 지방으로 권한 등을 분산한 중앙이 정말 권력이 줄어든 것이라고 할 수 있을까? 그리고 관청형성 이론에 따르면 어쩌면 지방 역시 애초에 작은 규모로 존재하면서 무조건 권력이 약하다고만 할 수도 없다. 자치를 통해 분산된 권한을 더 받더라도 기존의 작은 규모에서 유지되는 권력에 도움이 되는 것만을 받으려 한다면 오히려 더 권력이 강해지는 것이 아닐까?

권력과 규모 그리고 자치를 함께 고려해 볼 필요가 있는 이유가 바로 여기에 있다. 자치가 권력 친화적 속성을 지니고 있고, 또 자치에 대한 논의에서도 규모가 언급되고, 그리고 권력도 규모에 따라 설명이 가능하다면 결국 규모와 권력과 자치에 대해서도 이처럼 함께 고려할 수 있다. 우리가 자치와 권력을 논의할 때, 관련되는 규모를 함께 고려하면 이 역시 보지 못한 부분(특히 보이지 않는 권력)을 더 잘 볼 수 있게 하는 데 도움이 된다. 이에 대한 논의는 4장에서 확인할 수 있다.

4. 권력의 역전과 자치

권력이 역전될 수는 없는 것일까? 에고의 자아 연속성을 타자를 통해 지속시키는 권력이 역전된다는 것은, 에고와 타자 간 형성된 권력관계에서 에고의 자아 연속성이 아니라 오히려 타자의 자아 연속성이 추구되어 나타나는 경우를 말한다. 권력관계의 종착지는 에고가 원하고 기대하는 바대로 그의 자아 연속성이 최종적으로 타자를 통해 구현되는 것이다. 그런데 에고와 타자 간 권력관계에서 타자가 에고의 자아 연속성을 구현하기로 기대되었지만, 여러 이유로 인해 결과적으로는 오히려 타자 본인의 자아가 더 반영된 결과가 생기는 경우가 있다. 권력관계가 형성은 되었지만 실제 작동되어 구현된 결과는 권력관계에서 기대하는 바와는 정반대의 모습이 나타나는 것이 바로 권력의 역전이다. 겉으로는 에고가 타자를 통해 자아의 연속성을 구현하는 것으로 보이는 모습을 띠지만, 실제로는 타자의 의도가 반영된 에고의 자아 연속성이 나타나는 모습일 수 있다는 것이다. 설사 에고의 자아 연속성을 구현하는 것처럼 보여도, 엄밀히 말하면 타자의 자아 연속성이 구현되는 것이기 때문에 표면적으로 형성된 권력관계와는 다른 결과이다.1)

권력의 역전은 표면적으로 나타나기보다는 주로 이면적으로 나타난다. 에고와 타자의 위치가 표면적으로 바뀌어서 존재하는 것이 아니라, 권력관계가 정상적으로 형성되어 있지만 실질적으로는 타자의 선호가 반영된 자아 연속성이 추구되는 것이다. 겉으로만 에고의 자아 연속성을 구현하는 것처럼 보여질 뿐이다. 표면적으로 에고와 타자가 바뀌어 있다면, 그것은 역전이 아니라 바뀐 에고와 타자 간의 권력관계가 되는 것이다. 하지만 권력의 역전은 기존의 권력관계는 그대로 유지되지만 타자의 연속성이 더 구현되는 것을 말하는 것이다. 에고가 타자를 통해 자아 연속성을 구현한다는 기본 구조는 그대로 두기 때문에, 타자는 스스로를 통해 에고의 자아 연속성의 가면을 쓰고 타자 본인의 자아 연속성을 구현하는 것이다.

이런 모습은 겉으로 잘 보이지 않아서 그렇지, 현실에서는 많이 존재한다. 예산을 지원할 때, 예산을 지원하는 사람은 일

---

1) 김민주(2017). 예산배분 권력의 역전, 「인문사회과학연구」, 18(3): 143-181, pp.161-162.

종의 권력행사자가 되고 예산을 지원받는 사람은 권력대상자가 되어 권력행사자 입장에서는 원하는 방향으로 예산이 사용되어 효과가 생기기를 바란다. 예산 지원을 받는 사람을 통해 예산을 지원하는 사람의 자아 연속성이 확보되기를 기대하는 것이다. 주로 예산 사용의 가이드라인을 통해서나 예산의 효율성과 효과성 등을 강조하는 재정관련 규범을 통해 예산을 지원하는 이의 자아 연속성이 확보되도록 한다. 하지만 이때의 자아 연속성이 언제나 확보되는 것은 아니다. 다시 말해, 예산을 배분해주는 사람은 예산배분을 받는 사람이 예산 사용으로 자신의 자아 연속성이 이어지기를 바라지만 이때 오히려 예산배분을 받는 사람의 입장이 강하게 반영될 수 있다. 예산배분을 받는 사람의 자아 연속성을 드러내는 예산 사용이 되는 것이다.

권력이 역전되는 것은 에고와 타자 모두에게 이익이 되는 경우이거나, 타자가 합리적 선택을 한 경우에 발생할 수 있다. 우선, 애초에 타자의 입장(타자의 자아 연속성 구현)을 수용한 전제 하에서 에고가 권력관계를 맺기로 했을 수 있다. 예를 들면, 에고가 자신의 일을 유지하거나 존재감을 지속시키기 위해 타자와의 권력 관계 형성이 필요하지만 정작 타자는 에고와 권력관계를 맺을 별다른 유인이 없을 때이다. 에고와 타자 간 권력관계는 서로에게 의존성이 강하거나 해당 권력관계가 의미를 지니고 있을 때이다. 그런데 타자가 굳이 특정한 에고에게 의존할 필요가 없고 또 그 에고와의 권력관계에서 별다른 유의미성이 없다면 권력관계를 유지하지 않으려 할 것이다. 이때 문제는 에고는 타자와의 권력관계가 반드시 필요하다는 점이다.

쉬운 예를 들면 이렇다. 원조공여기관은 원조수혜국에게 원조를 제공하는 즉, 특히 무상원조의 경우 원조수혜국에게 인도적 차원의 원조를 해주는 것이 원조공여기관의 '일'이다. 원조수혜국에게 원조를 해줄 일이 없어지면 사실 원조공여기관의 존재 자체는 필요 없다. 이때 각국의 원조공여기관으로부터 원조를 많이 받는 원조수혜국이 있다고 하자. 원조공여기관은 원조를 해줄 때 해당 원조로 인해 어느 정도 효과가 생겨야 자국민들로부터 해외 원조 활동에 대한 정당성을 확보할 수 있다. 그래야 한 번도 본 적이 없는 외국의 국민들에게 자국민이 납부한 세금을 지원한다는 것의 명분이 선다. 일종의 정당성이 있어야 하고, 그것은 그나마 원조를 해줬다면 그에 대한 효과로 확인된다. 그러다 보니 원조공여기관은 많은 원조수혜국 중에서도 비교적 원조효과를 잘 낼 수 있는 원조수혜국에게 원조를 해주려고 한다. 원조공여기관이 제시하는 여러 조건 이행(절차 이행과 규정 준수 등)을 전제로 원조효과를 약속하며 원조수혜국에게 원조를 하게 되는데, 이 관계는 일종의 권력관계다. 원조공여기관이 에고가 되고 그의 자아 연속성은 원조에 따른 조건이행과 효과가 실제 원조수혜국에서 나타나는 것이다. 그래서 원조공여기관은 원조수혜기관을 통해 자아 연속성인 원조효과를 낳게 하려고 한다. 이는 곧 권력관계가 된다. 바로 이 점에서 원조효과를 잘 발생시키는 원조수혜국은 소위 말하는 인기가 높아진다. 원조효과를 잘 발생시키는 원조수혜국이란 나름대로의 투명한 절차와 규정을 통한 시스템 구축이 잘 이루어진 곳이다. 그래서 각국의 원조공여기관은 그들의 '일'을 유지하기 위해 정당성 확보 차원에서 원하는 효과가 잘 발생되는 원조수혜국에게 원조를 제공하려고 한다.

그런데 효과가 잘 발생되는 원조수혜기관은 여러 곳으로부터 원조수혜 자금이 몰려오다 보니 이제는 고르게 된다. 모두 다 받아주기에는 이행해야 할 절차와 규정이 만만찮기 때문에 자신들에게 자금을 줘도 될 원조공여기관을 선택하는 모습이 나타난다. 원조공여기관 입장에서는 어쨌든 자신들의 일인 원조공여를 계속해야 하므로 원조효과를 잘 발생시키는 원조수혜국에게 원조를 하려고 한다. 이 과정에서 바로 권력의 역전이 일어난다. 원조공여기관이 에고이지만 에고로서 선택되기 위해서는 타자인 원조수혜국의 입장을 받아들일 가능성이 높다. 그 입장이란 원조수혜국의 자아 연속성이 우선되어 실현되고 지속되는 것을 말한다. 권력관계라면 원조공여기관의 자아 연속성인 원조효과 등이 원조수혜국에게 나타나야 하는데, 겉으로는 그렇게 보여도 실제로는 원조수혜기관이 원하는 즉 그들의 자아 연속성이 나타나게 되는 것이다. 원조공여기관은 할당된 원조예산을 '사용해야만' 하는 입장이면서 동시에 회계연도의 제약 때문에 더욱더 원조수혜국의 입장을 반영해서 원조를 하게 된다. 회계연도 내에 사용되지 않는 예산은 자칫 과다책정한 예산이라는 비난을 받기 때문에 차년도 예산 편성에서 그만큼 덜 편성될 우려가 있다. 니스카넨의 예산극대화 이론처럼 예산은 일종의 권력이기도 해서 원조공여기관은 예산이 삭감되는 것을 가급적이면 피하려고 한다.2) 그러면 방법은 한 가지다. 원조수혜국의 입장을 반영시켜주는 조건으로 예산을 사용하는 것이다. 형식적으로는 예산을 주지만 받는 이가 더 유리한 상황에 놓이게 되는 것이다.

이는 비단 원조예산에만 한정되는 것은 아니다. 일이 너무 많아서 힘들다고 하는 어떤 정부기관에게 그럼 일하지 말라고 하면 어떨까? 일이 없어진다고 좋아할까? 전혀 그렇지 않다. 일이 없으면 해당 기관의 존재의 필요성이 없어지기 때문에 절대 그것을 원하지 않는다. 일을 더 만들어 내려고 한다. 평가하는 업무를 맡은 기관이 일회성 평가가 아니라 주기적인 평가를 별도로 만들고, 또 유사한 평가 업무를 만들기도 하고, 전에는 없던 완전히 새로운 평가를 만드는 것은 모두 자신들의 일을 통해 존재감을 드러내기 위해서다. 유사한 일을 하는 기관은 서로 그 유사한 일의 주무기관이 되기 위해 경쟁을 하기

---

2) 김민주(2017). 예산배분 권력의 역전, 「인문사회과학연구」, 18(3): 143-181, pp.166-170.

도 한다. 실제 어떤 기관에서 상대방의 유사한 업무를 자신들의 일로 만들려고 경쟁한 사례도 있다.[3] 따라서 권력관계에서 역전이 생기는 것은 권력행사자가 권력대상자와 맺는 관계가 자신들의 존재 이유가 될 때, 특히 권력행사자에게 권력대상자가 반드시 필요할 때 권력대상자의 입장이 반영된 권력의 역전이 발생되는 것이다.

권력의 역전은 타자의 합리적 선택에 따른 결과로도 설명된다. 예산배분에 따라 형성된 권력관계의 예를 들어 보자. 갑과 을이 있을 때, 갑이 을에게 예산을 지원해주면 이 둘은 일종의 권력관계를 맺게 된다. 갑은 자신이 지원해주는 예산이 을을 통해 효율적이고 효과적으로 사용되기를 바란다. 일종의 갑이

---

3) 표면적으로 드러나서 공식화된 다툼이 되어 이슈화된 사례는 아니지만, 실제 다음과 같은 예가 존재한다. 정부의 두 기관 A와 B가 있다. 두 기관은 모두 중앙정부 소속의 기관이다. A기관은 중앙정부 부처를 대상으로 평가를 비롯한 특정 업무를 담당하는 기관이고, B기관은 지방자치단체를 대상으로 역시 평가를 비롯한 특정 업무를 담당하는 기관이다. 중앙정부를 대상으로 하느냐 아니면 지방자치단체를 대상으로 하느냐의 차이일 뿐 담당하는 업무는 동일하다. 그런데 A기관이 B기관의 업무 중 지방자치단체 대상의 특정 업무를 자신들이 담당하려는 계획을 구상하고 있었다. 그 특정 업무는 평가에 관한 것이었다. A기관은 담당하는 평가 업무를 늘리는 영역 확장을 통해 기관의 존재 가치를 높이고 확대 발전을 위한 의도를 지니고 있었다. 여기에 대해 B기관은 당연히 강력하게 반발하였다. 이 사례는 저자의 다른 연구과정에서 실시한 인터뷰에서 A기관에 속한 직원이 들려준 내용이다.

라는 에고의 자아 연속성이 을을 통해 지속되도록 하는 것이다. 갑은 보다 구체적으로 지원하는 예산이 사용될 곳도 정해서 을이 그것을 따르도록 요구하기도 한다. [그림 3-2]는 이 상황에서 나타나는 권력의 역전을 보여주는 것으로, 경제학의 기본 가정이 적용된 을의 예산제약선과 무차별 곡선이 함께 표시되어 있다. 이 그림을 통해 권력의 역전을 설명하면 다음과 같다.

을이 현재 사용할 수 있는 예산의 제약선은 B′B이다. 이때 예산을 사용할 수 있는 용도는 터널공사(G_1)와 공공도서관 건립(G_2)뿐이라고 하자. 이 상황에서 을은 B′B와 무차별곡선 U_1이 만나는 점인 A에서 예산을 배분하게 된다. 그런데 갑으로부터 예산을 F만큼 지원 받았다고 하자. 그리고 지원받은 예산을 사용할 수 있는 용도는 공공도서관 건립에만 사용하도록 했다고 하자. 갑의 지원으로 인해 이제 을의 예산제약선은 B′C′C가 된다.[4] 이때 균형점은 수혜국의 무차별곡선인 U_3와 만나는 E가 된다. 그런데, 갑은 을에게 지원한 예산 F가 공공도서관 건립에만 사용하도록 했기 때문에, 예산 사용은 애초의 균형점인 A에서 F만큼 증가한 D점(공공도서관 건립에만 영향)

4) 여기서 B′C′가 수평선으로 표현된 것은 지원 받은 예산은 공공도서관건립(G_2)에 사용해야 한다는 점 때문이다. 지원으로 인해 증가된 예산만큼은 공공도서관건립에 사용되어야 한다는 점이 고려된 것이다.

그림 3-2 예산제약과 무차별곡선[5)]

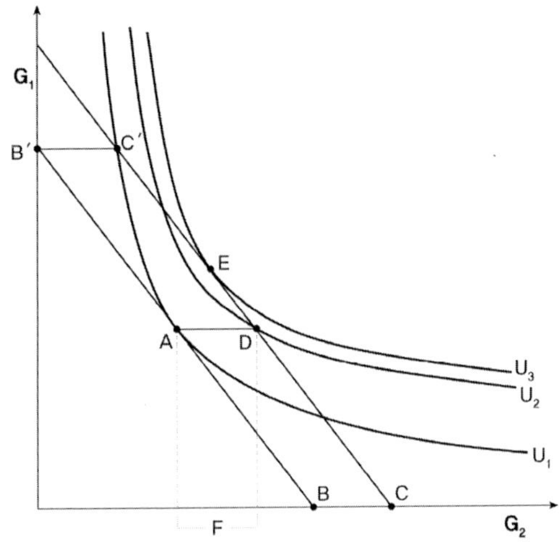

에서 이루어져야 하고 이때 D와 만나는 무차별 곡선은 U_2가 된다. 하지만 을 입장에서는 D와 U_2가 만나는 상태는 현재의 예산제약 상황(B′C′C)에서는 균형점을 이루지 못한 상태라서 지원받은 예산의 효율성을 높이기 위해 U_3가 만나는 균형점인 E로 옮기려고 한다. 바로 여기서 을은 갑의 선호나 의지인 공공도서관건립에만 예산을 사용하지 않고 일부는 터널공사

5) [그림 3-2]는 Devarajan & Swaroop의 연구에 실린 그림을 일부 재구성한 것이다. Devarajan, Shanta & Vinaya Swaroop(1998). *The Implications of Foreign Aid Fungibility for Development Assistance*, Policy Research Working Paper, World Bank, p.3.

(G_1)에 사용하게 되는 현상이 생긴다. E에서는 예산을 지원받기 전보다는 증가된 예산이 공공도서관건립에 사용되는 것이기는 하나, 동시에 갑이 지원한 목적과는 다른 터널공사에도 예산이 사용되는 것이다. 이는 을이 지원받은 예산이 효율적 자원배분이 되는 방법이다. 그 때문에 오히려 을의 기회주의적인 행태가 부추겨질 수 있다.[6] 을의 기회주의적인 태도란 갑이 에고로서 자신의 의도인 자아 연속성이 을을 통해 나타나기를 바라지만, 자원의 효율적 배분관점에서 볼 때는 오히려 을이 자신의 의도에 맞게 예산을 사용하며 자신의 자아 연속성을 나타내는 것이 더 합리적이게 된다. 이는 결국 갑이 을을 통해 전적으로 자아를 지속시키지는 못하는 모습이다. 을이 지원받은 예산을 터널공사에 사용함으로써 스스로의 자아를 구현하고 있기 때문이다. 이처럼 갑과 을 간의 권력 역전 현상은 을 입장에서는 효율적인 자원배분을 하는 과정에서 나타나기도 하는 것이다.[7]

권력의 역전은 권력이 존재하는 어디에서나 나타날 수 있다. 구체적인 사례나 상황은 다를 수 있지만, 애초에 상정된 에고의 자아 연속성 대신 타자의 자아 연속성이 나타나는 모습은

---

6) Gupta, Sanjeev et al.(2003). *Foreign Aid and Revenue Response: Does the Composition of Aid Matter?*, IMF Working Paper.

7) 김민주(2017). 예산배분 권력의 역전, 「인문사회과학연구」, 18(3): 143-181, pp.170-171.

비록 겉과 다르고 또 잘 보이지 않지만 우리 곳곳에서 존재하고 있다. 자치 역시 권력이 작동되는 것이라면 권력의 역전이 나타날 수 있다. 특히 자치를 위한 여러 조치나 자치를 행하는 과정에서 에고와 타자 간 관계는 표면적인 것과는 다른 행태가 나타날 수 있다.

CHAPTER

4

자치 뒤에 숨은 보이지 않는 권력

1. 작은 리바이어던
: 큰 리바이어던에 가려져 있던 보이지 않는 권력

⋮ 큰 리바이어던의 명분 약화

중앙의 과도한 집중은 자치를 위한 명분으로 종종 사용된다. 과도한 중앙 중심의 국가 운영은 지역 현장의 몰이해를 가져오기 때문이다. 단순히 생각해 보면, 어떤 지점에 있는 대상을 먼 곳에서 바라볼 때보다는 가까운 곳에서 볼 때 더 잘 보인다. 가까이 볼 때 그 대상이 어떤 현실에 놓여 있는지 잘 알게 된다. 먼 곳의 친척보다 가까운 이웃사촌이 더 낫다는 말도 이웃사촌이 내 실정을 더 잘 알기 때문이고, 혹시 도움이 필요할 때도 옆에서 곧바로 내게 도움을 줄 수 있어서 더 낫다는 것이다. 그래서 우리는 먼 곳에 있어서 내 일상의 문제를 잘 모르는 존재보다는 근거리에서 내 일상의 문제를 해결해 주는 존재를 바란다. 우리 문제를 해결해주는 장치가 중앙에만 몰려 있다면 그것은 바람직하지 않다는 의견이 충분히 설득력을 지니게 된다. 그래서 우리 문제를 우리 스스로 다스려보자는 자치가 중앙의 과도한 집중에 대한 반작용으로 자주 언급되는 것은 자연스러운 일이다.

그런데, 중앙 집중에 따른 문제가 단순히 문제해결의 수월성과 적실성 차원의 정도만 관련된 것은 아니다. 중앙의 집중은 필연적으로 권력의 집중을 함께 동반한다는 점에서 권력의 시각으로도 중앙의 집중 문제를 볼 필요가 있다. 그렇게 보면 언제까지나 권력이 중앙에만 있을 수는 없다는 점을 알 수 있다.

일반적으로 권력 작용 없이는 공공 문제해결이 원만히 이루어지지 않는다. 아니, 전혀 이루어지지 못할 수도 있다. 비단 중앙이 아니라 그 어떤 형태가 소유하고 있더라도 문제해결을 위한 여러 제도와 장치는 필연적으로 권력에 기초하고 있다. 그렇게 볼 때, 문제해결을 위한 행위(여러 장치와 제도 작동)의 근원이 한 곳에 모여 있다면 권력도 한 곳에 모여 있게 되는 것은 어쩌면 자연스러운 일이다. 바로 이 점이 문제가 되는데, 그것은 앞에서 언급한대로 지역의 실정을 잘 모르는 중앙이 모든 문제를 잘 해결할 수 있는 것이 아니기도 하지만, 권력의 속성에 비추어 볼 때 가장 큰 문제는 집중된 권력의 남용과 오용의 우려다. 권력이 한 곳에 집중되어 있으면 권력을 바라고 추구하는 이는 모두 그곳만을 바라본다. 사회적 장치가 힘을 더욱 가지게 되는 것은 그 장치에 대한 축성(祝聖)이 이루어질 때이다. 어떤 대상에 대한 축성은 가시적 지위가 설정되고 그에 대한 의미부여가 재생산되고 반복될수록 더 강해진다. 강해진 축성은 그 대상에게 힘을 축적하게 해준다. 특히 의미 기반의 무형의 힘이 더 강해진다. 그래서 권력의 대상에게 가해지는 축성도 심해지면 무소불위의 권력이 될 수도 있다. 중앙의 과도한 집중이 권력과 결합되면 그렇게 된다. 이는 홉스가 말한 당시의 리바이어던(Leviathan)의 모습 그대로는 아니지만, 비유적으로 표현해도 될 정도가 된다. 다시 말해, 중앙 집중은 과도한 권력 집중을 동반하기 때문에 리바이어던이 될 수 있다는 점이다. 모든 것을 할 수 있어서 자칫 지나친 행동을 할 수도 있게 되는 것이다.

우리 사회를 보면, 이미 중앙에 집중된 사고방식은 여러 곳에서 표출되고 있다. 여기서 말하는 중앙에 집중된 사고방식이란 중앙을 거대 실체로 여겨서 커다란 권력을 가진 존재로 생각하는 것을 말한다. 최장집은 한국정치의 가장 특징적인 현상으로 권력의 중앙집중화를 들며, 특히 한국의 중앙집중화는 단순한 중앙집중화가 아닌 초집중화(hyper-centralization)로 이해된다고 했다. 초집중화란 정치적 권력뿐 아니라 사회의 모든 영역에서 자원들이 지리적, 공간적으로 단일한 공간내로 집중됨을 의미한다. 그 단일한 공간은 중앙의 대표로 언제나 언급되는

서울이다.[1])

초집중화의 모습은 현대판 리바이어던과 크게 다르지 않을 가능성을 다분히 안고 있다. 실제 그 정도의 여부는 차치하고서라도, 사람들이 인식하기에 중앙에 모인 권력의 집중화는 거대한 권력실체인 것이다. 이는 경험적 사례에서도 확인된다. 그 한 예로 중앙정부가 대규모 사업을 소규모 마을을 사업대상지로 해서 추진하려고 할 때, 실제 마을주민들이 중앙정부에 대해 지니고 있는 인식을 인터뷰를 통해 소개한 연구결과가 있다. 아래에 그 내용을 보면 알겠지만, 마을주민들은 중앙정부를 마치 거대한 권력의 실체로 여기며 말하고 있다. 특히 이 연구의 사례는 중앙정부가 대규모 사업(동남권 신공항 건설 사업)을 동일한 마을을 대상으로 반복적으로 두 번 추진했다가 두 번 모두 철회한 경우다.

> "(공항 건설을)한다고 했다가 안한다고 했다가 뭐 나라가 결정해서 계속 저러니 우리가 무슨 말을 한다고 들을 것 같지고 않고 … 어떻게 국가가 하는 것을 막을 수 있겠나 하는 생각을 더 실감합니다."

---

1) 최장집(2001). 지역정치와 분권화의 문제, 「지역사회연구」, 9(1): 1-8, p.1.

"국가에서 하는 것을 못 말리지. 들어온다는 것을 주민들이 말린다고 해서 되는 것도 아니고, 하는 것(반복된 시도와 철회)을 보면 더 그런 생각이 듭니다."

"국책사업이 들어오는 것을 막을 수가 없습니다. 우리가 들어오는 거 반대한다고 해서 막아지겠습니까? 한 번하고 두 번하고 또 취소하고 … 다 국가에서 하고 싶은 대로 하는 거지, 우리 같은 주민들이 하자 말자 하는 것도 아니었고 … 저 국가를 이길 수는 없으니 … 이렇게 하는 것을 보면 우리 같이 조그마한 동네에 사는 서민들보다 국가가 힘이 더 세다는 … 국가가 하는 거 뭐라 할 수 있는 사람 없습니다."

" … 뭐 정부 이기는 사람 없고 … 정부 시책을 따를 수밖에 없는 것 아니겠습니까? …"

"국가에서 하는 일을 주민이 막을 수가 있나? 그것을 막을 사람이 어디 있노? 주민들이 말린다고 되겠나?"

"우리가 나라를 이길 수 없습니다. 나라에서 하는 일을 어떻게 이깁니까? 한 번도 아니고 두 번이나 저렇게 하는 거(두 번 시도, 철회) 보면 더 그렇다고 생각됩니다."

" … 이 동네에 사는 사람들을 육지로 나가라고 하면, 나가야지 않겠습니까? 나라에서 하는 일인데 … 국가는 국가가 하려고 하는 대로 하는 거지 우리하고 상관없어 보입니다."

"우리 같은 조그마한 촌 동네가 무슨 수로 국가를 이길 수가 있습니까?"

"국가가 뭘 하든 이 작은 동네를 대수롭게 보겠습니까?"

"위(국가)에서 하는 일에 대해 이 조그마한 섬이 무슨 수로 당할 수 있겠습니까? … 국가가 하는 커다란 일에 이 작은 동네가 무슨 고려가 되겠습니까?"[2)]

---

2) 김민주(2019). 대규모 정부사업의 반복된 철회가 마을주민에게 미친 심적 영향 분석, 「지방행정연구」, 33(4): 249-282.

지역 현장에 있는 대부분의 일반 사람들은 중앙이라는 실체를 눈으로 보기보다는 막연한 느낌으로 느끼며 생활하는 경우가 많다. 그러다보니 일반적으로 잘 보이지 않는 것은 무한한 신화(myth)를 만들어내기도 해서, 중앙은 하나의 '큰' 존재로 여겨지기도 한다. 보이지 않으면 불안하고 때로는 공포로 이어질 때도 있다. 간혹 TV 예능 프로그램에서 눈을 가리고 상자에 손을 넣어서 무엇인지 맞춰보는 게임을 할 때가 있다. 눈을 가린 당사자는 매우 두려워하는 모습을 보이는데, 그가 상자 속에서 무엇인가의 촉감을 느끼게 될 때는 극도의 공포심을 표출하기도 한다. 똑같은 대상을 두고도 눈으로 볼 수 있는 것과 그렇지 않은 것은 큰 차이를 낳는다. 낭떠러지가 있는 산길에서도 얇은 줄 하나가 쳐져 있어서 낭떠러지와 길을 구분지어 놓은 것과 그 어떤 줄도 없이 그냥 길과 낭떠러지의 구분이 없는 것은 전혀 다르다. 사람은 눈에 보이지 않으면 불안해지고 초조해지고 공포심이 생길 뿐 아니라 그에 대한 무한한 상상도 펼치게 된다. 아주 먼 옛날에 정보통신기술이 발달되지 않았을 때 일반 국민들은 국가지도자의 얼굴을 좀처럼 볼 수 없었다. 지금이야 수시로 TV나 인터넷이나 스마트폰으로 접하지만 과거에는 그렇지 못했다. 그런데 바로 그 점이 통치자들의 통치에는 도움이 되었다. 잘 보이지 않기 때문에 통치자로서 자신을 신화화하기에 더없이 좋았기 때문이다. 영웅화의 목적으로 나폴레옹의 자화상이 활용된 것(용맹하게 그려진 자화상)도 일반 사람들은 나폴레옹을 실제로 볼 기회가 거의 없었기 때문이다. 보이지 않는 것은 상상하기 마련인데 그 상상의 거리(재료)를 초상화로 만들어 준 것이다.

나폴레옹 시대를 두고 현재를 비교하며 말하고자 하는 것은 아니지만, 여전히 중앙에 집중된 권력에 대한 체감으로 인해 우리의 상상 속에서 중앙은 커다란 실체로서 인식되며 자리 잡고 있다. 이어서 언급되는 몇몇 조사결과 등에 의하지 않더라도 우리는 중앙의 집중된 권력에 대해 어렵지 않게 느끼고 또 이해할 수 있다.

몇 가지 간단히 보면, 우선 중앙의 권한을 지방으로 넘기는 것을 일종의 기득권 상실로 보는 태도이다. 이 말은 다른 말로 하면 중앙이 기득권이라는 말이다. 공무원노조 간부를 대상으로 실시한 설문조사에서 지방으로의 권한 이양이 불충분한 이유에 대해 '중앙부처의 기득권 상실에 대한 두려움'이라는 응답이 85.15%로 가장 많았다.[3)] 중앙이 기득권으로서 인식되고 있는 점은, 지방자치를 주도하는 주체가 누구인가에 대한 물음에 대해 중앙이라고 응답한 비율이 가장 높았던 또 다른 설문조사에서도 알 수 있다. 지방자치의 주도자에 대해 국가공무원이나 지방공무원이나 시민 모두 중앙정부가 주도한다는

---

3) 이명규(2019). 「지방분권에 대한 공무원노조 간부 인식 조사」, 한국노동사회연구소, p.10.

응답이 가장 높았다. 평균적으로 볼 때 70% 이상이 중앙정부 주도라고 응답한 반면 시민이 주도한다는 응답은 9.4%였고 지방자치단체가 주도한다는 응답은 18.8%였다. 중앙의 의지에 따라 자치가 이루어지는 정도도 달라질 수 있다는 것이다. 여기에 대해서는 심층면접에서도 같은 의견을 보이고 있다.[4)] 그리고 사람들은 지방보다 중앙의 역량을 더 신뢰하고 있다는 조사결과도 있다.[5)] 실제 역량 측정에 따른 것이 아니라 주관적 판단에 기초한 결과이기 때문에 실제 역량의 차이는 알 수 없지만, 중요한 것은 시민들이 그렇게 생각하고 있다는 그 자체이다. 문제해결의 재량과 권한은 권력이 더 큰 중앙이 유리한 것이 어쩌면 사실이다. 그래서 설문조사도 그와 같은 결과로 나온 것일지도 모른다.

지방자치를 위한 지방선거에서조차 중앙 정치의 영향력은 결코 무시하지 못한다. 정당공천이 중요하기 때문에 '중앙정치의 유력자나 보스 정치인과의 수직적인 연계'가 무엇보다도 중요하다는 점은 익혀 알려진 사실이다.[6)] 한 기사에서도 전직 도의원이 중앙정치의 권력이 얼마나 막강한지에 대해 자신을 몸

4) 김필두 · 류영아(2014). 「지방자치에 대한 인식분석」, 한국지방행정연구원, p.121.

5) 배유일(2018). 「한국의 이중적 지방 민주주의」, 문우사, p.279.

6) 박종민(2000). 집단이론, 후견주의 및 도시의 리더십, 「한국행정학보」, 34(3): 189-204, p.195.

종으로 비유하며 인터뷰하기도 했다. 지방의원을 뽑는 일인데도 정작 중앙정치가 중요한 역할을 하며 그에 미치는 영향력이 상당하다는 것이다.[7] 정치와 분리해서 행정 자체에 대한 관리 학문으로서 연구가 필요하다고 주장하며 행정학이 등장하게 된 계기로까지 평가받는 윌슨(Woodrow Wilson)의 문제의식도 바로 지방에서 벌어지는 중앙정당정치의 전횡과 관련된 것이었다.[8] 중앙에 있는 보스의 명령으로 정당기구(party machine)를 통해 조직선거와 같은 기구정치(machine politics)를 함으로써 지방을 장악해버리는 것이다.

우리나라의 이러한 중앙 집중 현상이 단기간에 형성된 것은 아니다. 역사적으로 형성된 강력한 중앙집권체제와 권위주의 독재정권의 편향된 권력행사의 경험, 그리고 기득권을 누리고 있는 중앙정부의 부처(엘리트)들이 지방으로의 권한이양을 기득권 보호 차원에서 계속 부정적으로 인식하고 있는 데서 비롯되었다.[9] 앞서 일반적으로 사회적 장치가 힘을 더 가지게 되는 것은 축성을 통해서라고 했는데, 이는 최장집이 말하는 중앙으로 권력이 집중되는 것이 계속 중첩되면서 집적되는 형

---

7) 조선일보(2018). 전직 도(道)의원의 고백 "나는 국회의원 몸종이었다", 5월 6일자 기사.

8) Wilson, Woodrow(1887). The Study of Administration, *Political Science Quarterly*, 2(2), pp.197-222.

9) 하세헌(2017). 「지방차원의 실질적 지방분권 추진 전략 연구」, 대한정치학회, p.17.

태로 나간다는 것과 같은 말이다. 그렇게 되면 모든 권력이 정점으로 집중되어버리는 결과를 낳는다.[10] 우리나라가 바로 그렇게 해 온 것이다. 이런 모습이 단기간에 형성된 것이 아닌 만큼 쉽게 없어지지 않고 지금도 계속되고 있다. 그래서 우리 머릿속에 중앙의 집중된 권력이 자연스럽게 자리잡고 있는 것이다. 그렇게 본다면, 기본적으로 중앙은 집중된 권력으로 마치 리바이어턴처럼 존재하고 있다는 비유도 지나친 것은 아니다.

그런데, 우리가 중앙에 집중된 권력을 리바이어턴으로 비유할 정도로 인식하고 있더라도, 언제까지나 권력이 중앙에만 있을 수는 없는 상황도 동시에 존재한다는 점도 이해할 필요가 있다. 이에 대해서는 리바이어턴의 속성 중 그 핵심을 보면 알 수 있다. 사실, 리바이어턴의 속성을 자세히 보면 애초에 중앙 중심의 권력체란 도덕적 반응과는 별개로 철저히 정치적 반응에 의해 만들진 사회적 장치라는 점과, '어떤 인간'의 우월성 과시로 남을 해치는 나쁜 명예심(glory)이 문제가 되어 생긴 것이지 사람들이 이익에 기반에서 자기보존을 추구하며 자기 자신에 만족하고 있었다는 사실 자체는 큰 문제가 되지 않았다. 이 두 가지는 강력한 중앙권력의 필요성을 보여주는 것과 동시에 그 필요성의 약화 가능성도 함께 보여주는 것이다.

우선 리바이어턴의 탄생을 가장 기본적인 측면에서 다시 보

10) 최장집(2001). 지역정치와 분권화의 문제, 「지역사회연구」, 9(1):1-8, p.1.

면, 리바이어던은 현실에서 무질서한 자연 상태를 피하기 위해 사회계약을 맺으며 만들어진 '정치적 힘에 의한 자연적 힘의 통제'이다. 이는 이성적인 조정 원리를 통한 도구적 기능을 기대하는 것이다. 이 과정에서 자기 이익의 극대화와 같은 이기적 목표 추구를 자연스럽게 여기는 현대적 주체의 자아정체감이 드러나 있는 것도 볼 수 있다. 리바이어던을 통해 이런 것(궁극적으로 이익 추구)들이 실현되기 때문이다. 그런데, 사실 엄밀히 보면 리바이어던의 탄생이 자연상태에 대한 '도덕적' 반응은 아니다. 단지 '정치적' 반응을 한 것에 한정된다. 우리가 필요로 하는 평화로운 세계질서가 도덕적 인류애가 아니라 정치적 결사의 소치로서만 정당화되는 것이다. 이럴 경우 하나의 결함이라 할 수 있는 것은 이기적인 개인들로 하여금 그들이 체결한 사회계약을 반드시 지키게 만들 모종의 '도덕적' 권위는 동원할 수 없다는 점이다. 그래서 리바이어던에 대해 이익을 보장해 주는 도구적 도덕성(홉스적 도덕성)의 불안정한 동기 부여 효과와 더불어, 이익에 구애되지 않는 자율적 도덕성(칸트적 도덕성)의 근원적 정당성에 대한 공감도 필요하다고 말하는 것도 그 때문이다.[11] 바로 이 점에서 중앙에 집중된 권력이 도덕성 기반의 권력 행사의 동기 부여에는 근원적인 한계를 지니게 된다고 말하는 것이다. 다양한 이익과 함께 가치

---

11) 소병철(2009). 홉스의 리바이어던에 나타난 힘의 문제, 「철학탐구」, 26: 87-111.

를 지닌 개인들로 구성된 사회가 가치 기반의 규범을 중앙권력에게 요구하면 정치적 반응에는 훨씬 못 미치는 도덕적 반응만을 할 것이다. 리바이어던은 애초에 도덕적 반응으로 만들어진 장치가 아니기 때문에 정치적이고 도구적인 반응 이상의 도덕적 반응을 하기에는 한계가 있을 수밖에 없다.

그리고 리바이어던의 또 다른 속성으로, '어떤 인간'의 우월성 과시로 남을 해치는 나쁜 명예심이 문제였던 것이지 사람들이 이익에 기반에서 자기보존을 추구하며 자기 자신에 만족하고 있었다는 사실 그 자체는 큰 문제가 되지 않았다는 점에서도 중앙권력의 약화 가능성을 보여준다. 사실 그동안 리바이어던과 관련해서 다소 간과된 점을 보충하면, 리바이어던에서 개인의 자기보존 욕망이나 이익 추구는 그 자체에서 분쟁으로 도출되는 것은 아니었고 명예심에 의한 과잉 규정이 분쟁을 일으키면서 문제가 되었다는 점이다. 여기서 명예심의 발동은 우월성을 과시하거나 인정받고 싶어하는 것에서 시작된다. 비교와 우월성에서 성립하는 것이 명예심인데 이것이 분쟁으로 이어지게 된다는 것이다. 이러한 점에 비추어서 리바이어던의 성립 과정을 보면 다음과 같다.

우선 만인은 평등하다는 전제에서 모든 인간은 자기보존을 추구하며 대부분 자기 자신에 만족한다. 그런데 '어떤 인간'만이 우월성에 도취되어, 이를 과시하기 위해 자기보존에 필요한 정도를 넘어 남에 대한 침입을 감행하거나 남을 경멸한다.

그 결과 주어진 한계 내에서 만족하는 자들 역시 침입이나 경멸로부터 자기를 보존하기 위해 선제공격을 감행한다. 그래서 만인은 전쟁상태에 돌입하고 (정복자들을 포함한) 모두가 폭력적 죽음의 공포에 직면한다. 이제는 (정복자들을 포함한) 모두가 자기보존을 위해 자연권을 양도한다.[12] 리바이어던에서는 우월성에 도취되어 남에게 피해를 주는 '어떤 인간'이 왜 생기는지 등에 대한 구체적인 설명은 없다. 그러나 이 점은 중앙권력의 필요성을 말하는 것이자 동시에 필요성의 약화를 보여주는 것이다. 그것은, 만일 그 '어떤 인간'이 없다면 어떨까? 라는 물음 때문이다. 물론 무질서의 질서화를 위해서는 오히려 반대로 그 '어떤 인간'이 설사 없더라도, 있다고 가정해서 설정하는 것이 필요하다. 하지만 그 '어떤 인간'이 실제로 없거나, 혹은 획일적이고 일률적 사회에서 벗어나서 비교와 우월성 과시가 별로 유익하지 않게 된다면 남에게 해를 끼치는, 일명 나쁜 명예심을 지닐 유인도 줄어든 사회가 될 것이다. 그러면 중앙의 리바이어던은 홉스가 가정하는 것보다는 훨씬 약화될 것이다.

이처럼 리바이어던의 탄생과 그 속성에 비추어볼 때, 적어도 두 가지 점에서 오늘날 중앙집권적 권력을 지니고 있는 리바이어던의 명분은 약화될 수 있다는 점을 알 수 있다. 정치적이고 도구적 반응을 넘어서 도덕적 반응에 대한 취약함과 '어

12) 김은주(2013). 홉스의 리바이어던에서 명예심(glory)의 지위, 「철학」, 117: 111-136, p.123.

떤 인간'의 존재 여부를 고려할 때이다. 물론 정치적이고 도구적 반응은 여전히 유효하며 특히 어느 정도까지는 그 반응이 큰 비중을 차지하고 있고, 또 '어떤 인간'의 출현 가능성을 전혀 배제할 수도 없고 과거 유사 경험도 있기도 해서 리바이어던의 힘에 관한 명분이 과거보다는 약화될 수는 있어도 여전히 큰 것은 맞다. 다만, 현대사회로 오면서 중앙집권적 권력이 최고조에 달할 정도의 명분이 과거보다는 훨씬 약화되었다.

⋮ 작은 리바이어던의 존재: 첫 번째 의심의 해소 실마리

그런데, 과연 리바이어던이 순순히 그 정도가 약화되어 모든 것을 내려놓을까? 지금 이 시대는 정치적이고 도구적 반응만을 반영하는 권력실체가 그렇게 의미 있는 것도 아니며, '어떤 인간'의 나쁜 명예심 발동의 유익함이 떨어질 정도로 사회의 다양성도 충분히 높아졌다. 그러니 굳이 중앙의 강력한 권력실체가 모든 것을 통제할 필요는 없어진 시대가 된 것은 분명하다. 실제로 중앙권력은 지방분권의 이름으로 조금씩 축소되고 있다. 그렇다면, 내실이 어떠하건 상관없이 표면적으로는 리바이어던의 크기는 줄어든 것이 맞다.

하지만 여기서 흥미로운 현상이 발견된다. 리바이어던은 리바이어던을 낳는다는 점이다. 권력관계에서 타자는 훈육에 의해 몸속에 자동화된 습관으로 규율을 맞이하게 되는데, 훈육테크놀로지의 대상자였던 타자는 습득한 그 지식을 통해 다시 자신이 에고가 되어 다른 타자를 통해 자기를 연속시키게 된다. 오늘날과 같은 시대에 일명 '스마트 권력'은 강압과 폭력이 아닌 자명성에 기초한 권력관계에서는 타자가 부정되지 않고 오히려 생산의 주체가 되며 더 쓸모 있게 만들어진다.[13] 이런 타자가 에고의 위치가 될 때 그가 지목한 타자에게 권력 작용은 자연스럽게 이어진다. 타자 입장에서는 기존에 에고의 자아를 연속시키기 위해 체화된 몸과 심리가 이제는 그 에고의 재현이라고 봐도 될 정도의 수준에 이른 상태이다. 그렇다면 비록 타자였지만 이제는 에고의 자아를 충실히 지속시켰던 만큼의 에고와 같은 권력행사자가 되어 에고로서 역할의 가능성도 지니고 있게 된 것이다. 누군가를 따르면 그 누군가를 닮는다는 말이 바로 그런 것이다. 이는 행동이 우선이고 그에 따라 심리 발현이 된다는 여러 연구결과와도 같은 맥락이다.[14] 타자가 에고의 자아 연속을 위한 행동을 하면 타자로서 역할 강화도 생기지만 에고의 연속성을 위한 행동을 함으로써 그에 따라 에고로서의 역할도 덧붙여진다. 비단 완전한 체화까지가

---

13) 한병철(2016). 김남시 옮김, 「권력이란 무엇인가」, 문학과지성사.
14) 리처드 와이즈먼(2013). 박세연 옮김, 「립잇업」, 웅진지식하우스.

아니라고 해도 모방은 충분히 가능해진다. 기존의 중앙집권적 권력관계에서 타자였던 지방은 이제 에고가 되어 지방이라는 공간에서 권력이 나름대로 뭉쳐진 작은 리바이어던이 된다. 이 점은 앞서 2장에서 언급한 자치에 대한 첫 번째 의심과 관련된 사항이다. 첫 번째 의심이 해소될 수 있는 실마리인 것이다.

현실적으로 분명히 줄어든 리바이어던인 것 같은데, 체감은 그렇지 않다. 그것은 리바이어던이 효과적인 통치를 위해, 혹은 실제 효과적인 통치가 된 타자로서 지방의 세력을 지방권력으로 길러놨기 때문이다. 중앙의 리바이어던이 각 지역을 대상으로 권력을 행사할 때 자아 연속성을 보다 효과적으로 지속시키기 위해 명확한 타자를 만들어 둔 것이다. 무어(Barrington Moore)의 연구에서처럼 이미 여러 국가의 경험을 보면 근대국가로 전환될 때 소위 말하는 지방 세력을 활용한 사례가 상당히 많다.[15] 일반적으로도 거대 권력의 가장 기초적인 통치 방법 중 하나는 통치의 대상이자 매개 역할을 하는 세력을 두는 것이다. 심지어 국가의 헌법 설계자들조차 효과적인 영토 통치를 위해 지방과 도시를 공식적인 국가구성체로 헌법질서에 반영했다. 이때 지방과 도시는 자생적이고 자연적인 지방과 도시가 아니라 바로 통치자의 관점에서 바라본 지

---

15) Moore, Barrington(1993). *Social Origins of Dictatorship and Democracy*, Beacon Press.

방과 도시였다.[16] 지방을 자원으로 여겨서 통치자의 통치 수월성을 위해 만든 것이다. 국가가 좀 더 깊숙이 침투하기 위해 기반적 권력(infrastructural power)으로서 지방과 지방정부와 같은 기구가 필요했던 것이다.[17] 중앙의 국가권력의 유지를 위해서는 지방이라는 파트너가 필수적이라는 레비(J. D. Levy)의 말도 같은 맥락에서 지방의 권력화를 말하고 있다.[18] 결과적으로 지방은 중앙의 큰 리바이어던으로부터 체화된 여러 권력의 테크놀로지를 사용하는 주체가 되어 작은 리바이어던으로 존재하고 있는 것이다.

특히 우리나라의 경우 중앙집권의 전통이 오래전부터 있어왔고 경로의존적 속성에 따라 그 전통이 비교적 지속적으로 이어져오고 있다. 주로 중앙이 지방을 활용하는 과정에서 자기복제와 같은 지방을 두는 형태로 그 모습이 나타나고 있다. 중앙집권적 전통과 역사가 자의반 타의반으로 형성되고 유지되면서 하나의 유산으로 내려오고 있는 것이다.[19] 그러다 보니 오늘날 지방 자체가 강조되는 현실에서 지방 스스로 통치

---

16) 배유일(2018). 「한국의 이중적 지방 민주주의」, 문우사, pp.146-147.

17) Mann, M.(1984). The Autonomous Power of the State: Its Origins, Mechanisms and Results, *European Journal of Sociology*, 25(2): 185-213.

18) Levy, J. D.(1999). *Toqueville's Revenge: State, Society, and Economy in Contemporary France*, Harvard University Press.

19) 배유일(2018). 「한국의 이중적 지방 민주주의」, 문우사, pp.150-192.

를 하려고 해도 그 모양새는 결국 중앙집권의 전통이 몸에 뱄기 때문에 준거기준으로써 중앙을 따라할 수밖에 없는 처지이기도 하다. 단적인 예로, 그 어느 지방자치단체를 가도 중앙정부의 조직체계를 흉내 내지 않은 곳이 거의 없다. 또 중앙정부가 국정과제 등으로 대표적인 이슈로 내세우는 것을 그대로 지방자치단체에서도 이슈로 만들거나 또 정책으로 만들거나 관련된 조직과 인력을 구성한다. 이런 모습은 중앙정부와 지방자치단체의 각 장(長)의 정치이념이 달라도 마찬가지다. 이는 중앙권력으로부터 수직적 동형화(vertical isomorphism)의 영향일 수도 있고, 미국의 카운티(county)와 시정부의 차이처럼 처음부터 시민 중심의 자치가 이루어졌는지 아니면 그렇지 않은지에 따른 결과일 수도 있다. 여기서 후자의 이유에 덧붙이면, 최장집의 말처럼 우리나라에서 특히 지방은 시민 중심의 자치라고 하는 경험이 거의 없어 향리적 · 폐쇄적 · 특수주의적 · 권위주의적 · 보수주의적인 상태에 놓여 있어서,[20] 권력집중적인 중앙의 모습이 상대적으로 더 친숙하여 중앙을 따라하는 것이 더 자연스럽다고 여긴 결과일 수 있다.

문제는 중앙의 집중화된 모습이 재현된 것으로 보일 정도의 작은 리바이어던이 존재함으로 해서 우려되는 점들이다. 이미, 지방에 보다 많은 자기결정권과 권한에 기초한 자치가 부

20) 최장집(2001). 지역정치와 분권화의 문제, 「지역사회연구」, 9(1): 1-8, p.5.

여될 때 지방토호의 권력을 강화하는 결과를 가져올 가능성이 높다는 우려가 줄곧 제기되고 있는 실정이다.[21] 특히 지방의 토호가 지방자치단체장을 비롯해서 집행부 공무원이나 지방의원으로 일하고 있는 경우도 적지 않은 것이 현실이라서 더 문제가 될 수 있다.[22] 이런 상황이 심하면 지방자치단체 중심의 단체자치를 위한 여러 제도가 어쩌면 지역의 토호세력을 위한 것이 될지도 모른다. 그래서 지역의 공론도 그것이 공론이 아니라 결국은 '지방유지의 여론'일 뿐이라는 비판도 있다.[23] 지방토호들은 다른 말로 표현하면 일종의 그림자 정부(shadow government)이거나 하위정부(sub-government)로서 역할을 할 수도 있다. 이들은 작은 리바이어던의 어느 한 영역을 확고히 차지하고 있다. 지방토호 세력과 관련된 내용은 상당 부분 언론 기사형태로도 많이 보도되고 있고, 청와대 홈페이지의 국민청원에도 여러 차례 언급되고 있다. 아래 중 첫 번째 글은 언론 기사 중 일부 내용이고, 그 아래는 청와대에 게시된 청원 글 중 일부 내용이다.

---

21) 최장집(2001). 지역정치와 분권화의 문제, 「지역사회연구」, 9(1): 1-8, p.5.

22) 이승종(2014). 「지방자치론」, 박영사, p.560.

23) 지수걸(2003). 충남 공주 지역 '지방 정치'와 '지방 유지', 「내일을 여는 역사」, 11: 16-29, p.27.

대검 관계자는 "지방자치제 실시 이후 자치단체장들이 상당한 권한을 행사하게 되고 여기에 각종 이권을 노린 지역 토호세력이 결탁하고 있는 게 현실"이라며, "검찰 내부에서는 '제대로만 수사하면 안 걸릴 단체장이 없다'는 말이 나돈다."고 사태의 심각성을 지적했다.[24)]

"현재도 미래도 그 옛날에도 지방 행정관의 권력으로 지역민의 삶은 피폐해지고 지방 토호세력과 손잡고 이익에 눈먼 행정으로 세금낭비와 민주주의 제도를 악용한 자본주의 집행관을 양산하는 결과가 초래될 것으로 보는 시각이 많은데 심히 우려되고 걱정되는데 굳이 (지방자치를) 하시려는 이유가 … 지역 토호세력과의 결탁은 … 더 큰 악행도 서슴없이 하게 될 지경에 이르면 감찰관이 와도 잡을 수가 없습니다. … 현재도 선출직 공무원 신분을 이용해 지방의 이익과 결탁한 불협적 갈등으로 집단이기주의를 부리는 무리가 우두머리처럼 세력싸움을 할 것이 뻔한데, 지방자치는 지방에 양아치

---

24) 동아일보(2000). 지자체장-토호 결탁 위험수위, 5월 29일자 기사.

를 공권력을 동원해 새로운 신흥세력을 만들어 4년마다 접수하는 게임입니다."[25]

실제로 정책과정에 공식적으로 참여할 수 있는 공식적인 권한을 지닌 지방정치권력과 비공식적인 지방의 토호 세력, 그리고 유·무형의 지역기반 자본으로 형성되어 있는 지방자본가는 서로 결탁해서 공생관계를 유지한다. 이들은 지방의 철의 삼각(iron triangle)에 해당된다. 철의 삼각이 형성되면 마음만 먹으면 각종 관급 공사나 사업에 개입해서 이권을 챙기기 쉽다. 서로 학연과 지연으로 호형호제하며 지내고 있는 사이이고, 이들은 특히 선거에서 끈끈한 관계를 형성해 놓고 있어서 선거(당선)를 통해 공식적인 정당성까지 획득한다.[26]

우리가 흔히 서울이라는 중앙에 위치한 명문대를 최고의 네트워크로 여기는데, 지방은 조금 다르다. 지방에서는 서울의 최고 명문대 출신보다는 그 지역을 기반으로 하는 지역 명문대학의 출신이 더 큰 영향력을 행사한다. 우리나라와 같이 서울 중심으로 거의 모든 것이 움직이는 곳에서도 특정 지역에서는 겉으로는 서울 중심의 명문대 위상을 말하고 또 일부 실제 파이를 함께 나누기도 하지만, 그 비중을 따져보면 소위 말

---

25) 청와대 국민청원 홈페이지(www.president.go.kr)

26) 임동욱(2002). 지방과 지방권력, 무엇이 문제인가?, 「민물과 사상」, 8: 56-67, p.61.

하는 '한 자리'를 차지하는 이들은 지역 명문대학의 출신들이다. 그만큼 지연에다 학연까지 그 지역이 중심이 되면 아주 단단한 철이 된다.

오랜 시민혁명의 역사와 민주주의 경험을 한 프랑스에서도 "지방자치정부는 지방유지의, 지방유지에 의한, 지방유지를 위한 정부"가 될 수 있다고 프랑스 정치학자 메니(Meny)가 비판하기도 했다.[27] 프랑스는 사실 지금도 그런 모습이 보이고 있어서 마크롱(E. Macron) 대통령의 선거 공약 중 하나가 지방권력화에 영향을 주는 후견적 관계를 낳는 선거구자금(constituency fund)을 폐지하는 것이었다.

비단 지방토호에 한정된 것은 아니지만, 이같은 우려는 중앙의 핵심권력에 해당하는 청와대에서도 인식하고 있다. 그 한 예로, 지방선거 후 문재인 대통령은 거의 10년 만에 청와대 전 직원에게 생중계된 청와대 수석 · 보좌관 회의에서 "지방권력이 해이해지지 않도록 해 달라", "지방선거에서의 높은 지지는 한편으로는 굉장히 두려운 것이다. 어깨가 무거워졌다는 정도의 두려움이 아니라 등골이 서늘해지는, 등에서 식은 땀 나는 정도의 두려움"이라고 말했다. 지방선거 결과 자체에 대해선 "지역주의 정치와 분열 정치 속에서 기득권을 지켜나가는 정치는 더는 계속될 수 없게 됐다", "지방선거의 좋은 결

27) 최장집(2001). 지역정치와 분권화의 문제, 「지역사회연구」, 9(1): 1-8, p.5.

과는 전적으로 청와대 비서실 모두와 내각이 아주 잘해준 덕분"이라는 말을 했다. 그리고 당시 민정수석은 "하반기 지방정부와 지방의회를 상대로 감찰에 들어갈 계획"이라는 보고도 했다.[28] 이런 말 속에는 기본적으로 지방권력에 대한 중앙의 인식이 드러나 있다. 그것은 지방은 중앙의 관리의 대상이자 통제의 대상이라는 점이다. 그런데 여기서 중요한 사실은 지방권력의 부정적인 면이 많이 부각되는 점이, 역으로 지방권력의 존재를 전제하고 있다는 점이다. 그리고 이 지방권력은 중앙에서 통제가 되고 관리가 될 것으로 기대되기 때문에 중앙과 지방의 연계성도 드러내고 있다. 중요한 것은 '지방권력', '기득권' 등의 용어를 사용하며 작은 리바이어던을 전제해서 그것을 주의 깊게 살필 대상으로(연계성) 여기고 있다는 점이다.

이처럼 지방권력에 대한 존재를 강하게 인지하면서 관리와 통제의 대상으로 본 것은 역대 거의 모든 정권에서 비슷하게 이루어졌다. 특히 정권 초기에 지방권력 견제를 위해 토착비리 사정 작업을 벌이는 경우가 많았다. 대표적으로 지방자치시대가 본격화된 김영삼 정권에서는 초기에 청와대 민정 · 사정 비서관들을 각 지방에 직접 내려 보내 토착비리 수사를 진두지휘하게 했는데, 이때는 당시 청와대 비서관 신분으로 '암

28) 중앙일보(2018). 靑 · 지방정부 감사 지시한 文…"조국, 감찰 악역 맡아달라", 6월 18일자 기사.

행어사' 임무를 맡아 지방으로 파견한 것이었다.[29)]

이러다 보니 한편에서는 김태영의 말처럼 진정한 주민자치의 활성화를 위해 최대한 주민 가까이로 권력시장을 이동시켜서 주권자인 주민에 의해 권력이 단체장에게 위임되었다는 사실을 수시로 실감할 수 있게 하는 것이 필요하다는 주장도 이어지고 있다.[30)] 읍 · 면 · 동의 장(長)까지 선출직으로 전환하는 등의 방법을 그 예로 들고 있는데, 문제는 지역의 기득권 혹은 유지와 같은 토호세력이 선출직으로 될 때 더 강력한 힘을 가질 수도 있다는 점이다. 선거에 의한 선출은 가장 강력한 정당성의 근거를 갖는 것이나 마찬가지다. 특히 우리나라 선거에서는 연고주의와 지역주의 등의 투표행태가 갖는 근본적인 한계가 존재한다.[31)] 실제로 여러 지역이 하나의 선거구로 존재하는 경우 그중 유권자가 가장 많은 큰 도시(지역) 출신의 후보는 처음부터 같은 지역구이지만 군소 지역은 제외해버리고 자신의 연고가 있는 큰 도시(지역)에서만 선거운동을 하는 경우도 있다. 그 지역만을 관심으로 두겠다는 말을 공언하기도 한다. 지역에 형성된 작은 리바이어던은 생각보다 뿌리가 깊어서 선거와 같은 선출 방식을 한다고 해도 기대만큼 잘 흔들리지 않는다. 지역 기반으로 한 그 어떤 방법이건 찾아내서 오히

29) 뉴스포스트(2008). '지방 권력 길들이기' 차원?, 9월 20일자 기사.
30) 김태영(2017). 「지방자치의 논리와 방향」, 동아시아연구원, p.6.
31) 이승종(2014). 「지방자치론」, 박영사, p.564.

려 리바이어던으로서의 존재감을 더 보여준다.

그런데, 이러한 작은 리바이어던은 체감은 되지만 잘 보이지 않는다는 특징을 지니고 있다. 김영삼 정권에서처럼 암행어사 임무 수행자를 통해 현장에 가서 자세히 살펴봐야 할 정도로 현장 속에 밀착되어 있어서 밖에서는 잘 보이지 않는다. 작은 리바이어던이 잘 보이지 않는 이유 중 하나는, 바로 '중첩된 비공식 채널(overlapping informal channel)' 때문이다. 어디에서건 비공식 채널이 있기 마련인데, 자치가 이루어지는 한정된 공간 내의 지역은 비공식 채널이 무수히 얽혀 있다. 중첩된 비공식 채널이란 하나의 목표로 향하는 비공식 채널이 여러 개인데 그것들 간에는 전부 혹은 부분적으로 중첩된 내용을 담고 있다는 의미이다. 여기서 말하는 중첩은 단순한 중복을 넘어 상호 모순되는 것까지 포함한다. 중첩되어 있는 비공식 채널의 가장 큰 특징이 바로 그 점이다. 중첩된 채널 간에는 서로 반대의 성격을 지닌 목소리(voice)가 있기도 하고 또 서로 모순되는 목소리가 포함되어 있기도 하지만, 결과적으로는 그 모두가 목표지점으로 이어진다는 점이다. 목표 지점을 지역 관점으로 바꾸어 말한다면, 그 어떤 비공식의 중첩된 채널이건 지역에서 가장 영향력이 있는 권력 하나에 닿는다는 것을 의미한다.

예를 들어, 철수 한 사람의 목소리가 A, B, C, D 각각의 비공식 채널을 타고 목표 대상으로 이어진다고 하자. 여러 채널에 중첩되어 철수의 목소리가 전달되는데, 이때 중요한 것은 A 채널 속에는 철수의 목소리도 담겨 있지만 철수와 반대의 목소리를 내는 영수의 목소리도 일부 담겨 있다. 그리고 B의 채널에는 철수의 목소리가 담겨 있긴 한데, 철수의 원래 목소리 의도와는 다소 다른 내용으로 변형되어 담겨서 전달된다. 그리고 여기에는 철수 입장을 지지하는 영희의 목소리가 담기기도 한다. C 채널에도 역시 철수의 목소리가 담기는데 이때 영희의 목소리는 다소 과장되거나 왜곡되어 담기고 동시에 영수를 지지하는 도석이의 목소리도 담겨 있다. D의 채널에는 철수의 목소리가 담기기는 하는데 다소 다른 정도를 넘어 완전히 원래의 의도와는 정반대 내용의 목소리가 담긴다. 극단적으로 왜곡된 의견이 포함되어 있기도 하다. 이런 모습이 중첩된 비공식 채널들인데, 앞서 말한 것처럼 이것들이 모두 목표로 하는 지점인 작은 리바이어던에 어떻게든 닿게 된다. 기본적으로 지역은 그 영향의 정도를 떠나 크고 작은 연고가 얽히고설켜 있기 때문이다.

이렇게 되면 리바이어던의 존재는 잘 드러나지 않게 된다. 그 이유는 모두가 권력에 맞닿게 되어 언젠가는 도움을 받을 수 있다는 생각에서 리바이어던을 보호한다. 그 보호란, 중첩된 비공식 채널에서는 서로 반대되고 모순되는 내용들이 담겨 있다는 것을 알기 때문에 리바이어던으로부터 도움을 받았다는 말을 쉽게 누설하지 않는다는 말이다. 앞의 예로 다시 돌아가 보면, 지역에서 철수와 영수가 서로에게 상호 이해가 얽힌 문제가 발생되어서 해결하려고 한다고 가정해보자. 리바이어던의 도움으로 이익을 쟁취하게 된 철수 입장에서 볼 때, 분명 반대편의 사람인 영수도 중첩된 비공식 채널 속에서 리바이어던을 접촉했을 거라고 보기 때문에 가급적이면 리바이어던과의 관계에 대해 조심스러운 태도를 취한다. 함부로 말했다가는 리바이어던의 입장이 곤란해지기 때문이다. 리바이어던 역시 애초에 철수에게 도움을 주는 대신 자기가 도와줬다고 말하지 말라고 당부해 둔다. 하지만 리바이어던은 또 다른 편의 사람인 영수에게도 비슷하게 이야기한다. 리바이어던 입장에서도 모두가 서로 아는 사이이기 때문에 둘 중 어느 하나에 일방적으로 도움을 주기보다는 나름대로 균형을 유지하려고 하고, 설사 한쪽으로 기울게 도움을 줄 수밖에 없더라도 다음에 다른 도움을 약속하는 등으로 도움을 덜 받은 쪽인 영수를 달랜다. 그러면 도움을 덜 받은 영수는 그것을 받아들이는데, 대신 언젠가는 정말 이 리바이어던이 도움을 줄 것이라고 기대한다. 그렇기 때문에 도움을 받은 철수나 그렇지 않은 영수나 리바이어던과의 관계에 대해 불필요하게 떠들지 않는다. 그들만 아는 정도의 범위에서만 리바이어던의 존재나 그 영향력이 알려질 뿐이지 지역 외부로까지는 잘 알려지지 않는다. 물론 치명적인 이해득실의 결과에 따라 밖으로 리바이어던의 영향력이 누설되면서 문제가 불거지기도 한다. 그러나 이때도 지역에서 문제를 제기한 사람 이외의 나머지 대다수는 문제제기에 대해 잘 호응하지 않는다. 리바이어던을 잘 알고 있고 그들 역시 과거에 리바이어던의 도움을 받았거나, 또 미래에 도움을 받을 수 있으리라 생각하기 때문이다.

아래 첫 번째 인터뷰는 지역에서 공식적인 권력행사를 할 수 있는 행정기구의 리더를 친척으로 둔 지역 주민의 말이고, 두 번째 인터뷰는 자신 스스로가 지역의 유지에 해당하는 사람이 지역의 행정기관을 두고 하는 말이다. 세 번째 인터뷰는 앞의 두 번째 인터뷰 대상자가 실제 중첩된 비공식 채널을 사용했던 경험에 대해 한 말이다.

> "집안(친척) 사람인데 뭐 조금 잘못하더라도 뭐라고 말할 수는 없고, 오히려 감싸 안아 줘야 하지. 이 사람 이전에 그 일을 한 사람도 역시 한 다리 건너서 집안이나 마찬가지였지. 우리가 돕고 또 그 사람이 돕고 다 그러면서 지내는 것이지."[32]

> "그 공무원은 내 후배이고, 그 밑에 공무원은 내 제자입니다. 이번에 또 당선된 ○○(단체장

32) 2019년 5월 8일 인터뷰 내용(70대 A지역 주민)

을 언급)은 우리 집안에서 내 조카뻘입니다. 시청가면 거의 다 아니까 복도 지나가면 인사하기 바쁩니다."[33)]

"그 문제 해결을 위해서 ○○(단체장을 언급)한테도 말했었고 심사위원으로 있는 후배 ○○(심사 분야 전문가)에게도 조금 말을 했었는데, 그러고 조금 있으니까 그 문제에 반대하는 사람은 또 내 후배더라고. 그 후배 부탁을 또 들어주지 않을 수도 없고 해서 ○○(단체장을 언급)한테 또 말을 하기도 했지. 양쪽 다 내가 아는 사람들이라서 일단 ○○(단체장을 언급)한테 알려는 준 그런 일도 있습니다."[34)]

자치가 시행되건 그렇지 않건, 이들은 이미 작은 리바이어던을 중심으로 집중된 권력이 행사되는 구조에서 오랫동안 살아왔다. 지역은 터를 기반으로 형성되어 있는데, 이 터는 공간(space)과는 구별되는 장소(place)의 의미를 지니고 있다.[35)] 장소

---

33) 2019년 10월 17일 인터뷰 내용(60대 B지역 주민, 지역 유지)

34) 2019년 10월 17일 인터뷰 내용(60대 B지역 주민, 지역 유지)

35) Tuan, Yi-Fu(1977). *Space and Place: the perspective of experience*, University of Minnesota.

는 철저히 경험에 기초하고 있어서 경험을 모조리 없애지 않는 한 장소 기반의 우리 인식은 잘 바뀌지 않는다. 지역이라는 장소가 주는 애착(place attachment)까지 형성되면 그 정도는 더 강해진다.36) 경험적 연구에 따르면 설사 장소가 없어지더라도 추억이나 역사로 남아있을 정도로 장소 기반의 이미지는 계속된다.37) 따라서 지역에 뿌리내리고 있는 작은 리바이어던은 지역이라는 장소에서만큼은 강력한 유효성을 지니고 있다. 잘 보이지 않을 뿐 아니라 계속 생존하며 지속되는 이유 중 하나가 바로 그 때문이다.

그리고 무엇보다도 리바이어던이 주는 확실한 이점이 있다. 그것은 바로, 그 리바이어던만 거치면(결심 등의 행위) 문제가 해결될 수 있다는 희망과 혹은 그 리바이어던이 거절하면 그냥 체념하고 받아들이면 속이 편하다는 생각이다. 리바이어던의 확정이 인지적 효율성을 높여주는 것이다. 애쉬(Solomon Asch)의 실험과 밀그램(Stanley Milgram)의 실험은 사람들이 하나로 모아진 집단의 의견에 따르거나 권위에 대한 복종이 비교적 쉽게 나타난다는 점을 보여주고 있다.38) 특히 하나로 모

---

36) Najafi, Mina and Sharif, Mustafa Kamal M.(2012). The concept of place attachment in environmental psychology, *Elixir Sustain. Arc.*, 45: 7637-7641.

37) 김민주(2019). 지방자치단체의 장소자산과 도시이미지, 「인문사회과학연구」, 20(3): 371-412.

38) Asch, S. E.(1951). Effects of group pressure upon the modification

아진 집단의 의견은 특정한 장소와 같이 경계가 있는 곳에서 더욱 그렇다. 이곳에서는 여러 사람들이 함께 자체 규약을 만들어도 집단을 이끄는 권력체가 나타나고 그에 따르는 경향이 있다.[39] 그리고 권위의 경우 그것이 비합리적인 권위라고 할지라도 사람들은 그에 따르는데, 밀그램의 실험에서처럼 사람들은 비합리적이어서 스스로가 스트레스를 받아도 실험자의 지시에 기꺼이 따르면서 복종한다. 마찬가지로 애쉬의 실험에서도 자신은 옳다고 생각함에도 불구하고 옳지 못한 대다수 사람들의 선택을 따르는 모습이 나타난다. 밀그램의 말대로 이는 다수나 권위 등에 따르지 않아서 생기는 갈등이 주는 혼란과 심적 부담 등이 순응하게 만든 것이다. 작더라도 어쨌든 하나의 권위체로서 지역주민 다수가 따르는 지역 기반의 리바이어던이고, 리바이어던이 간혹 권력 사용에서 불합리한 모습을 보이고 또 실제 경험도 하지만, 따르지 않았을 때 생기는 혼란 등을 생각하면 그냥 따르는 것이 낫다는 생각에서 그대로 인정하며 함께 공존하는 것이다. 고민에 대한 부담을 덜게 해주는 인지적 효율성은 분명 리바이어던의 존재를 인정하고 따

---

and distortion of judgment, In H. Guetzkow(ed.), *Groups, Leadership, and Men,* Pittsburgh, PA: Carnegie Press ; 스탠리 밀그램(2009). 정태연 옮김, 「권위에 대한 복종」, 에코리브르.

39) 김민주(2015). 공유자산의 자치적 관리 모델에 대한 비판적 검토, 「한국행정학보」, 49(3): 51-77.

르게 될 때 얻게 되는 이점이다.

⋮ 작은 리바이어던의 지속

작은 리바이어던의 존재를 다시 살펴보면 이렇다. 스스로 통치가 가능하기 위해서는 통치의 의미에서도 드러나지만, 권력이 필요하고 이 권력은 그동안 중앙에서 집중해서 가지고 있던 것을 자치가 이루어질 지방으로 이양하는 형태로 주로 이루어진다. 자치를 위한 여러 요인들이 제시되고 있지만, 권력을 중심으로 보면 권력 자체의 중앙 집중이 항상 문제가 되어 지방으로 '분산'하고 '분권'하자는 말을 하는 것이다. 그런데, 정작 지방에는 잘 보이지는 않지만 작은 리바이어던이 존재한다. 한편으로는 자치 이전에도 작동되던 것인데, 자치로 인해 권력을 이양 받으면 더 잘 작동될 수 있는 그런 리바이어던이다. 규모면에서 볼 때 중앙의 큰 리바이어던과는 구분되는 작은 리바이어던이지만 리바이어던으로서 속성은 비슷하다. 그리고 일면 큰 리바이어던으로부터 학습된 것일 수도 있다. 또 중앙의 권력이 작은 리바이어던으로부터 자아 연속성을 이어가도록 한다는 점에서 큰 리바이어던의 연속성이 체화된 것일 수도 있다. 서로 연계된 점도 많다. 그러다 보니 문제도 발생되어 그에 대해 비판을 하기도 하고, 실제로 앞서 청와대의 언급처럼 이런저런 관리와 통제의 대상으로 삼아서 조치 등을 실행하기도 한다. 하지만 현실에서 작은 리바이어던은 잘 보이지 않을 뿐만 아니라, 잘 없어지지 않는다. 계속 지속된다는 말인데, 그것은 몇 가지 이유 때문이다. 앞서 언급했던 리바이어던이 주는 이점 이외에도 다음과 같은 이유들이 있다.

우선 구조적인 측면을 볼 필요가 있다. 이는 공식적인 구조로서 주로 지방의 관청이 그 중심이 된다. 쉽게 말하면 지방자치단체인 것이다. 앞서 언급했듯이 지방의 토호가 지방자치단체장을 비롯해서 집행부 공무원이나 지방의원으로 일하고 있는 경우도 적지 않다. 역시 앞서 인용된 인터뷰의 내용(70대 A지역 주민, 60대 B지역 주민)에 등장했던 지역에서 공식적인 공권력을 행사할 수 있는 기관은 곧 지방자치단체를 말하는 것이었다. 그래서 구조적인 측면에 대해 지방자치단체에 초점을 두고 보면, 현재 우리나라 지방자치단체 기관구성은 지방의회와 집행기관을 분리해서 각각 의결기능과 집행기능을 구분해 놓은 기관분립형(기관대립형)에 해당된다. 기관분립형은 다시 집행기관과 의회 중 어디에 더 많은 권한을 부여하는가에 따라 강시장(强市長)-의회형과 약시장(弱市長)-의회형으로 나누어지는데, 우리나라의 경우 집행기관 우위에 해당하는 강시장-의회형에 가깝다. 그래서 우리나라 지방자치단체의 기관구성 형태는 기관분립에 기초한 강시장-의회형인 것으로 평가되고 있다.[40] 현재 집행기관의 장은 직선형의 선거를 통해 선임되고 있다. 이 경우 집행기관에 집행부 운영의 전권이 부여되고 그 기관장은 정치적 역할과 행정적인 역할을 동시에 수행한다. 여기서 말하는 집행기관의 장은 시장과 같은 지방자치단체장을 말한다. 그래서 직선형에 의한 기관분립형의 강시장-의회형에서는 지역의 정치권력구조에서 단체장이 가장 부각되는 인물이 되며 그 영향력도 크다.[41]

그러다 보니 현실에서는 지방자치단체장 중심의 지방자치 모습이 나타나는 경우가 많다. 선출된 단체장에게 집중된 집행권으로 인해 단체장 중심의 정책기획과 행정작용이 수행되는데, 체계성과 신속성, 추진력, 책임성을 높일 수 있다는 점에서는 장점이 되지만 한편으로는 압도적 권한에 따른 독임적 의사결정이 민주성을 떨어뜨리고 자칫 전횡이나 무능에 의한 부작용이 나타날 수도 있다. 사실 이 부작용은 미국의 초기 자치시대에 시 정부의 기관구성을 주로 약시장의 형태로 한 이유가 된다.[42] 그리고 심지어 기관분립형임에도 불구하고 지방의회의 사무직원 임명권은 지방자치단체장에 있다는 점에서 단체장 중심의 지방자치의 또 다른 모습을 볼 수 있다. 현행

40) 문상덕(2005). 단체장 중심 구조의 자치행정시스템의 개선, 「지방자치법연구」, 5(2): 49-90, p.52.

41) 이달곤 외(2016). 「지방자치론」, 박영사, p.245.

42) 문상덕(2005). 단체장 중심 구조의 자치행정시스템의 개선, 「지방자치법연구」, 5(2): 49-90, p.59.

「지방자치법」에 따르면 지방의회의 사무직원은 지방의회 의장의 추천에 따라 지방자치단체의 장이 임명한다. 지방의회 의장의 추천에 따르고, 또 단서 조항에 따라 일부는 임용권을 지방의회 사무처장 · 사무국장 · 사무과장에게 위임하는 경우도 있지만 기본은 지방자치단체장이 임명하고 있다.[43)]

이처럼 공식적인 지방정부의 대표로서 지방자치단체장은 지방권력의 중심에 있다고 볼 수 있으며, 지역사회를 실질적으로 통치하는 핵심 권력이다. 이에 대해서는 우리가 관념적으로도 알고 있지만 실제 연구결과로도 많이 제시되고 있다.[44)] 한 예로 시청사건립과 관련해서 분석한 연구를 보면 시장은 비교적 토착성이 강한 지역적 기반과 제도적 통치기제의 활용을 통해 정책결정과정에 결정적인 영향력을 행사하고 있다.[45)] 그러한 구조가 없어지지 않는 한 적어도 구조적인 면에서는 리바이어던의 자양분은 계속될 것이다.

앞서 단체장을 두고 조카뻘이라고 말하는 인터뷰 대상자가 자신의 지인들로부터 받은 의견을 단체장에게 전달하며 부탁하는 것도 그 때문이다. 단체장이 가장 영향력이 크기 때문이

---

43) 「지방자치법」 제91조.

44) 강문희(2010). 한국 도시정치의 지배구조: 국내사례연구를 통한 조각그림 맞추기, 「한국지방자치학회보」, 22(4): 5-28.

45) 박기관(2004). 지역사회권력구조와 지방정치의 역동성, 「지방정부연구」, 8(1): 29-51.

다. 중첩된 비공식 채널의 종점이 바로 단체장인 것이다. 적어도 공식적인 공권력을 행사하는 구조에서 볼 때 단체장은 리바이어던의 뇌에 가장 가까이 있는 존재이다. 어쩌면 자치를 더 확대하려는 것이 오히려 리바이어던의 구조적 자양분을 더 기름지게 하는 것일 수도 있다. 그렇다면 작은 리바이어던은 생존을 더 잘 이어가게 될 것이다.

다음으로, 작은 리바이어던은 지역 사람들에게 '자리'를 제공해주는 원천이 되기 때문에 그 원천을 쉽사리 없애지를 못한다는 점이다. 사람들은 '자리'를 좋아하고 그것을 향유하려는 강한 욕구를 지니고 있다. 자리는 사회적인 지위로 여겨져 특히 선호된다. 대통령이 신임 사무관들에게 "공직은 누구에게나 주어지지 않는 특별한 자리"라고 격려할 정도이다.[46] '자리'로서 공직은 '특별한' 것이다. 한 자리 차지했다고 할 때 말하는 그 자리는 흔히 말하는 평범한 일자리로서의 자리를 넘어서는 것이다. 자리에 대한 윤견수의 연구 결과는 행정문화를 중심으로 논의한 것이지만 우리 일상에서도 그대로 적용된다는 점에서 현재 우리사회의 기본 인식을 보여준다.

> "공직자라는 범주가 직책과 직분의 의미를 가진 자리라는 개념과 밀접한 관련을 맺고 있

46) 중앙일보(2015). 박 대통령, "공직은 누구에게나 주어지지 않는 특별한 자리", 9월 11일자 기사.

다면, 한국의 행정문화는 '자리문화'에 토대를 두고 있다는 추론이 가능하다. 직책과 직분은 타인들과의 상대적 관점을 뜻하고, 상대적 관점이 사회적 질서와 결합하면서 만들어지는 것이 자리문화다. 아들의 자리는 아버지와 아들의 관계 속에서 상대적으로 결정되고, 신하의 자리는 임금과의 관계 속에서, 부하의 자리는 상관과의 관계 속에서 결정되는 것이다. 유교의 생활 규범이 자리의 수직적 관계를 강조하면서 자리는 손쉽게 사회의 규율을 표현하는 코드가 된다. 더구나 일제 시대에 일본이 갖고 있는 엄격한 상하 질서가 덧붙여지면서 자리의 개념은 일이나 다른 관념들을 지배하는 문화적 규약이 된다."[47]

"물화와 의인화가 진행되면 사람의 크기는 자리의 크기에 의해 평가받기 때문에 자리를 표현하는 명칭이 그 자리에 앉은 사람을 부르는 호칭이 된다. 그 자리에 앉아 일을 하는 사람의 실질적 능력이나 동기, 그리고 그 자리에 부

47) 윤견수(2011). 한국행정학의 영역 찾기: 공직과 자리 개념의 재발견, 「한국행정학보」, 45(1): 1-22, p.14.

여된 실제의 과제나 직무보다는, 그 자리가 다른 자리에 비해 상대적으로 얼마나 우월한가가 중요한 판단기준이다. 따라서 자리를 가시적으로 표현하는 명분(이름값)과, 그리고 자리와 자리들 간의 식별을 분명하게 보여주는 형식이나 의식에 관심을 가질 수밖에 없다."[48]

자리는 권력과 밀접히 관련된다. 윤견수도 "권위주의, 서열의식, 명분주의, 형식주의, 정실주의, 파벌주의, 연줄문화, 후견주의 등이 모두 자리의 개념과 밀접한 관련이 있는 개념"이라고 밝히고 있다.[49] 사람들은 이 자리를 위해 여러 노력을 한다. 단적으로 공직은 직업 선호도 1위에 해당되고, 그에 걸맞게 공직진출을 위한 공개경쟁채용 시험에 응시하는 경쟁률도 굉장히 높다. 특히 지방자치단체에 근무하는 공직자는 지역사회에서는 나름 엘리트로 대우 받는다. 이런 기회는 작은 리바이어던이 제공해주는데, 특히 이 작은 리바이어던이 더 큰 힘을 발휘할수록 더욱더 그곳의 구성원이 되려는 욕구가 생긴다. 마치 일제 시대에 일본의 공권력에 많은 피해를 받았음에

48) 윤견수(2015). 한국 공직문화의 원형: 자리문화, 「한국행정학보」, 49(4): 1-28, p.19.

49) 윤견수(2015). 한국 공직문화의 원형: 자리문화, 「한국행정학보」, 49(4): 1-28, p.20.

도 불구하고 오히려 그 시대에 그 공권력의 일원이 되는 것이 출세로 여겨지는 것과 같다.[50] 지역의 사람들에게는 큰 리바이어던보다 작은 리바이어던이 제공해주는 자리가 더 현실적이다. 큰 리바이어던은 전국을 대상으로 자리 경쟁이 생기지만, 작은 리바이어던은 지역 내로 한정되며 때로는 연고에 따라 서로 돌려가며 향유하기도 한다. 따라서 사람들의 자리 욕구를 위해서라도 작은 리바이어던이 없어지거나 약화되는 것을 바라지 않는다.

그리고 세 번째로, 끈끈한 후견주의(clientelism)가 쉽게 없어지지 않을 것이기 때문에 작은 리바이어던도 그와 함께 지속된다는 점이다. 후견주의는 집단 간 관계가 아닌 개인 간의 역할 차이에 따른 교환관계를 의미한다. 후견인과 피후견인의 관계로 설정할 수 있는데, 주로 사회경제적 지위가 높은 후견인(patron)이 자신의 영향력과 자원을 사용하여 지위가 낮은 피후견인(client)에게 보호나 혜택(benefit), 혹은 이 두 가지 모두를 제공하면서 이루어진다. 피후견인은 이에 대한 보답으로 사적인 서비스를 포함한 일반적인 지지와 보조를 후견인에게 제공한다. 후견인과 피후견인은 동맹관계의 형태를 맺게 된다. 지위, 권력, 자원 등이 불평등한 후견인과 피후견인이 각각 자신보다 우월한 또는 열등한 당사자와 서로의 이익을 위해 도구

50) 김민주(2018). 「시민의 얼굴 정부의 얼굴」, 박영사, pp.77-78.

적 관계를 맺는 것이다.[51)]

우리나라는 중앙과 지방의 관계에서 중앙정당의 정치인 후견으로 공천을 받아 선거를 치른 후 당선된 단체장이 그가 피후견인이 되면서 동시에, 그를 후견인으로 삼아서 지역의 네트워크를 형성하여 또 다른 후견-피후견의 관계를 형성하게 된다. 이 관계가 좀처럼 사라지지 않는다. 박종민의 주장대로 우리나라의 지방정치 현상은 다른 이론들보다도 후견주의에 의해 설명이 더 잘 될 정도다.[52)] 설명이 잘 된다는 것은 그만큼 현실을 잘 반영하고 있다는 의미인데, 그것은 후견주의의 존재가 비교적 잘 드러나고 있다는 말이다. 지방자원의 권위적 배분을 통제하는 시장과 그를 후견인으로 삼는 시의원, 행정관료, 기업인, 지역유지들이 구축해 놓은 후견주의 네트워크가 존재하는 것이다. 이들이 지역의 공권력을 사용하는 관료, 특히 시장을 중심으로 후견관계로 뭉쳐지면 하나의 리바이어던이 된다. 이러한 후견주의는 단기간에 형성되는 것이 아니며, 한번 형성된 것은 비교적 오래 지속된다. 그래서 통상적으로 볼 때 후견의 관계는 단절적인 사건이 급격히 일어나지 않는 이상 계속 이어지는 것이 보통이다. 기본적으로 서로가 서

---

51) Scott, James C.(1972). Patron-Client Politics and Political Change in Southeast Asia, *American Political Science Review*, 66(1): 91-113.

52) 박종민(2000). 집단이론, 후견주의 및 도시의 리더십, 「한국행정학보」, 34(3): 189-204.

로의 이익에 부합하는 형태로 동맹을 맺고 있기 때문에 쉽사리 약화되지 않는다.

지역에서 형성되는 작은 리바이어던은 지역 내 후견주의가 깊이 관여하지만, 한편으로는 중앙과 지방 간 후견의 관계도 적지 않게 목격된다. 이 관계는 중앙이 지방을 후견함으로써 큰 리바이어던의 영향이 작은 리바이어던에게 효과적으로 이어지게 한다. 물론 지방 역시 지지 등의 형태로 중앙에 도움을 주기 때문에 리바이어던끼리의 연계는 자연스럽게 이어져 어느 한쪽도 약화되기를 원하지 않는다. 단적으로 정치적 리더 중에는 지방을 기반으로 하지 않는 이가 거의 없다. 지역 기반의 정당에 몸 담고 있어서 그럴 수도 있지만, 개인적으로 자신의 연고 지역은 정치적 자산이 되어 후견관계의 시초가 된다. 따라서 작은 리바이어던이 지속되는 것도 큰 리바이어던이 존재하는 한 계속될 것이다. 그리고 설사 큰 리바이어던이 권력을 줄인다고 해도 줄어든 권력이 없어지는 것이 아니다. 줄어든 권력은 작은 리바이어던을 통해서 여전히 권력을 조정하며 사용할 수 있다. 그러니 작은 리바이어던이 쉽게 사라지는 것이 아니다. 그저 잘 보이지 않게 존재한다. 후견은 드러내 놓고 하는 경우는 흔치 않다. 자칫 그 정도에 따라 부정의로 보일 수 있기 때문이다.

아래는 사회적 이슈이자 논란이 되었던 한 사건에 대한 검찰의 공소장 내용의 일부이다. 공소장의 내용이기 때문에 재판과정에서 다툼이 있을 수 있는 사항이라서, 이 내용 자체의 진위 여부는 여기서 논할 사항은 아니다. 다만, 큰 리바이어던과 작은 리바이어던과의 관계성을 생각해 볼 수 있다. 중앙의 국정수행 등의 동력이 지방권력과 관련된다는 점을 말하고 있다.

> "2018년 6월 13일 실시 예정이던 제7회 전국동시지방선거에 즈음하여, 현 정부와 여권에서는 지방 권력을 교체함으로써 국정수행의 동력을 확보하고자 하였고, …"[53]

작은 리바이어던의 또 다른 속내: 두 번째 의심의 해소 실마리

여기서 앞서 2장에서 언급한 자치에 대해 드는 두 번째 의심이 해소될 수 있는 실마리가 제공된다. 큰 리바이어던과 작은 리바이어던은 서로 연계성이 높기 때문에, 어느 한 쪽이 무조건적이고 일방적인 축소나 확대를 강요하지 않는다. 필요성을

---

53) 동아일보(2020). '靑선거개입 의혹' 사건 공소장 전문 공개합니다, 2월 7일자 기사.

보고 판단한다. 그렇기 때문에 작은 리바이어던이 큰 리바이어던으로부터 권력의 이양 등으로 그 힘을 더 늘리고 싶어 하는 면도 있지만, 다른 한편으로는 오히려 그냥 큰 리바이어던이 더 많은 권력을 가지고 있음으로 해서 생기는 편익을 더 누렸으면 하는 바람도 지니고 있다. 바로 이 점이다. 흔히 자치를 강조하며 하는 말이, 저 멀리 있는 중앙보다는 가까이서 현장을 잘 아는 지방이 직접 주민들의 일을 해결하는 것이 더 적절하므로 중앙권력의 분산이나 이양을 주장하는데, 실상은 오히려 그런 권력을 굳이 받지 않고 권력이 적더라도 괜찮으니 중앙에서 일을 맡아달라고 말하기도 한다. 앞서는 작은 리바이어던의 존재가 보이지 않는 권력이었다면, 여기서는 작은 리바이어던이 자신의 편익을 위해 권력을 받지 않으려는 의도에서 보이는 자아 연속성이다. 역설적으로 이 역시 권력 작용이 되는데, 그것은 자신의 이익을 위해 표면적인 권력의 확대 등을 오히려 막는 것이 에고로서 자아의 연속성을 발휘하는 권력 작용이 되기 때문이다. 즉, 자신의 의도 관철이 이루어지는 권력 모습은 역설적이게도 권력을 더 받지 않겠다는 행동이다. 이 관계에서도 분명히 권력관계의 기본인 에고가 타자를 통해 자아 연속성을 지속시키는 모습이 드러난다. 지방이라는 에고가 중앙이라는 타자를 통해 자신의 자아 연속성 즉, 편익이 더 낮아질 수 있는 권력은 받지 않겠다는 의도를 실현하는 것이다.

이런 일이 실제 일어날까? 인간 본성의 이중성으로 드는 메저키즘(masochism)과 새디즘(sadism)에 기초해서 볼 때 전체주의나 파시즘 국가가 등장했듯이 자치에 대해서도 '우리는 진정 자치를 원하는가?'라는 질문이 충분히 있을 수 있다. 특히 자치를 해서 얻는 것보다 잃을 수 있는 것이 더 많다면 굳이 자치를 해야 하는가의 의문을 제기할 수 있다.[54] 비용과 편익 측면이나 효율성 측면에서 보면 자치가 언제나 더 유리하다고 볼 수는 없다. 윌슨의 행정개혁도 자치에서 드러나는 지역의 문제 때문이었다.[55] 권력 관계에서 볼 때 굳이 권력을 이양하지 말고 중앙이 권력을 더 가져서 기존의 권력 관계에서 생기는 이익을 계속 누리려는 선호를 보이는 것이 가능하다. 실제로 소규모이면서 재정이 열악한 지방자치단체 중에는 굳이 더 많은 권한을 받아서 규모를 늘리거나 재정자립도를 높이려고 하지 않는 사례가 있다. 아래는 한 지방자치단체의 고위직에 있는 공무원과의 인터뷰 내용이다. 이 내용에서 흥미로운 점은 자치를 위해 권력 등을 더 키우기보다는 자치가 잘 되지 않을 정도로 '열악하다는 점을 오히려 무기로 삼아서' 더 큰 이익을 받으려고 한다는 점이다. 이 관계가 바로 일종의 권력관계가 된다. 타자인 중앙정부를 통해 열악한 자치단체가 그의 자

---

54) 김태영(2017). 「지방자치의 논리와 방향」, 동아시아연구원, pp.2-3.

55) Wilson, Woodrow(1887). The Study of Administration, *Political Science Quarterly*, 2(2): 197-222.

아 연속성을 얻게 되기 때문이다.

> "우리 옆에 있는 Y자치단체는 우리보다 재정이 열악하고 인구도 적고 여러 방면에서 열악한데, 오히려 그래서 중앙정부로부터 더 많은 지원을 받습니다. 재정지원은 물론이고 취약한 지역으로 분류되어 비공식적으로 더 지원의 대상이 되고 있습니다. 큰 무기 중 하나는 '우리는 열악하다'라는 것입니다. 그래서 결과적으로 따져보니 우리 지역이 오히려 더 지원을 못 받아서 더 열악합니다."[56]

열악한 지방자치단체는 그 열악함이 무기가 되어 오히려 지원을 더 받아야 한다는 주장이 실제로도 존재한다. 국회예산정책처의 연구용역보고서에서는 이와 같은 주장을 한다. "재정이 열악한 지방자치단체가 지방세 탄력세율 제도를 적극 활용할 수 있도록, 지방자치단체의 세입이 증가하면 보통교부세가 감소하는 현행 방식을 전면 개편할 필요도 있을 것이다."[57] 이 주장에서 두 가지를 알 수 있는데, 하나는 열악함이 무기가

56) 2019년 2월 27일 인터뷰 내용(50대 C 지방자치단체, 고위공무원)

57) 유태현(2017). 「대규모 국고보조 복지사업 확대에 따른 지방재정 부담 분석」, 국회예산정책처, p.102.

되어 새로운 지원의 근거가 된다는 점이고, 또 다른 점은 그 전부터 세입을 더 늘릴 유인이 별로 없었다는 점에서 이미 열악함은 중앙의 교부세 증액이나 혹은 최소 감액되지 않을 근거가 되고 있었다는 사실이다. 애초에 지방교부세의 경우는 그 배분방식을 보면 열악한 지방자치단체가 더 많이 받게 되는 구조이긴 하다. 보통교부세의 경우 배분방식이 기준재정수입액이 기준재정수요액에 미달하는 경우 그 재정부족액에 대하여 조정율을 적용하여 결정하는 형태이기 때문이다. 하지만 단순히 이런 구조적인 이점 이외에도 위에서 인용한 내용처럼 열악하다는 점이 다양한 지원이나 혜택을 받을 수 있는 근거가 된다. 그래서 국고보조금의 매칭비율에서 혜택을 더 늘려야 한다는 주장이나,[58] 실제로 열악한 지자체의 학생들이 더 많은 지원을 받는 것도 그와 관련된다.[59] 또 자치분권 시행계획에서 추진과제로서 '중앙권한의 획기적인 지방이양', '재정분권의 강력한 추진', '자치단체의 자율성과 책임성 확대' 등을 제시하고 있다.[60] 그렇다면 지방자치단체가 지금의 혜택이 더 많고 더 만족스러운데, 굳이 스스로 해결할 수 있는 지역으로

58) 김진기(2012).「매칭펀드 제도의 합리적 개선이 필요하다」, 강원발전연구원.

59) 무안신문(2010). 전남농어촌 교육여건의 악순환 해결 방법은?, 1월 23일자 기사.

60) 자치분권위원회(2019).「2019년 자치분권 시행계획」, 대통령소속 자치분권위원회, p.3.

탈바꿈하려고 할까? 현재의 지역에서 작은 리바이어던의 역할 정도만으로도 충분히 만족하고 있는데 굳이 큰 리바이어던으로부터 더 많은 것을 받으려고 할까? 던리비(Patrick Dunleavy)의 말처럼 더 많이 가지려고 하면서(규모 확대) 권력을 늘리는 것이 아니라, 중요하고 핵심적인 것만을 가짐으로써 오히려 더 권력적일 수 있다.61)

이런 모습은 겉으로는 잘 보이지 않는 권력 작용이다. 특히 역설적인 권력관계라는 점에서 특징적이고 그래서 더 잘 보이지 않는다. 권력의 기본 속성처럼 자신의 자아 연속성을 위해(권력 행사) 오히려 권력을 더 소유하지 않겠다는 것이다. 이는 상당히 현실적인 전략에서 비롯되는 권력의 모습이다. 즉, 적은 권력을 지니고 있어서 오히려 열악하고 취약한 상태가 전략적 자산이 되어 그것이 일종의 캐시카우(cash cow)가 되는 것이다. 실제로 지방자치단체 중에는 도시의 열악함을 적극적으로 캐시카우로 활용하여 여러 혜택을 보는 경우가 있고,62) 그 때문에 한때 통합시에 대한 논의가 활발할 때 인접 도시와의

---

61) Dunleavy, Patrick(1991). *Democracy, Bureaucracy and Public Choice: Economic Explanation in Political Science*, London: Prentice Hall ; Dunleavy, Patrick(1985). Bureaucrats, Budgets and the Growth of the State: Reconstructing an Instrumental Model, *British Journal of Political Science*, 15: 299-328.

62) 김민주(2019). 지방자치단체의 장소자산과 도시이미지, 「인문사회과학연구」, 20(3): 371-412.

통합 논의에 대해 오히려 열악했던 해당 도시가 더 반대하여 논의 자체가 무산되는 일도 있었다. 그 이유는 통합되면 자신들이 가지고 있던 그 열악함의 무기로 다양한 지원을 받을 수 있는 기회가 사라지기 때문이었다.[63] 일반적으로 겉으로 볼 때 열악함을 지닌 대상이 상대보다 더 권력적으로 보이지는 않는다. 하지만 그 열악함을 통해 의도한 바를 쟁취한다는 점에서 그때의 열악한 대상은 더 권력적이다.

---

63) 이 내용은 해당 지방자치단체의 고위 관료(50대 C지방자치단체, 고위공무원)와 함께 일했던 민간기관의 고위직(50대)의 말이다. 이 말을 한 민간기관 고위직의 요청에 따라 해당 지방자치단체와 민간기관의 명칭 등은 밝히지 않는다.

2. 새 나라의 어린이

: 스스로 하게 만드는 보이지 않는 권력

⋮ 스스로 어린이

'새 나라의 어린이'라는 동요가 있다. 그 가사는 아래와 같다. 이 동요를 보면 어린이에게 "일찍 일어나라", "서로 도와라", "거짓말 하지 마라" 라는 말은 절대 하지 않는다. 명령이나 지시의 말도 없고 좋은 교훈이니 잘 새겨 두어라는 당부나 권유도 없다. 오로지 딱 한 가지만을 말하고 있다. 새 나라의 어린이라면 "일찍 일어난다", "서로 돕는다", "거짓말 하지 않는다"라는 말 뿐이다. 어떻게 하라는 것이 아니라 "새 나라 어린이라면 그렇더라"라는 것만을 알려 줄 뿐이다. 그러면서 결정적으로 하는 말이 있다. 잠꾸러기도 없고 욕심쟁이도 없고 서로 믿고 사는 그러한 나라는 우리나라이고 우리나라는 좋은 나라라는 것이다.

새 나라의 어린이는 일찍 일어납니다.
잠꾸러기 없는 나라 우리나라 좋은 나라
새 나라의 어린이는 서로 서로 돕습니다.
욕심쟁이 없는 나라 우리나라 좋은 나라
새 나라의 어린이는 거짓말을 안 합니다.
서로 믿고 사는 나라 우리나라 좋은 나라

우리가 살고 있는 나라가 잠꾸러기도 없고 욕심쟁이도 없고 서로 믿고 사는 좋은 나라라면, 그 속에 어린이는 어떻게 해야 할까? 굳이 새 나라까지 언급하지 않더라도 좋은 나라인 우리나라에 살고 있는 어린이라면, 일찍 일어나고, 서로 돕고, 거짓말을 하지 않아야 된다는 것 아닐까? 좋은 우리나라에서는 잠꾸러기가 없다고 하는데, 그 속에 살고 있는 어린이의 한 명인 내가 잠꾸러기가 되어서 되겠는가? 이 노랫말에서 새 나라에 대한 단어의 문맥을 해석해보면, 이미 새 나라가 도래되었다는 의미도 될 수 있고 미래에 맞이하게 될 나라일 수도 있다. 문맥상의 의미가 전자든 후자든 메시지는 분명하다. "새 나라와 좋은 나라의 어린이는 이런 모습이다." 그 다음 이어질 내용, 그렇지만 직접적으로 드러내지는 않은 메시지는 "그래서 새 나라나 좋은 나라에 살 어린이 너는 어떻게 할래?" 자식에게 양말 아무렇게나 벗어 놓지 말라고 말하는 것이 아니라, 착한 어린이라면 양말을 양말 통에 벗어 놓는다고 그냥 말하는 것이다. 그러면 그 뒷말은 역시 "그래서 착한 어린이가 되고 싶은(또는 착한 어린이가 되었으면 하는) 너는 어떻게 할래?" 이다.

한 교육기업의 유명한 CM송이 있다. 일명 '스스로 송'으로 불리는데, 불리기 시작한 지 약 30년이 다 되어가는 지금도 '스스로 송'이라고 하면 해당 기업을 떠올리는 사람이 많다. 이 CM송에 곧 바로 이어서 나오는 기업명이 중요하다. "자기의 일은 스스로 하자. 알아서 척척척, 스스로 어린이", 그리고 나서 곧바로 "재능교육"이라고 말한다. 사실 이 CM송이 소위 말하는 센스 있다는 점은 바로 재능교육이라고 말하는 지점에 있다. 기업 이름이 곧바로 오지만 우리 인식 속에 기업명으로만 남아있지 않고 앞의 노랫말의 맥락과 연관되어 인식되게 한다. 자기의 일을 스스로 하고 알아서 척척척 하는 스스로 어린이가 되기 위해서는 재능교육이 뒷받침되어야 한다는 점을 하나의 메시지로 전달하고 있다.

> 자기의 일은 스스로 하자. 알아서 척척척, 스스로 어린이

권력작용 중에 가장 정교하고 내밀한 것은 바로 스스로 하도록 만드는 것이다. 이렇게 하는 것이 가장 최고의 권력이다. A와 B 통치자가 있을 때, A는 폭력이나 강압을 통해 통치하고 B는 통치를 받는 대상자가 통치자의 의도에 맞게 알아서 하도록 한다. 누구의 통치력이 더 치밀하고 정교할까? 답은 B다. 통치자가 통치의 대상자에게 억지로 하라고 지시하고, 심지어 폭력에 강하게 의존하는 권력은 최고의 권력이 아니다. 한병철의 말대로 폭력에 의존하는 권력은 제압해야 할 반대 의지가 형성되어 통치자와 충돌한다는 사실 자체가 권력의 취약성을 나타내는 것이 된다. 권력이 그 자체가 드러나지 않고 화제조차 되지 않을 때, 바로 그럴 때 권력은 어떤 의심도 받지 않은 채 유지된다. '스마트 권력'으로 지칭되는 치밀하고 정교한 이 방식은 떠들썩하게 자기를 과시하지 않고 자연스럽게 작동한다. 육체는 물론이고 심리적으로도 금지의 굴레에 묶어두지 않는다. 그래서 이를 두고 친절한 권력이라고도 한다. 함께 나누라고, 참여하라고, 우리의 의견, 욕망, 소원, 선호를 전달하고 우리 삶에 대해 이야기하라고 끊임없이 자극한다. 에고가 타자에게 자아 연속성을 지속시키는 한 방법은, 타자에게 자유를 더 보장함으로써 자유를 누린다는 생각을 들게 하여 그것을 이용하는 것이다. 자유를 느끼게 하면서 오히려 에고의 자아 연속성이 구현되도록 하는 것이다. 시켜서 하게 할 일을 스스로 하도록, 즉 자유로움을 느끼면서 스스로 하도록 하는 것이다. 권력을 지닌 통치자 입장에서는 통치받는 대상자들에게 하나하나 싫은 소리를 하면서 억지로 시키는 것보다 그들이 알아서 일을 하면 훨씬 수월하다. 그렇게 스스로 하도록 하는 것이 스마트 권력이고 친절한 권력이며, 자유를 갈망하는 사람들에게는 유혹적인 권력이 된다. 안된다고 말하기보다 그렇게 하라고 말하는 것이 더 매력적이기 때문에 이는 유혹이 되는 것이다. 자유분방하고 친절한 모습으로 자극하고 유혹하는 이러한 스마트 권력은 명령하고 위협하고 규제하는 권력보다 더 큰 영향력을 발휘한다.[1)]

이는 곧 스스로 어린이를 만드는 것이나 다름없다. 부모 입장에서 하나하나 해줘야 할 일을 어린이가 직접 하니 얼마나 편한지 모른다. 어린이는 이렇게 하는 것을 싫어하지 않는다. 이 나이가 되면 마땅히 그렇게 하는 것이 올바르다고 하니 스스로가 오히려 대견하다고 뿌듯해 한다. 그냥 하라고 하거나 하지 않으면 야단친다고 하는 것보다, 착한 어린이라면 스스로 한다고 말해주거나 그런 어린이는 똑똑하다고 격려를 해주면서 스스로 하게 하는 것이다. 스스로 하는 어린이는 칭찬과 격려가 있으면 스스로 한 일에 대해 기분 좋아한다. 이런 형태의 권력 작용이 유지되고 계속되는 이유, 그리고 눈에 잘 보이지 않는 이유가 바로 이 때문이다. 권력대상자로서 피통치자

---

1) 한병철(2016). 김남시 옮김, 「권력이란 무엇인가」, 문학과 지성사 ; 한병철(2015). 김태환 옮김, 「심리정치」, 문학과 지성사.

가 스스로 만족하고 충족감을 느끼기 때문이다. 억압적이고 강제적이지 않기 때문에, 스스로 자발적으로 또 자율적으로 하기 때문에 그런 것이다. 타자로서 어린이가 시켜야 할 일을 스스로 하게 만드는 에고의 통치술은 가장 세련된 것이다.

스스로 시민과 자치: 세 번째 의심의 해소 실마리

스스로 어린이는 스스로 시민으로 대치될 수 있다. 앞서 A와 B 통치자가 있을 때 A는 폭력이나 강압을 통해 통치하고 B는 통치를 받는 대상자가 통치자의 의도에 맞게 알아서 하도록 한다면 B의 통치력이 더 치밀하고 정교하다고 했다. 여기에 시민의 개념을 포함시켜서 다시 나타내면, A는 시민들에게 직접적인 지시를 통해 권력을 행사하며 통치하고, B는 시민들에게 권한을 부여하여 시민 스스로 통치의 주체가 되도록 한다. 누구의 통치력이 더 치밀하고 정교할까? 역시 답은 B다. 스스로 어린이가 되도록 하듯이 스스로 시민이 되도록 하는 것이다. 누구의 통치도 아닌 시민 스스로 통치한다는 것은 당연하면서도 그동안 잘 되지 않았기에 더욱 긍정적인 행위가 된다.

그렇다면 스스로 시민이 되도록 한다는 것은 무엇일까? 그것은 일종의 시민성(citizenship)을 지닌 시민이 된다는 것이다. 시민성을 지닌다는 것은 일종의 시민권을 지니는 것으로 시민으로서 권리를 가지는 것과 그것을 획득하기 위한 과정이나 정체성과 주체성의 상태를 말한다. 쉽게 말해, 시민성은 시민다움을 위한 시민으로서 주체성을 지니는 것이다. 민주주의 사회에서 민주적이고 주체적인 시민이 되어야 한다는 당위성은 곧 시민성의 필요성을 강조하는 말이다. 시민성에 기초해서 시민을 보면, 시민이란 주체성과 정체성을 기반으로 민주적이고 자율적이고 능동적인 개인이 된다. 그런데 이런 시민은 저절로 되는 것일까? 그리고 이런 시민의 특징은 시민 스스로를 위한 것일까?

시민을 시민성을 지닌 시민다움으로 만든다면 즉, 기획을 한다면 가장 편하고 좋은 사람은 시민이 아니라 바로 권력을 행사해서 자신의 자아를 연속시키려는 통치자이다. 이런 예를 들면 쉽게 이해된다. 어떤 도시가 쓰레기 처리 문제를 획기적으로 해결하기 위해 여러 방법을 사용할 수 있지만 정치적인 영역에서 통치술을 활용하면 이렇다. 시민들에게 훌륭한 시민의 자세를 교육시켜서 훌륭한 시민이라면 거리에 쓰레기를 버리지 않고 또 버려져 있는 쓰레기가 보이면 자발적으로 주워서 쓰레기통에 버리고 재활용도 열심히 하는 사람이라고 규정짓는 것이다. 그리고 자원봉사활동도 열심히 하며 깨끗한 도시를 만드는 데 적극적으로 참여하는 사람이라고 인식시킨다. 크룩생크(Barbara Cruikshank)가 말하는 통치자들이 통치 목적으로 일반 사람들을 시민으로 만들기 위해 일명 시민성 테크

놀로지(technology of citizenship)를 사용하는 것이 바로 이것이다.[2)]

여기서 시민성 테크놀로지란 개인을 정치적으로 능동적이게 만들고 스스로를 자율적으로 통치할 수 있게 만드는 다양한 전술, 즉 담론과 프로그램을 말한다. 예를 들면, 동네 만들기 캠페인이나 권한부여(empowerment) 프로그램 등이다. 내가 사는 동네의 주인은 나이므로 내가 스스로 문제해결을 위해 적극적으로 나서는 것이 필요하고, 그렇게 하기 위해서는 권력자로부터 일정 정도의 권한 위임을 통해 재량을 발휘할 수 있어야 한다. 혹은 그렇게 할 수 있는 역량을 지녀야 한다. 그렇게 해야 진정한 시민이 될 수 있다. 이는 시민성의 결핍이나 시민의 결핍을 교정하려는 참여적이고 민주적인 일종의 기획이다. 시민성 테크놀로지를 운용하는 정치적 합리성은 사람들의 자발적인 자율과 자급, 정치적 참여를 촉진함으로써 그들을 통치하는 것이다. 여기에 대해 크룩생크는 시민의 자율, 이해, 의지는 자발적인 동원만큼이나 조형되는 것으로 보며, 이는 시민의 자율과 독립을 말살하는 대신에, 자기 자신을 다잡는 시민의 능력에 의존하여 개입하는 통치술이라고 보고 있다. 그런 점에서 볼 때 시민성 테크놀로지는 자발적인 동시에, 그 이면은 의도에 맞게 강제하는 것이라 할 수 있다. 사람들은

---

2) 바바라 크룩생크(2014). 심성보 옮김, 「시민을 발명해야 한다」. 갈무리, pp.16-63.

특정한 목적을 지닌 특정한 시민으로서 자신의 행위 역량을 내면화해야 비로소 시민이 된다. 즉, 시민성 테크놀로지를 통해 시민들은 그들에게 부여되는 권한부여에 따른 임파워(empower) 의지와 자활이 가능한 역량 개발 그리고 자조의지와 자아의 역량 등이 갖추어지게 된다. 이런 것들이 길러지는 것은 시민으로서 당연하다. 하지만 궁극적으로 그러한 시민은 통치자가 원하는 바이다.[3)]

이렇게 볼 때 시민성 테크놀로지를 통한 시민성 만들기는 자치와 잘 부합된다는 것을 알 수 있다. 이미 자치에서 강조하는 민주적인 참여와 자율적 통치는 시민성 테크놀로지에서도 강조되는 것으로, 시민으로서 지녀야 할 그 어떤 결핍에 대한 해결책으로 언제나 등장한 것들이다. 그래서 통치자는 물론이고 시민들이 받아들이기에도 익숙하고 호감이 가는 단어들이다. 민주적이라는 말과 참여라는 말, 그리고 자율적이라는 말을 부정적으로 여기는 사람은 거의 없다. 그래서 시민의 그 어떤 결핍의 해결책으로 언제나 등장했던 것들이다. 어쩌면 스스로 통치한다는 자치야말로 시민성 테크놀로지로 이루어야 할 대상이자 시민성 테크놀로지가 결합될 수 있는 장치이기도 하다. 아래 크룩생크의 말이 이를 잘 나타낸다.

---

3) 바바라 크룩생크(2014). 심성보 옮김, 「시민을 발명해야 한다」, 갈무리, pp.16-63.

"… 민주주의 역시 정치적 행동을 가능하게 하는 동시에 제약하는 것이다. 민주적인 통치 방식이라고 해서 다른 방식보다 반드시 안전하고, 자유롭고, 이상적이진 않다. 민주적인 자치 역시 일종의 권력 행사에 불과하다. 다만 그것은 스스로에게 권력을 행사할 뿐이다. 다른 통치방식과 마찬가지로, 자치 또한 절대적 자유와 독재적 지배라는 양극단 사이에게 동요할 수 있다. 그리고 능숙하든 미숙하든 간에, 사람들은 자신의 삶을 통치하는 만큼, 다른 사람의 삶도 그렇게 할 수 있다."[4]

자치 역시 통치가 이루어지는 권력 작용인 것은 이미 앞에서도 살펴봤다. 중요한 것은 자치 속에 작용하는 권력은 자발적 복종에 가깝게 이루어짐에도 불구하고 '스스로'와 '자율적'이라는 규범어에 의해 좀처럼 잘 보이지 않는다는 점이다. 시민으로서 응당 자치를 해야 하는 것으로 여기지만, 그것은 통치전략의 하나로 통치자가 원하는 바대로 하는 것에 불과할 수도 있다. 그저 잘 보이지 않아서 잘 인식되지 않고 있는 것이다.

---

4) 바바라 크룩생크(2014). 심성보 옮김, 「시민을 발명해야 한다」, 갈무리, p.17.

실제 우리 현실에서는 어떻게 나타날까? 시민으로서 스스로 할 수 있어야 한다는 점을 전제하고 자치를 강조한다. 스스로 할 수 없기 때문에 역량을 높이고 능력을 배양하기 위해 노력이 필요한데, 이는 중앙의 도움으로 될 수 있다는 것이다. 그 도움이 소위 말하는 자치를 위한 여러 정책과 프로그램이고 크룩생크가 말하는 자조 혹은 자활(self-help)의 방법이다. 비정상을 가정한 상태에서 비정상의 대상에게 규범을 '자율적으로' 따르도록 하는 방식으로, 이는 뭔가 결핍된 존재라는 가정에서 육성하는 정책이다. 그뿐 아니라 시민이나 지역의 주민 스스로도 그와 같이 생각하고 있다.

현재 우리나라에서 자치를 위한 공식적인 기구 중 하나인 대통령소속 자치분권위원회에서는 2019년에 자치분권을 위한 계획을 발표한 적이 있다. 그 속에는 자치분권을 위한 여러 계획과 세부과제를 제시하고 있다. 그 내용 중 몇몇 과제별 시행계획에서 밝히고 있는 기본방향을 보면 다음과 같다. 주민참여권 보장의 기본방향은 "지방자치법의 목적에 '주민자치' 원리 강화, 자치단체의 정책결정 및 집행과정에 주민의 참여권 보장 등 주민참여의 실질화"이고, 숙의 기반의 주민참여 방식 도입의 기본방향은 "소통과 토론에 기반한 숙의 민주주의 중심의 주민참여 확산으로, 지역공동체 회복 및 갈등해소, 주민들이 합의된 집단적 의사를 형성하도록 논의의 장을 마련하고 이를 정책 결정과정에 반영" 등이다. 주민참여가 실질화될 수 있도록 한다는 것과 소통과 토론에 기반한 숙의 민주주의를 강조하고 있다. 그러면서 특히 숙의 기반의 주민 참여방식 도입의 과제에 대해서는 시민으로서 숙의 기반의 참여를 할 수 있어야 한다는 생각이 강하게 내포된 아래와 같은 계획을 밝히고 있다.

> 숙의 민주주의 활성화를 위한 대상별 맞춤형 교육 지원
> - 지역 여건에 맞는 참여적 의사결정방법을 활용할 수 있도록 단체장 · 지방의원 · 담당공무원 · 주민 등을 대상으로 맞춤형 교육프로그램 개발
> - 숙의 민주주의 운영 및 활용 능력 제고를 위해 대상별 맞춤형 강의 개설 · 운영(지방자치인재개발원, 시 · 도공무원교육원, 지방대학 등) 지원[5)]

숙의 민주주의는 자치를 위해 필요하기 때문에 활성화해야 하고 그것을 위해 교육 지원을 한다는 것이다. 시민들의 자조나 자활을 위한 교육으로써, 그 교육은 맞춤형으로 이루어질

---

5) 자치분권위원회(2019). 「2019년 자치분권 시행계획」, 대통령소속 자치분권위원회, p.13.

것이라고 한다. 이는 기본적으로 역량의 문제로 이어진다. 자치를 위한 역량을 기르는 것이 필요하며 그 역량이 있어야 자치가 가능하므로 시민들은 '스스로' 할 수 있게 된다는 것이다. 이에 대해서는 많은 사람들이 거의 당연한 것으로 받아들이고 있다.

그 예로 한국지방행정연구원에서 실시한 설문조사와 인터뷰에 따르면, 지방공무원은 자신들이 현장에서 볼 때 "시민의 역량이 부족하고 소수 시민이 시민을 대표하는 행동을 하는 경우가 많으며 정부의 도움 없이는 시민이 참여하지 못한다."고 보고 있다. 그러면서 "앞으로는 시민이 역량을 키워서 시민참여를 시민이 주도하는 것이 필요하다는 데에는 공감"한다고 말하고 있다.[6] 이에 대해 보고서도 "참여를 통해 재정적 효용성을 얻게 되면 참여와 동시에 시민의 역량이 커지게 될 것이다. 참여할 수 있는 능력 및 전문성은 교육과 훈련을 통해 배양될 수 있다.[7]"고 진단하고 있다. 자치를 위한 시민 역량부족이 거론되며 이는 교육을 통해 배양할 수 있을 것으로 보는 것이다. 이 말에는 자치에서는 시민 역량이 필요하며 자치를 위한 전제가 된다는 것과 이는 교육으로 높일 수 있다는 자신감

---

6) 김필두 · 류영아(2014). 「지방자치에 대한 인식분석」, 한국지방행정연구원, p.118.

7) 김필두 · 류영아(2014). 「지방자치에 대한 인식분석」, 한국지방행정연구원, p.161.

이 배어있다. 이를 이끄는 주체는 중앙이다.

지역의 시장은 물론 시의회 의장과 국회의원들까지 참석한 한 지역의 주민자치위원들 간 행사에서도 해당 지역의 주민자치위원장협의회장은 스스로가 이런 말을 한다. "주민자치는 주민의 능력이 바람직하게 결집해 이타성이 발현되도록 하는 것"이고 "주민 스스로 주민자치를 실천할 수 있도록 주민자치 역량을 강화해야 한다."라고 말하였다.[8] 물론 시민의 역량 뿐 아니라 지방공무원의 역량이나 단체장의 역량 강화를 선결조건으로 보기도 한다.[9] 그리고 지방자치단체 자체를 언급하면 "지방정부의 역량 강화가 어느 때보다 필요한 시점"이라고 주장하기도 한다.[10] 중앙정부가 직접적으로 "자치단체는 중앙정부의 지침 · 통제에 익숙해져 전문역량을 발휘할 계기가 부족, 자발적인 혁신을 위한 동력 저하"라고 평가하고 있기도 하다.[11] 이들 모두의 공통점은 자치가 이루어지는 현장에 있는, 즉 자치의 대상에 해당하는 이들을 두고 하는 말이다. 자치를 위해서는 정말 말 그대로 스스로 통치할 수 있는 역량이 있어

8) 한국자치학회(2019). 주민 스스로 주민자치 실천할 수 있도록 역량 강화하자, 학회 홈페이지 기사.

9) 김지영(2017). 「정부간 관계의 효과적 운영방안 연구」, 한국행정연구원.

10) 김지영(2017). 「정부간 관계의 효과적 운영방안 연구」, 한국행정연구원.

11) 행정안전부(2017). 「자치분권 로드맵(안)」, 행정안전부, p.10.

야 한다는 말이다.

자치에서 역량과 함께 언급되는 것 중 하나가 권한부여(empowerment)이다. 그래서 정부의 자치분권 시행계획에서도 '주민자치회의 대표성 제고 및 활성화' 과제를 위해서는 "주민자치회의 주민참여예산 의견반영, 공공시설 위·수탁 업무수행, 자치규약 제정 등 실질적 역할 및 권한부여"를 직접 언급하고 있다.[12] 시민성 테크놀로지를 위한 각종 사회프로그램과 개혁운동 속에서 발전한 권한부여야말로 스스로 행동하도록 양성하는 데 중요한 역할을 한다. 통치자는 규정을 마련해 두고 권한부여만 해주면 된다.[13] 부여된 권한을 제대로 행사하지 못하는 것은 여전히 시민성의 부족이고 그렇기 때문에 역시 역량 향상을 위한 각종 프로그램이 또 필요하게 된다. 자치를 위한 중앙의 노력은 이러한 순환관계의 어디쯤에 항상 위치하고 있는 것이다. 권한부여의 목표는 다른 사람의 이해와 욕망에 개입하여 그들의 행동을 적절한 목표에 맞춰 통솔하는 것이다. 그리고 이것은 그 자체로 권력관계다. 그런데 사람들은 권한부여에 담긴 규범적 올바름이라는 인식으로 인해 그것이 권력관계인지 잘 모른다. 즉, 권한부여가 자활적이고 능동

12) 자치분권위원회(2019). 「2019년 자치분권 시행계획」, 대통령소속 자치분권위원회, p.15.

13) 바바라 크룩생크(2014). 심성보 옮김, 「시민을 발명해야 한다」, 갈무리, pp.201-203.

적이고 생산적이고 참여적인 시민이 될 수 있게 해준다는 인식을 강하게 심어주는 것이기 때문에 그것이 권력관계라는 점은 잘 보이지 않는다. 통치자가 시민의 주체성과 대립하는 것이 아니라 주체성을 통해 권력을 작동시킨다는 사실을 잘 모르는 것이다. 권한부여는 다분히 결핍을 지닌 자나 무력한 자들의 역량향상을 목표로 하면서, 그들의 역량 향상의 과정과 그 결과가 권한을 부여하는 주체의 통치가 되도록 한다.

이런 가운데, 한편에서는 그와 같은 스스로 시민과 자치가 되도록 하는 그조차도 아직 미흡하다는 비판도 있다. 2020년에 주승용 국회부의장이 지역의 한 축사에서 솔직하게 한 말에서 드러난다. 그는 "분권하지 않고 주민자치와 지방자치를 손에 꼭 쥐고 있는 행안부는 없어져야 한다"고 말하며 당시 참석자들로부터 큰 박수를 받았다고 한다.[14] 이 말에는 자치가 중앙의 통제 하에 이루어진다는 점을 말해주는 동시에, 시민성 테크놀로지의 대상이 되지 않는 전통적인 방식의 권력을 아직도 중앙이 많이 가지고 있다는 말이다. 물론 시민성 테크놀로지의 방식으로 통치를 하는 것이 더 적절하다는 의미는 아니다. 하지만 잘 안보이고 우리가 잘 인식하지 못하는 것이지만 시민성 테크놀로지는 최소한 겉으로는 자치를 위한 노력인 것으로 보이게는 한다. 그런 점에서 그것조차 아직 잘 되지

14) 더퍼블릭뉴스(2020). 뛰어난 주민자치 역량과 지혜를 가진 분이 국회에 있어야, 1월 16일자 기사.

않고 있는 점을 지적하고 있는 것이다. 이와 함께 임동욱은 지방이 스스로 하도록 하긴 하는데, 문제는 스스로 해왔던 것을 중심으로 '스스로 하는 것으로 잘 인식될 수 있는 것'만을 하도록 한다고 비판하고 있다. 정말 중요한 것은 스스로도 할 수 있게 할 기회를 진짜 주고는 있는지 여전히 의문이 든다는 의미로 해석될 수 있다.

> "우리 사회는 말로는 지방육성책을 내놓고 있지만 실제로는 그와 반대의 정책을 펴고 있다. 중앙정부는 지방정부가 구성된 1991년부터 중앙권한의 지방 이양을 추진해왔으나, 그 내용을 들여다보면 빈껍데기에 지나지 않는다. 그동안 지방정부로 내려 보낸 대부분의 이양 업무는 중앙정부의 권한을 위임받아 행사하던 업무인데, 중앙정부는 빈껍데기만 내려 보내고 생색만 낸 것이다. 중앙정부는 민원이 많고 일손이 많이 가는 귀찮은 업무는 지방으로 내려 보내고, 재정과 인력이 수반되는 알짜 업무는 그대로 쥐고 있는 셈이다. 행정권력이 여전히 중앙정부에 귀속되어 있는 것이다."[15)]

---

15) 임동욱(2002). 지방과 지방권력, 무엇이 문제인가?, 「민물과 사상」, 8: 56-67, p.58.

스스로 시민과 자치를 만드는 것이 곧 통치자가 원하는 것을 스스로 하도록 하는 것이라는 말을 조금 더 직접적으로 표현하면 '자치를 통한 국가통치', '자치는 곧 국가통치'라는 말로 나타낼 수 있다. 지역의 문제해결을 스스로 하도록 하는 것은 사실은 국가가 해야 할 전 사회적인 문제해결을 지역이 맡아서 하도록 하는 것이다. 정부가 발표한 「자치분권 로드맵」의 제일 첫 페이지는 '왜 지금 자치분권인가?'에 대한 물음과 그 대답으로 시작한다. 대답은 아래와 같다.

> 분권화를 통해 243개 全 자치단체와 공동으로 저출산 고령화, 청년실업, 수도권 집중, 성장동력 창출 등 사회적 현안에 대응하고 해결 추진[16)]

그런데 이 내용은 물론이고 같은 페이지에는 자치분권을 위한 로드맵임에도 불구하고, 국가와 사회 전체적인 문제를 계속 언급하고 있다. 물론 그 문제들이 지역의 문제에도 해당되는 것이지만, 국가차원의 문제를 언급하며 그것을 위해 자치분권이 필요하다고 주장하고 있는 것이다. 특히 국가경제 문

---

16) 행정안전부(2017). 「자치분권 로드맵(안)」, 행정안전부, p.1.

제인 국민소득 3만불 시대의 새로운 성장동력도 자치분권의 필요성의 이유로 언급되고 있다. 또 이제는 "'국가 중심 민주주의'에서 생활현장에 국민이 직접 참여하고 결정하는 '국민 중심 민주주의'로의 대전환 필요"라고도 말하고 있는데, 생활현장을 언급하면서도 지역의 주민이나 시민이 아닌 국가가 전제된 '국민'이 언급되고 있다.[17] 그리고 "'숙의(deliberative)' 기반 주민참여를 통해 갈등의 사전예방, 협력 · 협치 문화 확산으로 국민통합 실현"처럼 종국에는 '국민통합'으로 귀결된다.[18] 국가중심의 사고방식이 여전한 것이거나, 아니면 자치를 통한 국가통치의 모습을 직접적으로 보여준 것이라 할 수 있다. 어쩌면 중앙정부는 스스로 평가하고 있듯이 '자치단체는 중앙정부의 지침 · 통제에 익숙'하다고 했는데,[19] 정작 중앙정부 역시 바로 그 지침과 통제를 하는 행위에 익숙한 것일지도 모른다.

그럼에도 불구하고 자치는 명분상 그리고 자치의 본뜻을 나름대로 되새기면서, 적어도 억지나 강제로 억압과 폭력이 아니라 스스로 하는 것이 시민으로서 시민다움이라는 것을 말해주면서 자발적이고 자율적 복종이 되도록 하고 있다. 이는 자치의 대상자들에게 일종의 '자부심'으로까지 연결되게 한다.

---

17) 행정안전부(2017). 「자치분권 로드맵(안)」, 행정안전부, p.1.
18) 행정안전부(2017). 「자치분권 로드맵(안)」, 행정안전부, p.14.
19) 행정안전부(2017). 「자치분권 로드맵(안)」, 행정안전부, p.10.

스스로 잘 하고 있다는 생각에서 비록 중앙의 통치가 엿보여도 큰 틀에서는 우리가 스스로 하는 것이니 문제없다고 여기는 것이다.

이는 사람들에게 자부심 운동을 시키는 것과 같다. 자부심 운동을 통해 스스로 하게 함으로써 시민들이 자치를 하나의 사회적 의무로 여기게 하는 것이다. 이 자부심은 일명 '사회적 백신'이 된다. 자부심을 통해 권한부여의 의지를 높이고 책임감도 높이는 것이다.[20] 시민성 테크놀로지 등이 뒷받침 된 사회적 백신으로서 자부심은 범죄와 폭력이나 약물 남용, 그리고 아동학대와 만성적인 복지의존에 이르기까지 나름대로 의도한 효과를 낳는 데 일조한 것처럼, 지역문제 역시 중앙에 의존하지 말고 스스로 통치를 통한, 즉 자치를 통해 스스로 해결하게 하는 것이다. 그래서 궁극적으로는 국가중심의 통치가 행해지고 있음에도 정작 자치를 행하는 사람들 스스로는 자부심을 느끼는 데 빠져있다. 이들은 스스로의 통치를 표방하는 국가통치에 참여하고 있다는 사실을 잘 모른다. 자부심은 자칫 나르시시즘(narcissism)으로 흐르고, 이로 인해 객관적인 성찰을 가로 막는다. 그래서 이때 작용하는 권력도 잘 보이지 않는다. 세련되고 정교하고 스마트하게 예속된 주체는 자신이 예속되어 있다는 사실조차 의식하지 못할 만큼 지배 관계가

---

20) 바바라 크룩생크(2014). 심성보 옮김, 「시민을 발명해야 한다」, 갈무리, pp.257-258.

잘 감추어져 있다.[21] 그래서 그는 자유롭고 스스로 잘 하고 있다고 착각하며 자부심을 느낀다. 이것이야말로 잘 보이지 않게 실행되고 있는 권력의 효과를 보여주는 것이다.

21) 한병철(2015). 김태환 옮김, 「심리정치」, 문학과 지성사, p.28.

3. 자치와 권력의 역전
: 보이지 않는 타자의 권력

자치에서 언급되는 '스스로 통치'의 명분은 자치 현장에 발을 딛고 서있는 이가 자신의 문제에 대해 가장 잘 안다는 데 있다. 그래서 자치를 논할 때면 지역의 여건이나 지역 맞춤이라는 표현이 자주 등장한다. 즉, 자치분권 시행계획에서도 '중앙권한의 기능 중심 포괄 이양' 과제를 위해 '자치단체별 여건과 특성에 적합한 지역 맞춤형 분권 실현'을 기본방향으로 두고 있다. 특히 여기서는 '수요자 중심의 맞춤형 지방이양 추진'을 위해 '지역주민 · 시민단체, 중앙 · 지방공무원, 현장 전문가 등의 참여를 통해 지방이 요구하는 사무를 우선 발굴 · 이양'과 '지역여건 등을 고려하여 맞춤형 이양 추진'하겠다고 명시하고 있다. 또 '지역의 실정과 역량 등을 고려하여 자치단체가 스스로 지역특성에 맞는 발전계획을 추진할 수 있도록 맞춤형

이양 추진'을 한다고 명시하고 있다.[1)]

마을단위까지 맞춤형의 자치를 강조하기도 한다. 자치분권 로드맵에서는 '마을자치 지원 플랫폼 구축'을 위해 '주민이 필요로 하는 사업을 마을의제로 수립하고, 마을총회를 거쳐 선정된 마을계획을 적극 지원'과 '지역별 특성을 고려하여 도시재생, 마을일자리 창출, 복지사각지대 발굴 등을 특화한 다양한 마을모델 발굴 지원'을 강조하고 있다. 중요하게 강조하는 것은 바로 지역이나 현장 중심으로 지원을 해서 자치가 되도록 하겠다는 것이다.[2)]

이런 강조들은 자치 본연의 뜻에 부합하는 것이기 때문에 크게 이상할 것은 없다. 하지만 이런 강조가 구현된 현실에서는 간혹 에고와 타자 간 권력관계에서 타자의 자아 연속성이 나타나는 역전 현상이 나타날 가능성이 높아진다. 에고와 타자 간 권력관계는 유지하되 에고의 자아 연속성이 아닌 타자의 자아 연속성이 나타나는 결과를 낳는다는 것인데, 이는 자치를 위한 중앙의 다양한 정책이나 프로그램 시행과정에서 확인할 수 있다. 시행하는 정책과 프로그램의 의도에 맞게 자치 구현 등이 나타난다면 에고로서 중앙의 자아 연속성이 구현되는 소위 말하는 정상적인 권력관계가 나타나는 것이라 할 수

1) 자치분권위원회(2019). 「2019년 자치분권 시행계획」, 대통령소속 자치분권위원회, pp.41-42.

2) 행정안전부(2017). 「자치분권 로드맵(안)」, 행정안전부, p.13.

있으나, 그 과정에서 실제로는 타자인 지방의 자아 연속성이 나타나게 되는 것이다. 어쩌면 중앙에서 자치를 그렇게 외치고 관련된 정책을 폈지만 여전히 중앙에서 원하는 자치가 구현되지 않고 있다는 것은, 중앙과 지방 간 권력관계에서 중앙의 자아 연속성이 제대로 나타나지 않았거나 아니면 잘 보이지는 않지만 오히려 지방의 자아 연속성이 더 구현된, 즉 권력의 역전이 나타난 것일 수도 있다. 물론 이 두 가지 경우가 동시에 나타난 것일 수도 있다.

이런 모습이 가장 직접적으로 나타나는 것이 소위 말하는 부정부패 현상이다. 이에 대한 직접적인 언급은 여러 곳에서 드러난다. 앞서 지방선거 후 문재인 대통령이 언급한 말 중 "지방권력이 해이해지지 않도록 해 달라"는 말이 그런 것이고,[3] 또 「자치분권 로드맵」에서 분권의 저해요인으로 "일부 자치단체의 방만한 운영 및 전문성 부족 등으로 지방자치에 대한 주민 만족도 저조"라고 밝히고 있는 것도 그에 해당한다.[4] 지방권력의 해이 현상이나 방만한 운영 속에는 부정부패가 포함될 뿐 아니라 분권을 위해 시행한 다양한 노력들이 그 의도에 부합하지 않은 결과를 낳았다는 것을 의미한다. 전문성 부족 역시 설사 그 의도성은 낮다고 해도 능력 부족에 의해

3) 중앙일보(2018). 靑 · 지방정부 감사 지시한 文…"조국, 감찰 악역 맡아 달라", 6월 18일자 기사.

4) 행정안전부(2017). 「자치분권 로드맵(안)」, 행정안전부, p.3.

애초 의도와는 다른 결과를 낳았다는 것을 말한다. 이는 에고의 자아 연속성이 구현되지 않은 것인데, 특히 해이해진 경우나 방만한 운영은 타자가 적극적으로 자신의 자아 연속성을 구현한 것이라고 볼 수 있다. 주로 재량권의 남용이나 관리 소홀 및 방임 등이 여기에 함께 결부되곤 한다.

그 예로, 자치를 위해 사용되는 중앙정부의 여러 조치나 제도 등에 해당하는 것 중 하나는 지역의 개발허가권을 지방자치단체에 부여하는 것(지역의 자율적 도시계획 보장 차원)인데, 문제는 지역의 이익에 따라 간혹 남용되는 경우가 있다는 점이다. 실제로 신도시 개발로 인한 보상 목적의 개발행위 허가 신청이 늘어난 곳이 있었다. 지방자치단체는 그 사실을 알고 있었지만 해야 할 개발행위 제한 조치를 하지 않았고, 특히 중앙정부의 지시와 관련 중앙 공공기관의 요청도 묵살한 사례가 있었다. 결국 아무런 제한조치를 하지 않음으로써 그동안 해당 개발지구내 지주 1,787명 중 22.7%인 406명이 창고 등 500여 건의 행위허가를 받았다.[5] 지역의 지주는 지역주민이 대부분인 점을 감안할 때 지방자치단체 입장에서는 집단 민원 제기나 선거 등의 정치적 이유로 개발허가신청에 제한을 두지 않았을 가능성이 높다. 정황상 당시에는 그렇게 의심하였다. 그것은 곧 자치를 위한 지역개발 정책에서 의도한, 즉 에고로서

5) 법무연수원(2010). 「지방자치단체 비리의 현황분석 및 지방행정의 투명성강화 방안」, 법무연수원, pp.64-65.

중앙이 자치를 위해 의도했던 연속성이 아닌 타자인 지방자치단체 자아의 연속성을 구현한 것이 된다.

자치 사업을 위한 국고보조금이 부정 사용되는 경우도 권력의 역전 현상이다. 일반적으로 행정상의 목적달성을 위해 예산·기금을 활용하여 공공기관이나 경제단체 또는 개인에게 교부하는 재원이 국고보조금이다. 이는 국가라는 중앙에서 지원하는 재원이고 그것을 통해 사업별 의도한 효과를 도출하도록 하는 것이다. 따라서 중앙이 에고가 되고 해당 재원으로 기대되는 효과는 에고에 의한 자아 연속성이 지속되는 것이 된다. 이때 국고보조금 수급자는 타자가 된다. 그러나 이 관계에서 국고보조금이 중앙의 의도가 아닌 수급자의 의도대로 사용되어 수급자의 자아가 연속성을 지니고 지속되는 경우가 생길 수 있다. 소위 말하는 부정수급 등이 여기에 해당된다. 이는 표면적으로는 에고와 타자 간 에고의 지속성이 기대될 것으로 예상되는 권력관계이지만 그 이면에는 타자가 자신의 자아 연속성을 구현한 것이 된다. 이 역시 권력의 역전인데, 현실에서는 특히 사업이 진행되는 과정에서는 잘 보이지 않는다. 이후에 평가나 감사 등에서 결과적으로 지적되어 알려지는 경우가 많다.

보다 구체적으로 자치 사업과 관련해서 다음의 실제 사례를 보자. 중앙정부와 지방자치단체가 위탁 업체를 통해 마을 만들기 등의 자치 사업을 진행할 때 나타난 권력의 역전 사례이다. 이 사업을 직접 담당하고 있는 팀장급 담당자에 따르면,[6)]

중앙정부가 지방자치단체에 보조해주는 예산으로 마을의 자치 사업을 진행하는데, 이때는 주로 공모에 의해 마을을 선정하고 예산을 지원한다. 그런데 최근에는 마을 자치에 해당되는 예산 지원 사업이 워낙 많은 편이라서 같은 마을이 여러 유형의 사업에 중복해서 신청하는 경우도 많다고 한다. 마을단위의 신청이지만 마을의 범위를 유동적으로 설정할 수 있고, 참여자들도 마을 사람 중 어느 누구라도 사업 신청시 필요한 숫자에만 해당되게 참여한다고 명시하면 신청하는 것은 그렇게 어렵지 않다고 한다. 그러다보니 어떤 마을은 이런 공모 사업들에 마을의 여러 사람이 각각의 업무를 나누어서 신청하기도 한다. 동일한 마을에서 진행되는 사업의 명칭을 조금 바꾸고 참여자의 명단만 바꿔서 신청하는 것이다.

물론 그렇게 신청하는 것 자체가 문제되지는 않는다. 그런데 상당히 유사하고 거의 중복에 가깝게 계획된 사업을 진행하기 때문에, 결과적으로 해당 사업을 진행하는 데 필요한 예산이 여러 곳에서 중복해서 투입된다. 그래서 마을주민들은 애초에 사업 진행에서는 그렇게 필요하지 않은 자치 공간을 굳이 새롭게 수리 및 보수하거나, 자치 행사 역시 꼭 그럴 필요가 없는데도 굳이 그 규모를 더 늘려서 진행하고, 신청시 계획했던 사업과는 연계성이 낮음에도 불구하고 어떻게든 연계 고

6) 2019년 2월 20일 인터뷰 내용(30대 D 지방자치단체 마을사업 위탁 운영 기관 담당자)

리를 찾아내서 그곳에 사용되는 예산의 정당성을 확보한다. 이는 자치를 위해 예산지원을 하는 에고의 자아 연속성을 지속시키는 것이 아니라 타자가 자신의 자아 연속성을 구현해 내는 것이다.

예산 사용이 이루어지기 때문에 에고로서 정부는 실제 그 예산 사용이 제대로 되었는지, 또 현장에서도 자치를 위한 활동이 정말 제대로 이루어졌는지에 대해 점검을 한다. 이러한 점검 행위는 에고가 타자를 통해 자아 연속성을 지속시키려는 노력으로 볼 수 있으나, 그러한 점검에서는 발견되지 못하는 타자의 자아 연속성이 구현되는 모습이 바로 앞의 예인 것이다. 아무리 현장에 나가서 점검을 해도 점검 당시에는 잘 보이지 않는 경우가 많다고 한다. 실제 인터뷰한 담당자는 이러한 사례를 찾아내는 데 많은 노력을 하고 있다고 했다. 하지만 그런 사례를 아무런 제보 없이 찾아내는 것은 정말 어렵다면서, 해당 지역의 구성원이 되어 밀착된 곳에서 일정 기간 함께 생활하지 않으면 알기 어려울 만큼 그것은 잘 보이지 않는다고 했다. 이렇게 되면 정작 마을의 자치를 위한 것이 아니라 자치와는 거리가 먼 마을의 또 다른 이익이나 그 속의 개인의 이익에 부합되는 사업 진행이 되어 버린다. 3장의 [그림 3-2]에 기초해보면 어쩌면 마을 입장에서는 더 현실적인 필요에 따라 예산 집행이 이루어지기 때문에 마을은 합리적인 행동을 한 것일 수 있다. 하지만 철저히 마을 입장에서의 합리적 행동과는 별개로 권력관계에서 에고의 자아 연속성을 따르지 않은 것은 권력관계의 기대 측면에서는 문제가 된다.

그래서 자치사업을 두고 애초에 에고가 의도한 사업의 효과가 나타나도록 여러 장치와 제도와 처벌 등으로 관리가 이루어지고 있다. 하지만 일단 권력의 역전이 생기면 그 자체가 잘 보이지 않는 것이 문제다. 여기서 흥미로운 점은 이 과정에서 즉, 권력의 역전이 발생하여 에고의 자아가 아니라 타자의 자아가 연속성을 지니게 될 때, 이를 최소화하기 위해 '스스로 시민'의 방법을 사용하고 있다는 점이다. 정부는 실제로 국고보조금 사업에서 발생될 여러 문제에 대해 '주민참여 자율감시 체계 운영'을 제시하고 있다. "주민참여를 통해 숨겨진 부정수급 적발뿐만 아니라 보조금혜택을 받지 못했던 주민들을 적극 발굴하여 복지 사각지대도 해소"하겠다는 것이다.[7] 자율에 기반한 감시야말로 자발성과 자율성에 기초한 시민성을 지닌 시민다움의 모습일 수 있으니, 그것을 활용해서 국고보조금을 감시하겠다는 것이다. 이는 곧 앞서 두 번째 의심 해소의 실마리에서 언급한 스스로 하게 만드는 보이지 않는 권력을 이용한다는 의미다. 즉, 보이지 않는 권력을 통해 보이지 않는 권력을 찾아내겠다는 말이다.

7) 관계부처합동(2018). 「보조금 부정수급 근절방안」, 관계부처합동, p.14.

CHAPTER

5

보이지 않는 권력을 어떻게 해야 할까?

1. 부정성의 인정

⁝ 부정성의 의미로서 보이지 않는 권력

'부정'이라는 말은 가급적이면 가까이 하고 싶지 않은 말로 여기는 사람이 많다. '부정 탄다'는 말도 그런 맥락이다. 반면 '긍정'은 좋은 의미로 받아들여져서 가급적이면 가까이 하고 싶은 말에 해당한다. '좋은 게 좋다'는 말처럼 이왕이면 좋은 것을 추구하려고 한다. 그래서 긍정적인 사고를 하는 사람도 부정적인 사고를 하는 사람보다 더 좋은 이미지로 받아들여진다. 긍정과 부정에 대한 태도는 그 어떤 대상을 막론하고 비슷하다. 이는 에런라이크(Barbara Ehrenreich)의 말처럼 긍정성에 대한 강조가 낳은 긍정적인 사고가 일종의 이데올로기의 일부로 자리 잡고 있기 때문이다.[1] 그래서인지 여러 자기계발서에서 말하는 주요 논점은 긍정성의 강조로 귀결되며, '할 수 있게' 만들고 '노력하게' 만드는 이유로써 바로 이 긍정적인 사고의 희망적인 결과를 제시한다. 심지어 미래도 밝지 않고 현실도 절망적인 상황이지만 그 속에 안주하며 행복도가 더 높게 나타난 젊은이들의 반응을 보고, 오히려 기득권의 기성세대들은 또 다른 의미의 긍정적인 사고로 해석하기도 한다. 후루이치 노리토시의 말처럼 사실은 미래가 없다고 말할 정도로 절망적이면 오히려 지금이 가장 행복하다고 말하는 것인데 그마저도 모조리 긍정적으로 해석해버리는 것이다.[2] 그 사실을 모르거나 아니면 의도적으로 모른척하면서까지 긍정적인 사고를 하는 것이 현실이다. 여기서 더 나아가면 부정은 이제 불인정의 대상이 되어 회피를 하게 된다. 긍정만 인정하는 것이다.

그런데 에런라이크(Barbara Ehrenreich)의 말처럼 사실은 긍정적인 사고의 핵심에는 불안이 놓여있다. 긍정적인 사고가 올바른 것이어서 모든 일이 좋아질 것이라면 굳이 긍정적인 사고를 해야 할 이유가 없다. 저절로 다 잘 될 것이라는 사실을 믿지 못하기 때문에 긍정적인 사고 훈련이 필요한 것이다. 이는 믿음의 주입과도 같고 고의적인 자기기만이기도 하다. 불쾌

---

1) 바버라 에런라이크(2011). 전미영 옮김, 「긍정의 배신」, 부키, pp.23-24.

2) 후루이치 노리토시(2015). 이언숙 옮김, 「절망의 나라의 행복한 젊은이들」, 민음사.

한 가능성과 부정적인 생각을 억누르고 차단하려는 쉼 없는 노력이 필요하다는 것이다. 긍정적인 사고는 그 근원에 오히려 무시무시한 불안감을 지니고 있다.[3] 그렇게 본다면 긍정에 대한 과도한 강조는 불안감의 조장과 극대화로 이어질 수 있다.

이 불안감에 대한 극복은 오히려 부정을 인정하면 가능해진다. 우리가 긍정만을 이야기 하는 것은 부정을 의도적으로 부정하며 멀리하고 회피하는 것이라서 더욱 불안해지게 만드는 원인이 되기 때문에, 이럴 때는 부정을 인정하고 받아들이면 된다. 한병철의 말대로 지나치게 보기 좋고 듣기 좋고 만지기 좋은 매끄러운(긍정) 대상은 오히려 아름답지 못하다. 아름답다는 것은 만족이 아니라 고통과 전율과 경악이 있기도 하고 주체에 상처를 안겨주기도 하는 것이다.[4] 매끄럽기만 하면 그 매끄러움에서 조금이라도 이탈된 상처가 있을까 봐 늘 조마조마하게 된다. 그것이 불안이다. 이 감정이 들면 온전하게 대상을 느낄 수가 없다. 부정성이 함께 존재하고 있어야 온전하다. 아니, 부정성은 이미 존재하는 것이지만 인정하지 않았을 뿐이라는 말이 더 적절할지 모른다. 이는 아름다움에 한정된 주장이 아니다. 카시단과 디너(Todd Kashdan and Robert B. Diener)의 말처럼 인간과 사회의 온전함(wholeness)이란 긍정적인 면과 부정적인 면을 함께 바라보아야 가능하고 이는 그들이 제

3) 바바라 에런라이크(2011). 전미영 옮김, 「긍정의 배신」, 부키, p.25.
4) 한병철(2016). 이재영 옮김, 「아름다움의 구원」, 문학과 지성사.

시한 여러 사례에서 확인된다.[5] 우리가 긍정적인 면만을 강조하는 사회적 구성물 즉, 하나의 이데올로기에서 벗어나는 것이 사회를 온전히 보는 길이 된다. 부정성을 인정하는 것이 대상을 올바르게 보는 방법이 된다.

부정성은 생명을 활성화시키는 힘이 된다는 점에서 대상을 비로소 제대로 작동하게 해준다. 비록 부정성은 나를 흔들고, 파헤치고, 나에 대해 의문을 제기하고, 삶을 바꾸어야 한다고 경고하는 무언가에 해당될 정도로 꺼려지긴 하지만 그렇게 하는 것이 해당되는 대상을 살리는 길이 된다.[6] 언제까지나 페이스북의 '좋아요'만 기대하며 '좋아요'의 세상에서만 살아갈 수 없다. '좋아요'의 세상은 좋아 보일 뿐이다. 가상의 화면 터치에서는 느껴지지 않는 현실의 흙바닥의 터치는 결코 '좋아요'의 세상과 같지 않다. '좋아요'에만 갇혀 있으면 취약해진다. 현실의 부정성이 제거된 '좋아요'의 세상은 좋은 것만 볼 수 있게 편집될 수 있기 때문이다. 잠시 눈을 돌려 현실을 직시하면 '좋아요'의 세상은 없다.

자치를 바라보는 우리가 '좋아요'의 세상으로 착각하고 있는 것은 아닌지 생각해볼 필요가 있다. 적어도 자치에 존재하

---

5) 토드 카시단 · 로버트 비스워스 디너(2018). 강예진 옮김, 「다크사이드」, 한빛비즈.

6) 한병철(2016). 이재영 옮김, 「아름다움의 구원」, 문학과 지성사, p.17, p.69.

는 보이지 않는 권력은 부정성이 될 수 있다. 그것은 자치를 매끄럽게 해주지 못하는 요인이 될 수 있기 때문이다. 자치를 한다고 해도 큰 리바이어던과 비슷한 속성을 지닌 작은 리바이어던이 있을 수도 있다는 말이나, 그 작은 리바이어던이 오히려 자신의 이익을 위해 자치를 위한 권한 등을 받지 않으려는 의도를 보이거나, 스스로 통치한다는 자치가 사실은 중앙의 권력자가 자율성 기반의 또 다른 통치 행위를 한다는 말이나, 오히려 권력이 역전되어 의도한 자치의 결과가 아닌 타자의 이익이 우선되는 결과가 될 수도 있다는 말은 분명 통상적으로 우리가 말하는 긍정적인 의미는 아니다. 적어도 자치를 규범으로까지 여기는 입장에서는 인상이 찌푸려지는 부정성의 사례들에 해당한다.

의도적인 외면이건 아니건 이 부정성은 그동안 잘 드러나지 않았다. 어쩌면 잘 드러나지 않았기 때문에 보이지 않은 권력이었겠지만, 한편으로는 의도적으로 외면하거나 굳이 언급하지 않아서 잘 보이지 않았을 수도 있다. 후자라면, 즉 의도적인 외면 혹은 굳이 언급하지 않은 것이었다면 이는 곧 부정성이라 여겼다는 점을 보여주는 것이 되고 동시에 부정성에 대한 불인정을 했다고 할 수 있다. 자치는 기본적으로 해야 하고 좋은 것이라는 긍정에 기초한 생각이 지배적이어서 그 반대 혹은 그에 대한 약간의 의심과 같은 부정성도 쉽사리 제기되지 못한 실정이었다. 다음은 지방자치 실현을 적극적으로 주장하며 활동하는 한 전문가의 인터뷰 내용이다.

> "지방자치에 대해 지방권력의 문제를 언급하고 지방의 역량 문제 등을 거론하는 것이 바로 지방자치를 반대하는 사람들이 흔히 쓰는 말입니다. 반대의 구실을 찾으려면 뭐든지 들 수 있을 겁니다. 세상이 바뀌었는데도 아직도 지방자치 자체를 반대하는 세력이 존재하고 있는 것이 신기할 정도입니다. 어쩌면 그래서 더 지방자치가 필요하다고 볼 수도 있습니다."[7)]

이는 지방자치와 관련한 지방분권 논의에서 지방분권 효과에 대해 상반된 연구결과가 지방분권 연구에 대한 불신을 조장했다는 주장이나, 그러한 비관적 견해가 지방분권을 반대하는 세력의 입지를 강화시켜서 지방분권정책을 지체시키고 심지어 중앙집권을 조장하는 빌미로 이용되었다는 주장과도 비슷하다.[8)] 실제로 과거에는 지방자치와 지방분권은 민주주의를 완성해가는 데 필수적인 요소라는 강력한 집단적인 믿음이 있었다. 그래서 어떠한 반대 논리도 반민주적이라는 인식을 갖는 태도가 존재했다.[9)] 그런데 그것은 과거에만 머물지 않고

---

7) 2019년 6월 19일 인터뷰 내용(50대 지방자치 전공 학계 전문가)

8) 안성호(2016). 「왜 분권국가인가」, 박영사, p.63.

지금도 계속되고 있다.

⋮ 귀여운 공격성과 자치의 생존

부정성은 결코 나쁜 것이 아니다. 부정성은 확신적 사실도 있지만 개연성에 기초해서 가능성을 두고 말하는 것도 포함된다. 왜냐하면 부정성은 숨겨져 있고 가려져 있어서 비밀스러운 것도 해당되기 때문이다.[10] 안보여서 잘 모르겠지만 그럴 것 같다는, 특히 그럴 것 같다는 것의 결과가 부정성으로 여겨진다면 그럴 것 같다는 가능성 역시 부정성인 것이다. 부정성을 나쁜 것으로 보고 확신적 사실 여부로만 판단하여 부정성 제기 자체를 원천 봉쇄하는 것은 적절하지 못하다. 이렇게 하면 가장 큰 피해는 자치 그 자체에 돌아간다. 자치가 생존할 수 없기 때문이다. 적어도 귀여운 공격성(cute aggression)은 있어야 한다.

우리가 자치를 의심하며 부정성을 제기하는 이유는 바로 자치를 생존할 수 있게 하기 위해서이고 나아가 더 자치답게 하기 위해서이다. 이는 일종의 귀여운 공격성이 생기는 이유와

---

9) 배유일(2018). 「한국의 이중적 지방 민주주의」, 문우사, pp.53-54

10) 한병철(2014). 김태환 옮김, 「투명사회」, 문학과 지성사, pp.28-37.

같다. 귀여운 공격성이란 귀여운 대상이 있으면 깨물고 싶고 꼬집고 싶어 하는 것처럼 해치려고 하는 마음이 드는 것을 말한다. 이에 대한 연구는 109명의 사람들에게 일명 뽁뽁이로 불리는 버블랩을 주고 동시에 귀여운 아기 동물 사진과 일반적인 크기의 동물 사진을 보여주면서 이루어졌다. 뽁뽁이를 누르고 싶을 때(터뜨리고 싶을 때) 누르라고 하니 귀여운 아기 동물 사진을 볼 때 더 많이 뽁뽁이를 눌렀다. 이를 귀여운 공격성이라고 했는데, 그렇다면 왜 이런 현상이 발생하는 것일까? 이에 대한 실험도 따로 진행되었는데, 그 결과는 인간이 어떤 대상에 대해 강렬하게 긍정적인 감정을 느끼게 되면 뇌는 심리적 균형을 맞추기 위해 정반대의 과격하고 공격적인 표현을 하게 되기 때문이라는 것이다. 귀엽다는 한 가지 감정에만 휩쓸리지 않도록 뇌가 평형을 유지하려는 활동을 하는 것이다. 귀여운 아기에 푹 빠져서 그에 매료되어 있기만 하는 게 아니라 곧바로 이성을 찾아서 꾸준하게 그 아기를 보살피도록 뇌가 진화된 결과라는 설명이다. 그래서 귀여운 공격성을 두고 가학적이라고 단정짓기보다는, 우리 뇌가 귀엽다는 감정으로 인해 과부하가 걸려서 정신줄을 놓지 않도록 애쓰고 있다는 의미로 보는 것이 더 적절하다. 이는 곧 귀여운 아기의 생존과도 관련된다.[11)]

---

11) Stavropoulos, Katherine K. M. and Laura A. Alba(2018). "It's so Cute I Could Crush It!": Understanding Neural Mechanisms of Cute

자치도 그렇다. 자치가 옳고 바람직하다고만 계속 말하고 생각하게 되면 거기에 취해서 정작 제대로 된 자치는 생각하지 못하게 된다. 균형을 이루기 위해서는 자치에 대한 귀여운 공격성을 보여야 한다. 그래야 자치도 생존할 수 있다. 그 공격이 부정성의 제기다. 그리고 그 부정성을 인정하는 것이다.

스위스는 자치의 벤치마킹 사례로 상당히 많이 언급되는 곳이다. 그러다보니 부정성 없이 긍정성만으로 해석하면서 부정적인 이견까지도 긍정적으로만 여기는 경우가 많다.[12] 그러나 사실 스위스는 스스로 자치의 부정성을 과감히 받아들여서 활용하고 있다. 그 예가 국민투표다. 스위스는 26개의 칸톤이라 불리는 주로 구성되어 있는데, 칸톤마다 의회와 법원이 따로 있다. 그 정도로 지방자치의 자치권이 중요하게 여겨진다. 그런데 이런 스위스에서 정작 국민투표가 그 어느 나라보다도 더 많이 이루어지고 있다. 국민투표는 지방자치 수준의 투표가 아니라 국가적 차원의 투표다. 지방자치를 강조하고 제도적으로도 자치가 발달되어 있는 스위스에서 왜 국민투표가 많이 실시되는 것일까? 아무리 지방자치가 발달하고 제도가 잘 정비되어 있어도 결국 국가 차원의 정책이 없을 수는 없다. 이

Aggression, *Frontiers in Behavioral Neuroscience*, 12, Article 300. (https://doi.org/10.3389/fnbeh.2018.00300.)

12) 토마스 베네딕토(2019). 성연숙 옮김, 「더 많은 권력을 시민에게」, 다른백년.

때는 역설적이게도 지방의 자치가 강하면 지방들 간의 합의에 오히려 더 어려움이 있을 수도 있다. 그래서 국가적 이슈를 해결해야 할 때는 협의보다는 국민투표와 같은 방식으로 결정하는 것이 더 수월하다. 역설적으로 지방자치가 발달할수록 중앙이 중심이 되어 통제되는 국민투표가 더 자주 이루어지는 것이다. 실제로 스위스는 매년 2~4차례 국민투표가 이루어진다. 그래서 1848년 국민투표 제도가 도입된 이래로 2020년 현재까지 모두 600차례가 넘는 국민투표가 실시되었다. 국민투표는 사실 수많은 비용이 드는 문제이고 그 결과는 지역 자원의 자치적 결정을 뛰어 넘는 것이다. 큰 리바이어던이 국민투표라는 이름으로 힘을 발휘하고 있다는 비판이 가능한 것도 바로 그 때문이다. 이는 분명 규범으로까지 여겨지는 자치에는 한병철의 표현대로 '매끄럽지' 못한 방식이다. 스위스 자치에서 목격되는 또 다른 보이지 않는 권력일 수 있다. 그럼에도 적극적으로 국민투표를 활용한다. 정작 스위스는 스스로가 자치가 발전된 나라의 위상을 우리나라와 같은 곳에서 벤치마킹하려고 할 때 굳이 내세우지 않는다고 한다.

우리도 인정해야 할 것은 자치의 부정성이다. 그 부정성은 보이지 않는 권력의 작동이다. 부정성의 인정은 부정성의 제거나 극복을 위한 것이 절대 아니다. 대상의 온전한 이해와 그에 따른 생존과 지속을 위한 것이다. 부정성의 불인정은 모두가 원하는 매끄러워지는 동일성의 모습이 되어 개성을 없애고 매끄럽게 드러나 있는 것만 전부인 것으로 착각하게 만든다. 옹이가 없는 나무는 없다. 적어도 나뭇가지를 만들고 이어가기 위해서는 옹이가 필요하다. 부정성은 자치의 옹이다. 어느새 우리에게 자치는 하나의 정치적 올바름(political correctness)의 대상이 된 것은 아닌지 되돌아볼 때가 되었다. 정치적 올바름은 정치적 위선일 수 있다는 비난을 받는다는 사실을 생각해 볼 필요가 있다.[13)]

혹시 자치의 부작용이나 위험성 정도를 언급하며 자치에 대해 이미 부정적으로 여겨지는 것까지 다 알고 있다고 생각한다면 그것은 인지과학자인 슬로만과 페른백(Steven Sloman and Philip Fernbach)이 말하는 지식의 환상이자 착각(Knowledge illusion)이다.[14)] 자치 뒤에 숨은 보이지 않는 권력을 자세히 보며 그것까지 자치의 모습이라는 점을 인정하고 있는 사람은 드물다. 그 드문 사람들이 말하는 지식까지 함께 보고 공유해야 슬로만과 페른백의 말처럼 다 같이 함께 살아갈 수 있을 것이다.

---

13) 한국경제(2016). 정치적 올바름(Political Correctness), 11월 11일자 기사.

14) Sloman, Steven and Philip Fernbach(2017). *The Knowledge Illusion*, Riverhead books.

⋮ 권력 작동의 부정적 이미지와 자치의 부정성 인정 간 의미 차이

한편, 이 책에서 부정성과 긍정성에 대해 한 가지 일러 둘 것이 있다. 앞서 3장의 권력에 대한 논의에서 에고가 타자를 통해 자아 연속성을 지속시키는 권력의 경우 강제와 강압이나 폭력 등에 의한다면 부정적인 의미의 권력 이미지에 해당되는 것이라고 했고, 반대로 자명성이나 자율성에 기반해서 에고가 타자를 통해 자아 연속성을 지속시키면 그것은 긍정적인 의미의 권력 이미지라고 했다. 여기서 부정과 긍정은 이 장(5장)에서 논의하는 부정성과는 다른 의미다. 오히려 권력의 의미에서 긍정으로 이미지화되는 권력을 드러내는 것이 이 장에서 주장하는 부정성의 인정이 된다. 다른 말로 하면, 이 장에서 말하는 부정성의 불인정은 권력 작동의 긍정적 이미지를 드러내지 않게 된다는 의미다. 즉, 권력이 작동되는 내용에서 언급된 부정적인 이미지에서의 부정과 자치의 부정성을 드러내고 인정해야 한다는 주장에서 말하는 부정성은 서로 다른 차원의 의미를 지니고 있다.

2. 스키스토세팔루스 솔리두스의 경고

스키스토세팔루스 솔리두스(Schistocephalus solidus)는 독특한 성질을 지닌 기생충이다. 이 기생충은 감염된 숙주를 조종함으로써 자신에게 유리한 행동을 하게 하여 감염되지 않은 다른 숙주에게도 영향을 미친다. 다른 기생충과 큰 차이는 감염되지 않은 숙주의 행동도 결과적으로 자신에게 유리한 행동이 되도록 이끈다는 점이다. 감염된 숙주에 한정되지 않고 감염되지 않은 숙주까지 영향을 미친다는 것은 너무 작아서 잘 보이지는 않지만 그 영향이 결코 적지 않다는 점에서 특징적이다. 그 영향이란 숙주와 그 숙주의 동족의 생명까지 위협하는 것이므로 결코 가벼운 영향이 아니다.

스키스토세팔루스 솔리두스가 생존하는 사이클을 보면, 일단 이들은 물새의 내장에 알을 낳고, 그 알은 변을 통해 바깥으로 나온다. 알에서 깬 유충은 요각류(copepods)라 불리는 갑각류(crustaceans)를 감염시키고, 이들은 큰가시고기에게 먹히고 큰가시고기는 다시 물새에게 먹히며 사이클을 완성한다.[1] [그림 5-1]은 그 사이클을 보여준다. 이 과정에서 흥미로운 점은, 스키스토세팔루스 솔리두스는 자신이 빨리 성장하기 위해 큰가시고기가 물새에게 보다 더 빨리 먹힐 수 있게 한다는 점이다. 그래야 물새 내장에 또 알을 낳을 수 있기 때문이다. 이에 대해서는 실제 실험이 진행되기도 했다.

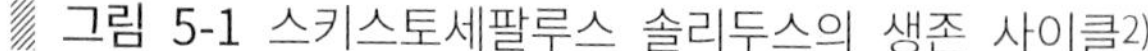
그림 5-1 스키스토세팔루스 솔리두스의 생존 사이클[2]

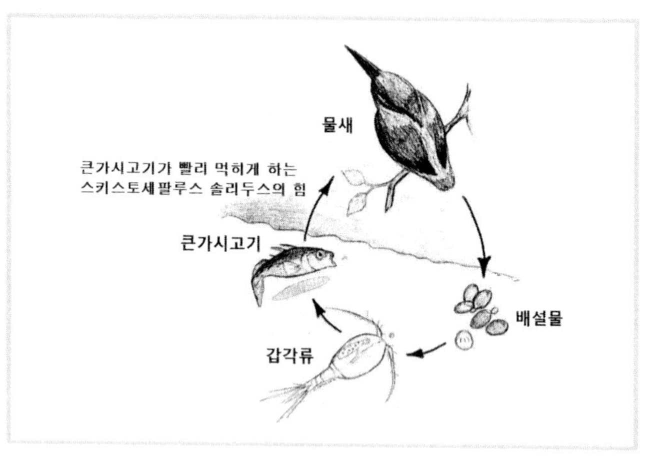

1) NewsPeppermint(2018). 감염되지 않은 동물에게도 영향을 미치는 기생충, 7월 3일자 기사.

2) The Science Times(2018). 심리학자 빰치는 기생충의 전략은?, 7월 7일자 기사 그림의 일부 수정.

독일 뮌스터대학 연구진은 레고로 만든 가짜 물새를 이용해 실험을 진행했다. 큰 수조에 큰가시고기 떼를 풀어 놓고 먹이를 뿌려 수면으로 오도록 유도했다. 그 후에 가짜 물새로 이들을 공격해서 수조 바닥으로 도망가게 하거나 풀숲 사이로 숨게 했다. 그런데, 스키스토세팔루스 솔리두스에 감염되지 않은 물고기들은 수조 바닥이나 풀숲 사이도 도망을 갔는데, 감염된 큰가시고기들은 계속 위험한 수면에 그대로 머물러 있었다. 물새의 공격에도 겁을 먹지 않고 반응도 하지 않은 것이다. 이는 스키스토세팔루스 솔리두스의 영향 때문이다. 기생충학자들에 따르면, 기생충은 감염시킨 숙주가 자신에게 유리하게 행동하도록 하는 사례는 꽤 발견되고 있다고 한다. 귀뚜라미를 자살하게 만드는 기생충도 있고 개미를 좀비처럼 이용하는 곰팡이 등이 그에 해당한다.[3] 스키스토세팔루스 솔리두스도 큰가시고기가 물새에게 먹혀야 자신이 또 물새의 내장에 알을 낳을 수 있기 때문에 물새 공격에 겁을 먹지 않고 대담하게 그냥 있도록 한 것이다.

하지만 스키스토세팔루스 솔리두스가 독특한 사례인 것은 여기서 한발 더 나간다는 점이다. 감염된 큰가시고기가 수면에 있는 모습을 보고 감염되지 않은 큰가시고기들도 수면으로 모이는 동조현상을 보인 것이다. 이는 기생충에 감염된 큰가

---

3) The Atlantic(2018). Parasites Can Mind-Control Animals Without Infecting Them, 6월 20일자 기사.

시고기를 직접 조종한 것에서 나아가 감염되지 않은 큰가시고기까지 간접 조종하는 것에 해당한다. 주로 감염된 개체의 수가 절반 이상이 되면 그때부터 기생충에 감염되지 않은 개체들도 동조하게 된다. 스키스토세팔루스 솔리두스에 감염된 큰가시고기의 대담성에 감염되지 않은 큰가시고기들이 따르게 되면서 결국 물새가 큰 가시고기를 먹게 될 확률을 높이고, 이는 스키스토세팔루스 솔리두스가 물새 내장에서 알을 낳아 생존율을 높이게 되는 결과까지 이어지게 한다. 기생충에 감염되지 않은 숙주들의 행동에도 영향을 미치는 이 사례는 상당히 독특한 사례로 여겨지고 있다.[4)]

스키스토세팔루스 솔리두스는 매우 작아서 잘 보이지 않지만 그가 행사하는 영향력은 상당하다. 권력 관점으로 보면, 권력의 직접적인 대상자에게 미치는 영향력은 물론이고 인접한 대상자들에게 미치는 영향 또한 크다는 점을 알 수 있다. 잘 보이지 않더라도 즉, 보이지 않는 권력이라고 해도 그것이 큰 힘을 발휘할 수 있다는 점과 이 권력의 영향이 직접적인 타자에게만 머물지는 않는다는 말이다.

자치에서 나타나는 보이지 않는 권력이 스키스토세팔루스 솔리두스와 같은 힘을 발휘한다면, 자치의 보이지 않는 권력이 비단 직접적으로 자치에 한정해서만 우리에게 영향을 주는

---

4) The Science Times(2018). 심리학자 빰치는 기생충의 전략은?, 7월 7일자 기사.

것은 아니라는 점을 알 수 있다. 여기에 대해서는 크게 두 가지 측면으로 볼 수 있다. 하나는 자치와 관련된 우리의 행동 이외의 다른 행동에도 자치에서 나타나는 보이지 않는 행동이 영향을 줄 수 있다는 것이고, 다른 하나는 보이지 않는 권력의 영향을 받은 다른 사람의 행동으로부터 우리가 영향을 받을 수 있다는 것이다.

우선 그 첫 번째를 보면, 스키스토세팔루스 솔리두스가 단순히 감염된 큰가시고기의 특정 신체 내부 부위의 국소적인 영향을 넘어 큰가시고기의 행동 자체를 조종하여 생존문제에까지 감염의 여파가 이르게 하는 것처럼, 자치에서 나타나는 보이지 않는 권력의 영향은 우리의 다른 행동에도 영향을 줄 수 있다. 큰 리바이어던에 가려져서 잘 보이지 않았던 작은 리바이어던의 영향이나 스스로 하게 하는 권력은 비단 자치만이 아니라 다른 영역에서도 그 여파가 이어지도록 한다. 작은 리바이어던은 큰 리바이어던의 우산 아래에서 큰 리바이어던의 영향인 양 자신의 권력을 행사할 수 있다. 그리고 자치가 아닌 곳에서도 시민성을 강조하며 시민들이 스스로 하는 것을 당연하게 여기도록 만들 수 있다. 일명 '시민교육'은 시민으로서 해야 할 행동들에 대한 교육을 통해 '시민의식'을 높이는 것인데, 이는 새 나라의 어린이 신화를 여러 곳에 확대시키기에 가장 좋은 방법과 구호가 된다. 자치로부터의 이런 영향은 스키스토세팔루스 솔리두스가 단지 큰가시고기의 감염된 부위에 한정된 국소적인 영향을 넘어 다른 행동 조종으로까지 이어지게 하는 것과 크게 다르지 않다.

두 번째는 보이지 않는 권력의 영향을 받은 다른 사람의 행동에서 비롯된 영향이다. 이는 스키스토세팔루스 솔리두스에 의해 감염된 큰가시고기의 행동을 보고 감염되지 않은 큰가시고기가 받는 영향을 말한다. 그 영향은 물새에게 잡혀 먹게 될 확률을 높이는 생존의 문제가 될 정도였다. 사람들이 집단에 의해 영향을 받는 동조현상은 사실 흔한 현상이다. 그런데 자치에서 나타나는 보이지 않는 권력을 당연하게 생각하는 에고와 타자를 본 제3자가 동조하게 되면, 그것은 권력의 정당성을 높여주는 것이 된다. 작은 리바이어던의 권력에 순응하고 스스로 하도록 하는 권력을 따르는 사람을 따르는 또 다른 사람이 늘어나면 그것은 권력의 정당성을 높이는 일이 된다. 민주주의의 다수결 원리는 수많은 비판을 받고도 숫자의 정당성을 계속 유효하게 해주고 있다. 공리주의 역시 마찬가지다. 평등이라는 가치로 특수성이 배제된 개개인의 동질성을 전제한 다음, 권력 행위의 정당성을 양적 우세로 확보하고 있는 것이다. 어쩌면 집단과 공동체 생활을 하는 사람들에게 타인의 영향은 당연하다. 그러나 양적 우세가 기반이 되어 특정 권력의 영향으로 편향된 상호작용에 따른 영향은 스스로의 경험 지평을 좁히게 되고 무한한 자기매듭 속으로 얽어 넣어버리게 한다.

문제는 이러한 자기증식적 동조에 따라 모인 이들은 자신들의 생각이나 행동과 다른 이들에 대해서는 거부하고 부정해버린다는 점이다. 특히 같은 인식을 하는 사람들이 서로 간 교류가 높아지면 그 인식의 정도는 더 높아진다는 실험 결과는 이미 많이 존재한다.[5] 이는 '같은 것'의 폭력이다. 문제는 같은 것끼리의 행동은 자신들끼리는 친숙하고 친밀하여 긍정적으로 보인다는 점이다.[6] 반면 '다른 것'은 폭력적으로 배제된다. 그래서 이 또한 잘 보이지 않는 권력집단이 된다. 이와 함께 권력의 역전 역시 제3자에게 영향이 미칠 수 있다. 특히 타자의 자기 연속성 의도가 부정부패 등과 관련되어 여러 사람에게 영향을 미치게 되면 '거짓말하는 착한 사람들'이 많아질 수 있다. 사소한 부정행위는 큰 문제가 되지 않아서 착한 사람들도 종종하지만, 그것이 계속되면 이후에는 큰 부정의 씨앗이 된다.[7]

사람들은 생각보다 다른 사람을 따르는 경향이 높다. 자기 신호화(self-signaling)라는 개념이 그렇다. 사람들은 자기가 누구인지 명확한 개념을 가지고 있지 않은 경우가 많다. 흔히 우리는 각자의 취향과 개성이 있는 것으로 여기지만, 사실은 자기 자신을 그렇게 잘 알지 못한다. 다른 사람의 행동을 바라볼 때는 그것을 그 사람의 정체성 및 그 사람이 좋아하는 것 등으로

---

5) 카스 R. 선스타인(2015). 박지우 · 송호창 옮김, 「왜 사회에는 이견이 필요한가」, 후마니타스, pp.39-40.

6) 한병철(2017). 이재영 옮김, 「타자의 추방」, 문학과 지성사, pp.8-10.

7) 댄 애리얼리(2012). 이경식 옮김, 「거짓말하는 착한 사람들」, 청림출판.

판단하듯이, 우리 스스로에 대해서도 자신의 행동을 통해 자신의 정체성이나 자신이 좋아하는 것들을 판단한다.[8] 자신이 하는 행동을 보고 자신이 어떻다라는 것을 판단한다는 자기신호화는 다른 사람들에게 동조하는 모습을 보고 그 동조의 내용을 자신의 의견으로 굳히게 되는 것과 같다. 모두가 자치에 대해 비슷한 생각을 가지고 있어서 우리 각자도 그렇게 생각하며 동의하면 그 행동에서 자신의 관점과 입장도 굳어진다.

이는 지라르(Rene Girard)의 욕망의 삼각형 이론과도 같은 맥락이다.[9] 우리가 욕망하는 것은 자연발생적이라기보다는 다른 사람의 모방에서 비롯되는 것일 수도 있다는 것이다. 자치에 대한 규범적 믿음이 정말 우리 내면의 자연발생적인 것일까? 자치에 나타나는 보이지 않는 권력의 영향력에 들어가는 것도 사실은 욕망을 중개한 매개체를 모방하면서 이어진 것일 수 있다. 보이지 않는 권력이 미치는 영향력이 확장되는 것은 모방을 매개해주는 대상자만 늘어나면 자연스럽게 이어질 수 있다. 욕망의 삼각형 이론에 비추어보면, 스키스토세팔루스 솔리두스가 숙주의 행동 조종으로 감염되지 않은 큰가시고기를 이끌 때 감염된 큰가시고기의 행동을 보며 자신의 욕망인

8) 댄 애리얼리(2012). 이경식 옮김, 「거짓말하는 착한 사람들」, 청림출판, pp.157-158.

9) 르네 지라르(2001). 김치수 · 송의경 옮김, 「낭만적 거짓과 소설적 진실」, 한길사.

양 여기며 연쇄적으로 함께한 것처럼, 자치를 바라볼 때 일상의 우리가 모방적 욕망을 불러일으키는 요인이 되어 모두가 함께 보이지 않는 권력의 영향 아래로 들어가는 것이다.

우리는 보이지 않는 권력과 그 영향이 거침없이 확장되는 것을 경계해야 한다. 보이지 않는 권력의 좋고 나쁨, 옳고 그름을 두고 하는 말이 아니다. 스키스토세팔루스 솔리두스에 빗대면 보이지 않는 권력이 때로는 죽음으로까지 몰고 가기도 하므로 거침없이 확장되는 것은 경계해야 한다. 작은 리바이어던이 사형선고를 내리듯이 우리를 죽음으로 이끌고 가거나, 당사자가 스스로 하게 만드는 권력이 우리에게도 자발적으로 선택하게 해서 우리 스스로 죽음에 이르게 하거나, 우리는 심각한 부정부패와 관련된 권력의 역전으로 타락된 죽음을 맞게 될 수도 있을 것이다. 물론 보이지 않은 권력이 이처럼 손쉽게 죽음의 문턱에 이르게 한다는 것은 다소 극단적인 예에 해당한다. 다만, 자치에서 비롯된 보이지 않는 권력이 일상으로까지 자연스러워지면 보이지 않는 권력관계와 작동이 모두 일상으로 보여서 보이지 않는 권력에 대해서는 영구적으로 눈을 멀게 한다. 따라서 비판의식도 사라진다.

3. 의심적 행동

그렇다면, 부정성으로 여겨지는 자치 속의 보이지 않는 권력을 인정하고 동시에 보이지 않는 권력이 거침없이 확장되는 것에서 벗어나기 위한 방법은 무엇일까? 한 가지 방법은, 우리가 의심적 '행동'을 먼저 하는 것이다. 의심이 들어서 의심을 하는 것이 아니라, 일단 의심하는 행동을 하고 그 다음에 의심의 생각을 하는 것이다.

최근 여러 행동심리학과 행동경제학의 연구에 따르면, 행동이 먼저 이루어지면 그에 따라 감정과 생각이 이어진다는 결과가 많이 도출되고 있다. 현대 심리학의 아버지로까지 불리는 제임스(William James)는 이미 1890년에 그의 저서 「심리학의 원리(Principles of Psychology)」에서 인간의 감정은 자기 자신의 반응을 관찰함으로써 경험하게 되는 일종의 결과물이라고 했다. 어떤 자극에 대해 본능적으로 반응을 보이고 그 순간 우리의 두뇌가 자신의 반응을 관찰함으로써 특정한 감정을 경험하게 된다는 말이다. 그가 말하는 것은 이렇다. "곰을 두려워하기 때문에 도망가는 것이 아니라 도망가기 때문에 곰을 두려워하는 것이다"라고. 그리고 마찬가지로 행복하기 때문에 웃는 것이 아니라 웃기 때문에 행복하다는 말이다. 제임스는 당시 이 가설을 공식적으로 검증하려는 시도를 하지 않았다고 한다. 그래서 별로 주목받지 못했고 오히려 비판을 받기도 했다.[1)]

하지만 최근에는 여러 실험으로 제임스의 가설이 검증되고 받아들여지고 있다. 행동을 먼저 하면 생각이 따르기 때문에 공부해야겠다고 마음을 먹고 책상에 앉기보다는, 먼저 앉으면 공부하겠다는 마음이 들 수 있다는 말도 틀린 말이 아니다. 그래서 의심을 하는 행동을 일단 하면 의심을 해봐야겠다는 생각이 드니까, 의심이 가능해져서 그때부터는 보이지 않는 권력도 찾을 수 있다. 의심적 행동을 먼저 하지 않으면 보이지 않는 행동에 따르는 다른 사람들의 행동을 보고 자신의 행동도 그에 따라 이어지면서, 역설적으로 그 행동이 보이지 않는 권력에 더 따르도록 하는 생각을 일으키게 될 우려도 있다. 이 과정에 이르기 전에 먼저 자치에 대한 의심적인 행동을 하는 것

1) 리처드 와이즈먼(2013). 박세연 옮김, 「립잇업」, 웅진지식하우스, pp.17-29.

이 필요하다.

그렇다면, 의심적인 행동이란 무엇인가? 자치에 대한 의심을 하는 행동은 이 책에서 보이지 않은 권력으로 언급된 것들에 기초해서 의심을 제기하는 것이다. 작은 리바이어던의 존재를 가정하고 의심을 제기하는 것이다. 자치를 위한 장치로 제시되는 여러 제도 등에 대해 새 나라의 어린이 신화가 아닌가를 의심하는 것이다. 자치와 관련해서 백색부패라도 있다면 그것을 자치가 작동될 때 권력의 역전에서 비롯된 것은 아닌가 의심하는 것이다. 레이코프(George Lakoff)의 말처럼 사람들이 지니고 있는 프레임(frame)은 정책이나 제도와 같은 여러 사회적 장치에 우선해서 만들어진다.[2] 프레임에 어울리는 사회적 장치가 제시되면 그 사회적 장치는 잘 작동하게 된다. 이미 같은 프레임에 젖어있는 대중들은 인지부조화가 일어나지 않기 때문이다. 이런 프레임은 비판의 대상이 되기도 하지만, 한편으로는 기존의 굳건한 프레임을 극복하는 한 가지 방법이 되기도 한다. 그것은 바로 대응되는 프레임을 사용하는 것이다. 프레임을 이용해서 프레임을 극복하는 것이다. 따라서 세 가지 보이지 않는 권력을 전제하고 그에 기초해서 일단 의심을 하는 것의 가치를 강조하고 실천하자는 것은 어쩌면 일종의 새로운 프레임일 수 있다. 자치에 보이지 않는 권력의 존재

2) 조지 레이코프(2012). 나익주 옮김, 「폴리티컬 마인드」, 한울.

를 전제하는 것부터가 프레임의 시작이다.

이러한 의심적인 행동을 실천할 때 한 가지 고려할 점이 있다. 그것은 의심의 대상이 되는 자치에 대해 그와 관련된 모든 변수를 다 고려해서 의심하려고 해서는 안 된다는 점이다. 사회는 우리가 생각하는 것 이상으로 복잡하기 때문에 그 어떤 대상도 단조롭고 단순하게 존재하지 않는다. 자치 역시 마찬가지다. 그래서 자치에 얽혀 있는 복잡함은 의심적 행동을 실천할 때 하나의 장애물이 될 수 있다. 이것저것 자치에 관련된 것이 많은 만큼 그것에 대한 의심을 하는 것에도 관련되는 것들이 너무 많기 때문이다.

이에 대해서는 고도의 컴퓨터 발달에도 불구하고 여전히 그 해답을 찾을 수 없는 일명 '순회 외판원 문제(traveling salesman problem)' 혹은 '제한적 최적화(constrained optimization)'를 푸는 방법으로 접근해 볼 수 있다. 이 문제는 링컨(Abraham Lincoln)이 각 주를 다니며 변호 일을 할 때, 한 도시에 두 번 이상 가는 일 없이 가능한 한 움직이는 거리를 짧게 하면서 모든 도시를 방문하는 방법을 찾는 문제에 관한 것이다. 이 문제에서 중요한 점은 컴퓨터가 가장 짧은 경로를 찾을 수 있느냐의 여부가 아니라, 도시의 수가 늘어남에 따라 도시들을 연결하는 가능한 경로의 목록이 폭발적으로 늘어난다는 사실이다. 많은 사람들이 이 문제를 해결하려는 시도를 했지만 풀 수 없다는 의견이 계속 나올 정도로 어려운 문제다. 여기서 말하고자 하는 것은 이러한 어려운 문제는 어떻게 해야 할 것인가라는 점이다. 그냥 포기하면 쉽다. 그러나 그래도 해결해야 하는 문제라면 어떻게 해야 할까? 이 방법을 복잡한 대상이기도 한 자치에 대한 의심적인 행동에도 적용하면 된다.

그 방법은 주어진 문제를 조금 완화시키는 것이다. 문제에서 주어진 조건 중 몇 가지를 제거해버리거나 조금 쉽게 만들어서 그 조건 내에서 해답을 찾아보는 것이다. 이는 크리스천과 그리피스(Brian Christian and Tom Griffiths)가 말하는 제약 조건 완화(constraint relaxation)의 방법이다.3) 예를 들면, 앞의 순회외판원 문제에서 도시를 두 번 이상 들르는 것을 허용하는 것이다. 그러면 그 조건 하에서는 문제가 어느 정도 풀린다. 물론 이는 원래 문제의 답은 아니다. 그러나 완화시킨 문제의 답이 원래 문제에 대한 답의 하한선이나 상한선 정도로 삼을 수도 있고, 또 최소 어느 정도라는 근사치는 제공해줄 수 있다. 절대 해결책은 아니지만 실제 답에 어느 정도 가깝게 다가갈 수는 있다. 자연수로만 의미가 있는 문제를 두고(예, 사람의 수), 소수점도 허용하게 해서 푸는 것(1.3명이나 5.8명처럼 허용)도 그런 맥락의 풀이 방법이다. 그러면 진실된 답은 아니어도 미지의 답의 윤곽을 그려볼 수 있다.

자치에서 보이지 않는 권력은 전시장의 전시품이 아니다.

---

3) 브라이언 크리스천 · 톰 그리피스(2018). 이한음 옮김, 「알고리즘, 인생을 계산하다」, 청림출판, pp.315-337.

보인다고 해도 그것이 전시실의 유리관 속의 전시품처럼 사방이 뚜렷하게 드러나지 않는다. 하지만 보이지 않는 권력이 뚜렷하지 않다고 해서 여전히 보이지 않는다고 여길 필요는 없다. 사실 이 세상에서 뚜렷하게 모든 것이 보이는 것은 아무것도 없을지도 모른다. 우리가 보는 것은 볼 수 있는 범위 내에서 보는 그 자체이다. 의심적 행동을 하고 의심을 할 때 모든 것을 다 의심의 변수로 삼지 말고 몇 가지로 추려서 그것 중심으로만 봐도 된다. 몇 가지 추린다는 것은 제약을 완화하는 것이다. 제약 완화의 테두리는 이 책에서 제시한 보이지 않는 권력에 초점을 두고 들여다 볼 영역들이다. 그 이상의 영역을 보는 것도 자치에 대한 더 깊고 풍성한 이해를 낳지만 자칫 순회 외판원 문제가 되어 풀기 어려워서 계속 맴돌게 될 수 있다. 그래서 현실적으로, 자치를 한다고 해도 큰 리바이어던과 비슷한 속성을 지닌 작은 리바이어던이 있을 수도 있다는 점, 그 작은 리바이어던이 오히려 자신의 이익을 위해 자치를 위한 권한 등을 받지 않으려는 의도를 보인다는 점, 스스로 통치한다는 자치가 사실은 중앙의 권력자가 자율성 기반의 또 다른 통치 행위를 한다는 점, 오히려 권력이 역전되어 의도한 자치의 결과가 아닌 타자의 이익이 우선되는 결과가 될 수도 있다는 점에 초점을 두고 그에 대한 영역 제한으로 의심적인 행동을 하면 된다.

그리고 거시적 모형 중심으로 의심적인 행동을 하기보다는 사례 중심으로 보는 것이 더 적절하다. 사례에 한정되면 제약

조건 완화가 거시적 모형일 때보다는 크게 발생되지 않아서 그 결과 즉, 근사치의 값이 갖는 오차가 크지 않을 수 있다. 그리고 무엇보다도 의심적인 행동은 사례에 한정할 때 의심이 더 잘 이루어진다. 특정 사례 역시 복잡하긴 해도 맥락의 범위가 거시적 모형으로 접근할 때보다는 더 좁기 때문이다.

이러한 방법들로 일단 의심하는 행동부터 하는 것은 무조건적인 억지의 행동을 말하는 것이 아니다. 다수의 생각이 지배적일 때, 특히 문제의 여지가 보일 때 그 변화를 위해 필요하다. 선스타인(Cass R. Sunstein)이 밀(John Stuart Mill)의 말을 인용하는 부분과 자신의 의견을 제시한 아래의 내용을 보면 자치에 대한 의심적 행동이 필요한 이유를 알 수 있다.

> "밀은 '정치 권력자들의 횡포를 방지하는 것만으로는 충분하지 않다.'고 말하며, '사회에서 널리 통용되는 의견이나 감정이 부리는 횡포, 그리고 그런 통설과 다른 생각과 습관을 가진 이견 제시자에게 사회가 법률적 제재 이외의 방법으로 윽박지르면서 통설을 행동 지침으로 받아들이도록 강요하는 경향'에 맞서는 것 역시 중요하다고 주장했다. 그러면서 … 다른 사람의 실제 생각을 듣지 못해서 생기는 사회적 폐해에 대해서도 강조했다."[4]

"다수의 영향은 동조를 낳고 소수의 영향은 변화를 가져온다는 말이 있다. … 소수의 사람들이 일관된 주장을 할 경우 설득력을 지닐 수 있다. … 소수의 규모 역시 중요하다. 소수가 오직 한 명이라면 미치광이나 바보로 취급될 수 있지만, 좀 더 많은 사람이 소수로서 활동하게 되면 이런 반응은 사라진다."[5)]

우리 대부분이 지니고 있는 자치에 대한 생각은 다수에 해당한다. 특히 규범에 가까울 정도로 여기는 자치에 대한 생각이 그렇다. 그 생각에 대해 보이지 않는 권력 관점에서 의심하는 것은 소수다. 위 인용문에서처럼 다수는 동조를 낳고 소수는 변화를 가져온다고 하지만, 변화까지는 아니더라도 기존의 다수와 소수 간 균형을 잡기 위해서라도 자치에 대한 의심은 꼭 필요하다. 이때 균형은 자치 그 자체를 위해서도 더욱 필요하다.

---

4) 카스 R. 선스타인(2015). 박지우 · 송호창 옮김, 「왜 사회에는 이견이 필요한가」, 후마니타스, pp.58-59.

5) 카스 R. 선스타인(2015). 박지우 · 송호창 옮김, 「왜 사회에는 이견이 필요한가」, 후마니타스, p68.

참/고/문/헌

강문희(2010). 한국 도시정치의 지배구조: 국내사례연구를 통한 조각그림 맞추기, 「한국지방자치학회보」, 22(4): 5-28.

경남신문(2008). 이 대통령 '지역전략사업 추진 전력', 7월 11일자 기사.

관계부처합동(2018). 「보조금 부정수급 근절방안」, 관계부처합동.

국가기록원(2015). 「기록으로 보는 지방자치」, 행정자치부 국가기록원.

국정홍보처(2008). 「참여정부 국정운영백서1」, 국정홍보처.

김동현(2017). 변절, 음험한 신체의 탄생과 의심의 정치학, 「동악어문학」, 73(3): 143-175.

김민주(2019). 「공공관리학」, 박영사.

_____(2019). 「재무행정학」, 박영사.

_____(2019). 대규모 정부사업의 반복된 철회가 마을주민에게 미친 심적 영향 분석, 「지방행정연구」, 33(4): 249-282.

_____(2019). 지방자치단체의 장소자산과 도시이미지, 「인문사회과학연구」, 20(3): 371-412.

_____(2018). 「시민의 얼굴 정부의 얼굴」, 박영사.

_____(2017). 「정부는 어떤 곳인가」, 대영문화사.

_____(2017). 예산배분 권력의 역전, 「인문사회과학연구」, 18(3): 143-181.

_____(2015). 공유자산의 자치적 관리 모델에 대한 비판적 검토,

「한국행정학보」, 49(3): 51-77.

______(2013). 한국행정의 '전통' 만들기: 하나의 소재로서 원조 활동과 그것의 역설, 「한국행정연구」, 22(3): 1-27.

김석태(2016). 홈룰(Home Rule)의 발전과정 및 모형과 지방자치권 확대방안에 대한 시사점, 「한국지방자치학회보」, 28(4): 1-23.

김선혁(2013). 「주요국의 국정과제시스템 비교연구」, 국무조정실.

김은주(2013). 홉스의 리바이어던에서 명예심(glory)의 지위, 「철학」, 117: 111-136.

김지영(2017). 「정부간 관계의 효과적 운영방안 연구」, 한국행정연구원.

김진기(2012). 「매칭펀드 제도의 합리적 개선이 필요하다」, 강원발전연구원.

김태영(2017). 「지방자치의 논리와 방향」, 동아시아연구원.

김필두 · 류영아(2014). 「지방자치에 대한 인식분석」, 한국지방행정연구원.

김희강(2016). 「규범적 정책분석」, 박영사.

뉴스1(2013). 역대정부 '지방분권' 정책…박근혜 정부는?, 2월 12일자 기사.

뉴스포스트(2008). '지방 권력 길들이기' 차원?, 9월 20일자 기사.

다니엘 S. 밀로(2017). 양영란 옮김, 「미래중독자」, 추수밭.

더퍼블릭뉴스(2020). 뛰어난 주민자치 역량과 지혜를 가진 분이 국회에 있어야, 1월 16일자 기사.

대한민국정부(2017). 「100대 국정과제」, 대한민국정부.

__________(2011). 「이명박 정부 100대 국정과제」, 대한민국정부.

댄 애리얼리(2012). 이경식 옮김, 「거짓말하는 착한 사람들」, 청림출판.

동아일보(2020). '靑선거개입 의혹' 사건 공소장 전문 공개합니다, 2월 7일자 기사.

_______(2000). 지자체장-토호 결탁 위험수위, 5월 29일자 기사.

로버트 하일브로너(2008). 장상환 옮김, 「세속의 철학자들」, 이마고.

르네 지라르(2001). 김치수 · 송의경 옮김, 「낭만적 거짓과 소설적 진실」, 한길사.

리처드 니스벳(2004). 최인철 옮김, 「생각의 지도」, 김영사.

리처드 와이즈먼(2013). 박세연 옮김, 「립잇업」, 웅진지식하우스.

리하르트 반 뒬멘(2005). 최윤영 옮김, 「개인의 발견」, 현실문화연구.

마이클 셔머(2012). 김소희 옮김, 「믿음의 탄생」, 지식갤러리.

마커스 버킹엄 · 애슐리 구달(2019). 이영래 옮김, 「일에 관한 9가지 거짓말」, 쌤앤파커스.

무안신문(2010). 전남농어촌 교육여건의 악순환 해결 방법은?, 1월 23일자 기사.

문상덕(2005). 단체장 중심 구조의 자치행정시스템의 개선, 「지방자치법연구」, 5(2): 49-90, p.52.

문용일(2009). EU 권한분배와 보충성 원칙의 실제적 적용, 「세계지역연구논총」, 27(1): 219-253.

문화체육관광부(2018). 「6월 주요정책 시계열 조사(현안): 지방자치에 대한 인식」, 문화체육관광부.

미셀 푸코(2016). 오생근 옮김, 「감시와 처벌」, 나남.

________(2004). 이규현 옮김, 「성의역사1」, 나남.

바바라 크룩생크(2014). 심성보 옮김, 「시민을 발명해야 한다」, 갈무리.

바버라 에런라이크(2011). 전미영 옮김, 「긍정의 배신」, 부키.

박기관(2004). 지역사회권력구조와 지방정치의 역동성, 「지방정부연구」, 8(1): 29-51.

박이문(2006). 「나는 왜 그리고 어떻게 철학을 해왔나」, 삼인.

박정택(2000). 정책기조에 관한 탐색적 연구. 「행정논총」, 38(2): 1-33.

박종민(2000). 집단이론, 후견주의 및 도시의 리더십, 「한국행정학보」, 34(3): 189-204.

박찬승(1989). 일제하의 자치운동과 그 성격, 「역사와 현실」, 2: 169-219.

배유일(2018). 「한국의 이중적 지방 민주주의」, 문우사.

법무연수원(2010). 「지방자치단체 비리의 현황분석 및 지방행정의 투명성강화 방안」, 법무연수원.

브라이언 크리스천 · 톰 그리피스(2018). 이한음 옮김, 「알고리즘, 인생을 계산하다」, 청림출판.

센딜 멀레이너선 · 엘다 샤퍼(2014). 이경식 옮김, 「결핍의 경제학」, 엘에이치코리아, p.61.

소병철(2009). 홉스의 리바이어던에 나타난 힘의 문제,「철학탐구」, 26: 87-111.

스탠리 밀그램(2009). 정태연 옮김,「권위에 대한 복종」, 에코리브르.

스티븐 룩스(1992). 서규환 옮김,「3차원적 권력론」, 나남.

시릴 노스코트 파킨슨(2010). 김광웅 옮김,「파킨슨의 법칙」, 21세기북스.

아키즈키 겐고(2008). 하정봉 · 길종백 옮김,「행정과 지방자치」, 논형.

안성호(2016).「왜 분권국가인가」, 박영사.

에리히 프롬(2016). 장혜경 옮김,「나는 왜 무기력을 되풀이하는가」, 나무생각.

욘 피에르 · 가이 피터스(2003). 정용덕 외 옮김,「거버넌스, 정치 그리고 국가」, 법문사.

윌 버킹엄 외(2011). 박유진 · 이시은 옮김,「철학의 책」, 지식갤러리.

유발 하라리(2015). 조현욱 옮김,「사피엔스」, 김영사.

유태현(2017).「대규모 국고보조 복지사업 확대에 따른 지방재정 부담 분석」, 국회예산정책처.

윤견수(2015). 한국 공직문화의 원형: 자리문화,「한국행정학보」, 49(4): 1-28.

______(2011). 한국행정학의 영역 찾기: 공직과 자리 개념의 재발견,「한국행정학보」, 45(1): 1-22, p.14.

이달곤 외(2016). 「지방자치론」, 박영사.

이명규(2019). 「지방분권에 대한 공무원노조 간부 인식 조사」, 한국노동사회연구소.

이반 일리치(2015). 신수열 옮김, 「전문가들의 사회」, 사월의 책.

이영조(1991). 다시보는 자본주의: 그 동태와 모순 혁신과 창조적 파괴의 동학, 「사회비평」, 6: 94-119.

임도빈(2008). 역대 대통령 국정철학의 변화: 한국행정 60년의 회고와 과제, 「행정논총」, 46(1): 211-251.

임동욱(2002). 지방과 지방권력, 무엇이 문제인가?, 「민물과 사상」, 8: 56-67.

이승종(2014). 「지방자치론」, 박영사.

이재희(2019). 「지방분권에 대한 헌법적 검토」, 헌법재판소 헌법재판연구원.

자치분권위원회(2019). 「2019년 자치분권 시행계획」, 대통령소속 자치분권위원회.

전국시장 · 군수 · 구청장협의회(2015). 「지방자치에 대한 국민인식조사」, 전국시장 · 군수 · 구청장협의회.

정부업무평가위원회 홈페이지(www.evaluation.go.kr).

제18대 대통령직인수위원회(2013). 「제18대 대통령직인수위원회 제안 박근혜정부 국정과제」, 제18대 대통령직인수위원회.

조나 버거(2017). 김보미 옮김, 「보이지 않는 영향력」, 문학동네.

조르조 아감벤 · 양창렬(2010). 「장치란 무엇인가? 장치학을 위한 시론」, 난장.

조선일보(2018). 전직 도(道)의원의 고백 "나는 국회의원 몸종이었다", 5월 6일자 기사.

조지 레이코프(2012). 나익주 옮김, 「폴리티컬 마인드」, 한울.

조지 레이코프 · 로크리지연구소(2007). 나익주 옮김, 「프레임 전쟁」, 창비.

존 스튜어트 밀(2018). 서병훈 옮김, 「자유론」, 책세상.

중앙일보(2018). 文대통령 제6회 지방자치의 날 기념사, 10월 30일자 기사.

_______(2018). 靑 · 지방정부 감사 지시한 文…"조국, 감찰 악역 맡아달라", 6월 18일자 기사.

_______(2015). 박 대통령, "공직은 누구에게나 주어지지 않는 특별한 자리", 9월 11일자 기사.

지방자치발전위원회(2015). 「지방자치 국민의식조사 최종 보고서」, 지방자치발전위원회.

지수걸(2003). 충남 공주 지역 '지방 정치'와 '지방 유지', 「내일을 여는 역사」, 11: 16-29.

찰스 테일러(2010). 이상길 옮김, 「근대의 사회적 상상」, 이음.

참여연대(2018). 지방자치와 분권 보장해야 권력 집중 해소 가능: 참여자치지역운동연대, 개헌 의견서 국민헌법자문특위에 제출, 3월 6일자 보도자료.

청와대 홈페이지(http://www1.president.go.kr/articles/2685).

청와대 국민청원 홈페이지(www.president.go.kr).

최장집(2001). 지역정치와 분권화의 문제, 「지역사회연구」, 9(1): 1-8.

최홍석(2017). 「지방분권 인식연구」, 국회입법조사처.

카스 R. 선스타인(2015). 박지우 · 송호창 옮김, 「왜 사회에는 이견이 필요한가」, 후마니타스.

콜린 고든 외 엮음(2014). 심성보 외 옮김, 「푸코효과」, 난장.

토드 카시단 · 로버트 비스워스 디너(2018). 감예진 옮김, 「다크 사이드」, 한빛비즈.

토마스 베네딕토(2019). 성연숙 옮김, 「더 많은 권력을 시민에게」, 다른백년.

토마스 렘케(2015). 심성보 옮김, 「생명정치란 무엇인가」, 그린비.

프란츠 M. 부케티츠(2009). 원석영 옮김, 「자유의지, 그 환상의 진화」, 열음사.

프리드리히 하이에크(2012). 김이석 옮김, 「노예의 길」, 나남출판.

피터 L. 버거, 안톤 지더벨트(2010). 함규진 옮김, 「의심에 대한 옹호」, 산책자.

하세헌(2017). 「지방차원의 실질적 지방분권 추진 전략 연구」, 대한정치학회.

한국경제(2016). 정치적 올바름(Political Correctness), 11월 11일자 기사.

한국자치학회(2019). 주민 스스로 주민자치 실천할 수 있도록 역량 강화하자, 학회 홈페이지 기사.

한나 아렌트(1999). 김정한 옮김, 「폭력의 세기」, 이후.

한병철(2017). 이재영 옮김, 「타자의 추방」, 문학과 지성사.

_____(2016). 김남시 옮김, 「권력이란 무엇인가」, 문학과지성사.

_____(2016). 이재영 옮김, 「아름다움의 구원」, 문학과 지성사.

_____(2015). 김태환 옮김, 「심리정치」, 문학과 지성사.

_____(2014). 김태환 옮김, 「투명사회」, 문학과 지성사.

행정안전부(2017). 「자치분권 로드맵(안)」, 행정안전부.

행정안전부 홈페이지(https://www.mois.go.kr/chd/sub/a03/introduce/screen.do).

행정자치부(2015). 「한반도 지방행정의 역사」, 행정자치부.

후루이치 노리토시(2015). 이언숙 옮김, 「절망의 나라의 행복한 젊은이들」, 민음사.

「대법원 2006. 10. 12. 선고 2006추38 판결」

「대한민국헌법」 제117조.

「지방자치법」 제91조.

「지방자치분권 및 지방행정체제에 관한 특별법」 제1조, 제2조.

「헌법재판소 1991. 3. 11. 선고 91헌마21 결정」

A. 토크빌(1997). 임효선 · 박지동 옮김, 「미국의 민주주의 I」, 한길사.

Ansell, C., & A. Gash(2008). Collaborative governance in theory and practice, *Journal of public administration research and theory*. 18(4): 543-571.

Asch, S. E.(1951). Effects of group pressure upon the modification and distortion of judgment, In H. Guetzkow(ed.), *Groups, Leadership, and Men,* Pittsburgh, PA: Carnegie Press.

Bachrach, Peter & Morton S. Baratz(1970). *Power and Poverty: Theory and Practice*, Oxford University Press, pp.43-44.

Bachrach, Peter & Morton S. Baratz(1962). Two Faces of Power, *The American Political Science Review,* 56(4): 947-952.

Berger, Peter L. & Thomas Luckman(1966). *The Social Construction of Reality*, New York: Anchor Books.

Blau, Peter M.(1964). *Exchange and Power in Social Life,* New Brunswick, N.J.: Transaction Publishers.

Chalmers, Alan Francis(1999). *What is this Thing Called Science?*, third edtion, Indianapolis: Hackett Pub.

Collins, Harry(2007). Bicycling on the Moon: Collective Tacit Knowledge and Somatic-Limit Tacit Knowledge, *Organization Studies*, 28(2): 257-262.

Collinson, David(2005). Dialectics of Leadership, *Human Relations,* 58(11): 1419-1442.

Dahl, Robert(1957). The Concept of Power, *Behavioral Science,* 2(3): 201-215.

Devarajan, Shanta & Vinaya Swaroop(1998). *The Implications of Foreign Aid Fungibility for Development Assistance*, Policy Research Working Paper, World Bank.

Dunleavy, Patrick(1991). *Democracy, Bureaucracy and Public Choice: Economic Explanation in Political Science*, London: Prentice Hall.

________________(1985). Bureaucrats, Budgets and the Growth of the State: Reconstructing an Instrumental Model, *British*

Journal of Political Science, 15: 299-328.

French, John R. P. & Bertram Raven(1959). The Base of Social Power, In Dorwin Cartwright(ed.), *Studies in Social Power,* Ann Arbor, Mich: University of Michigan Press.

Gupta, Sanjeev et al.(2003). *Foreign Aid and Revenue Response: Does the Composition of Aid Matter?*, IMF Working Paper.

Knoke, David(1990). *Political Networks: The Structural Perspective,* Cambridge: Cambridge University Press.

Levy, J. D.(1999). *Toqueville's Revenge: State, Society, and Economy in Contemporary France*, Harvard University Press.

Lukes, Steven(2005). *Power: A Radical View,* London: Palgrave Macmillan.

Mann, M.(1984). The Autonomous Power of the State: Its Origins, Mechanisms and Results, *European Journal of Sociology*, 25(2): 185-213.

Moore, Barrington(1993). *Social Origins of Dictatorship and Democracy*, Beacon Press.

Najafi, Mina & Sharif, Mustafa Kamal M.(2012). The concept of place attachment in environmental psychology, *Elixir Sustain. Arc.*, 45: 7637-7641.

Nordhaus, William(1975). The Political Business Cycle, *Review of Economic Studies*, 42: 169-189.

NewsPeppermint(2018). 감염되지 않은 동물에게도 영향을 미치는 기생충, 7월 3일자 기사.

Oates, W. E.(1999). An Essay on Fiscal Federalism, *Journal of Economic Literature*, 37(3): 1120-1149.

_____________(1972). *Fiscal Federalism*, New York: Harcourt Brace Javanovich.

Ronald H. Coase(1937). The nature of the firm, *Economica*, 4(November): 386-405.

Rousseau, Jean-Jacques(1994). edited by Roger Masters and Christopher Kelly, *The Collected Writings of Rousseau*, 4, Hanover, NH: Dartmouth College Press.

Scott, James C.(1972). Patron-Client Politics and Political Change in Southeast Asia, *American Political Science Review*, 66(1): 91-113.

Sloman, Steven & Philip Fernbach(2017). *The Knowledge Illusion*, Riverhead books.

Stavropoulos, Katherine K. M. & Laura A. Alba(2018). "It's so Cute I Could Crush It!": Understanding Neural Mechanisms of Cute Aggression, *Frontiers in Behavioral Neuroscience*, 12, Article 300.(https://doi.org/10.3389/fnbeh.2018.00300.)

Stone, C. N.(1989). *Regime Politics: Governing Atlanta, 1946-1988*, Lawrence: University of Kansas Press.

The Science Times(2018). 심리학자 뺨치는 기생충의 전략은?, 7월 7일자 기사.

The Atlantic(2018). Parasites Can Mind-Control Animals Without Infecting Them, 6월 20일자 기사.

Tiebout, Charles M.(1956). A Pure Theory of Local Expenditures,

Journal of Political Economy, 64(5): 416-424.

Tuan, Yi-Fu(1977). *Space and Place: the perspective of experience*, University of Minnesota.

Turner, M.(1999). Central-Local Relations: Themes and Issues, In M. Turner(ed.), *Central-Local Relations in Asia-Pacific*, New York: St. Martin's Press.

Weber, Max(1948). *From Max Weber: Essays in Sociology*, London: Routledge.

Wilson, Woodrow(1887). The Study of Administration, *Political Science Quarterly*, 2(2), pp.197-222.

Wrong, Dennis H.(1979). *Power: Its Forms, Bases, and Uses*, New Brunswick, N.J.: Transaction Publishers.

찾/아/보/기

(ㄱ)

거래비용이론(transaction cost theory) 169
결핍 68
정치적 경기순환(political business cycle) 102
공리주의 288
관료 162
관찰사 41
관청형성(bureau-shaping) 이론 170
국고보조금 265
국민투표 279
국정과제 57
권력 129
권한부여(empowerment) 246
귀여운 공격성(cute aggression) 277
규범 67
그림자 정부(shadow government) 208
긍정성 271
기관분립형 222
기생충 283
김영삼 정권 212

(ㄷ)

다크사이드(dark side) 77
단체자치 34
대한민국 지방자치박람회 63
독립운동 15
동조 109, 290
디나미스(dynamis) 67
딜런의 룰(Dillon's Rule) 91

(ㄹ)

리바이어던(Leviathan) 112, 191

(ㅁ)

마트료시카(matryoshka) 112
문재인 정부 150
민족자결운동 15

(ㅂ)

반증주의(falsificationism) 31
발로 하는 투표(voting by the feet) 94
보충성의 원칙(subsidiarity principle) 88
부정부패 263
부정성 273, 277, 279

분권 149
분권화 정리(decentralization theorem) 92
비자발성 135

—— (ㅅ) ——

상호주관적 현실(intersubjective realities) 84
선거정치 102
수령 42
스마트 권력 242
스키스토세팔루스 솔리두스 (Schistocephalus solidus) 283
시민 244
시민성 테크놀로지(technology of citizenship) 246
시민성(citizenship) 244

—— (ㅇ) ——

언론 매체 18
에고 140
예산 162
예산극대화 162
욕망의 삼각형 이론 290
의심 73, 76, 293
일제강점기 36

—— (ㅈ) ——

자기신호화(self－signaling) 289
자리 225
자발성 136
자부심 258
자유 115
자유의지 117
자율성 64
자치 9, 13, 149
자치권 56, 151
자치분권 150
자치분권 종합계획 63
자치운동 15
장치(dispositif) 88
재정연방주의(fiscal federalism) 93
재정패키지 94
정당공천 197
정당정치 102
정치적 올바름(political correctness) 281
제약 조건 완화(constraint relaxation)의 방법 297
제유(synecdoche) 30
주민자치 33
중앙 24, 159, 189
중앙정부 192
중첩된 비공식 채널(overlapping informal channel) 214
지방 24, 159
지방권력 150

지방분권 148
지방선거 49, 197
지방수령 41
지방의회 46
지방자치 29, 45, 148
지방자치단체 222
지방자치단체장 223
지방자치의 날 63
지방토호 208
지역 24
집중 189

(ㅊ)

철의 삼각(iron triangle) 210
초집중화(hyper－centralization) 191
촌락 38
친절한 권력 242

(ㅋ)

캐시카우(cash cow) 236
코즈의 정리(Coase theorem) 169
쿨리 독트린(Cooley doctrine) 90

(ㅌ)

타율성 64
타자 140
터널링(tunneling) 현상 68
토착비리 212
통치 145
티부(Charles M. Tiebout) 모형 94

(ㅍ)

파킨슨의 법칙(Parkinson's Law) 166
포크배럴식의 정치(pork－barrel politics) 102
표상(physical representation) 87
프랙탈(fractal) 112
프레임(frame) 295

(ㅎ)

하위정부(sub－government) 208
향리 41
향리청 41
헌법 16
협력적 거버넌스 156
호족 39
홈 룰(Home Rule) 90
후견주의(clientelism) 228
휴리스틱(heuristic) 106

김민주(金玟柱)

현재 동양대학교 북서울(동두천)캠퍼스 공공인재학부 교수이다. 2013년 3월부터 동양대학교에서 교수로 재직 중이다. 저서로는 『호모 이밸루쿠스: 평가지배사회를 살아가는 시험 인간』(2020), 『재무행정학』(2019), 『공공관리학』(2019), 『시민의 얼굴 정부의 얼굴』(2018), 『정부는 어떤 곳인가』(2017), 『문화정책과 경영』(2016), 『평가지배사회』(2016), 『행정계량분석론』(2015), 『원조예산의 패턴』(2014)이 있다.
공공인재학부장을 역임했고, 각종 공무원시험 출제 위원, 국회도서관 자료추천위원단 위원, 경인행정학회 연구위원장, 행정안전부의 지방공기업평가 위원, 여성가족부의 청소년정책평가 위원, 경기도 동두천양주교육지원청의 공적심사위원회 위원, 동두천시의 재정운용심의위원회 위원 · 예산성과금심사위원회 위원 · 지역사회보장 대표협의체 위원 · 정보공개심의회 위원 · 성별영향분석평가위원회 위원 · 금고지정 심의위원회 위원 · 인구정책위원회 위원 · 노인복지관 운영위원회 위원 등으로 활동 중이다. 관심 분야는 평가, 재무행정, 문화정책, 관리, 계량분석 등이다.(minju0803@gmail.com)

이 저서는 2018년 대한민국 교육부와 한국연구재단의 지원을 받아 수행된 연구임(NRF-2018S1A6A4A01037055)

자치와 보이지 않는 권력

초판발행 2021년 2월 26일

지은이 김민주
펴낸이 안종만 · 안상준

편 집 김지영
기획/마케팅 이영조
표지디자인 BEN STORY
제 작 고철민 · 조영환

펴낸곳 (주) 박영사
서울특별시 금천구 가산디지털2로 53, 210호(가산동, 한라시그마밸리)
등록 1959. 3. 11. 제300-1959-1호(倫)
전 화 02)733-6771
f a x 02)736-4818
e-mail pys@pybook.co.kr
homepage www.pybook.co.kr
ISBN 979-11-303-1186-9 93350

정 가 17,000원